외로운 순례자:

이필재 목사의 설교 이야기

모든 인간은 하나님의 형상을 닮은 존엄한 존재입니다. 전 세계의 모든 사람들은 인종, 민족, 피부색, 문화, 언어에 관계없이 존귀합니다. 예영커뮤니케이션은 이러한 정신에 근거해 모든 인간이 존귀한 삶을 사는 데 필요한 지식과 문화를 예수 그리스도의 사랑으로 보급함으로써 우리가 속한 사회에 기여하고자 합니다.

외로운 순례자: 이필재 목사의 설교 이야기

개정 1쇄 찍은 날 · 2013년 12월 12일 | 펴낸 날 · 2013년 12월 18일
지은이 · 이필재 | 펴낸이 · 김승태
등록번호 · 제2-1349호(1992. 3. 31) | 펴낸 곳 · 예영커뮤니케이션
주소 · (136-825) 서울시 성북구 성북1동 179-56 | 홈페이지 www.jeyoung.com
출판사업부 · T. (02)766-8931 F. (02)766-8934 e-mail: jeyoungedit@chol.com
출판유통사업부 · T. (02)766-7912 F. (02)766-8934 e-mail: jeyoung@chol.com

Copyright ⓒ 2013, 이필재
ISBN 987-89-8350-876-8(03230)

값 15,000원

• 잘못 만들어진 책은 교환해 드립니다.
• 본 저작물은 저작권법에 의해 한국 내에서 보호를 받는 저작물이므로 무단전재와 무단복제를 금합니다.
  이 도서의 국립중앙도서관 출판시도서목록(CIP)은 서지정보유통지원시스템 홈페이지(http://seoji.nl.go.kr)와 국가자료공동목록시스템(http://www.nl.go.kr/kolisnet)에서 이용하실 수 있습니다.(CIP제어번호: CIP2013025997)

외로운 순례자:
이필재 목사의 설교 이야기

예영커뮤니케이션

목차

나의 설교 이야기

                                                  이필재 목사   7

갈보리교회 예배와 설교

이필재 목사의 설교 세계: 철저한 실천적 신앙을 추구하는 사도적·복음적 설교자

                김경진 교수[장로회신학대학교 예배설교학]   16

갈보리교회 예배 이야기

                김세광 교수[서울장신대학교 예배설교학]   78

우리 시대에도 예배는 영광스러워야 한다: 예배 중심 선교적 교회를 지향하는 갈보리교회 예배

                김운용 교수[장로회신학대학교 예배설교학]   100

이필재 목사의 설교 열두 편

사도행전 29장을 쓰는 교회: 사도행전 1:1-8, 28:30-31   146

기독교와 여성: 누가복음 8:1-3   164

거룩한 가치의 삶: 마가복음 10:35-45   180

졸면서 드린 예배: 사도행전 20:7-12   196

아시아 복음화를 위하여: 사도행전 19:21-32   212

우리가 이제는 살리라: 데살로니가전서 3:7-13   228

첫 번 성탄: 누가복음 2:8-20   244

청년의 때: 전도서 12:1-2   260

달리다굼: 마가복음 5:35-43   276

베드로의 사순절: 마태복음 26:69-75   288

복음에 합당한 생활: 빌립보서 1:22-30   304

어린이의 영적 인권: 마태복음 19:13-15   320

나의 설교 이야기

나의 설교 이야기

이필재 목사

나는 가끔 조용한 명상의 시간을 갖습니다. 그 시간이야 말로 나 자신을 돌아보는 가장 유익한 시간이라는 생각이 듭니다. 그 명상의 시간을 통하여 나 자신을 객관적으로 바라보는 힘이 생기곤 합니다. 나와 너의 대화를 혼자서 할 수 있기 때문에 매우 유익하다고 판단되어 그런 시간을 자주 갖는 습관이 생긴 것입니다.

나는 무엇을 위해 태어난 사람인가? 또 너는 무엇을 위해 사는 인간인가? 그런 식의 대화입니다. 언제나 똑같은 대답을 얻게 됩니다. '예수 그리스도의 구원의 진리를 설교하기 위한 존재다'라는 것입니다. 돌이켜 보니 나의 일생은 그 한 가지를 위해 살아왔다고 봅니다.

내가 예수님을 알게 된 첫 번째 발걸음이 지금도 기억납니다. 경기도 광주군 돌마면 분당리(지금의 분당) 262번지에서 태어났는데, 5살 되던 해 그 마을에 처음으로 복음이 들어왔습니다. 마을에서 운영하는 초라한 공회당 건물에서 낯모르는 전도부인이라는 사람이 우리 동네 어린이들을 모아놓고 노래를 가르쳤고 그 앞자리에 제가 앉아 열심히 따라 했던 기억이 있습니다. 그때부터 70세가 된 지금까지 줄 곧 한 길을 달려왔습니다.

옛날 시골교회는 지금과 같은 교육프로그램이 없었습니다. 초등학교, 중등부, 고등부, 대학부 같은 체계적인 교육훈련을 하지 못하고 형편대로 예배를 드렸는데 나는 잘 훈련된 교사들에게서 신앙교육을 받은 것이 아니라 엉터리 교사들에게서 억지로 주일학교 과정을 마쳤습니다. 중학교 과정이 없는 교회인지라 초등학교 6학년을 졸업하자마자 어른예배에 참석해야 했습니다. 그리고 중학교 1학년부터 주일학교 선생을 했습니다. 이때부터 설교가 나의 중요한 임무가 된 것입니다. 주일과 수요일 예배 어린이 설교를 맡아서 하던 중에 18세가 되었을 때 목사님이 나를 집사로 임명하셨습니다. 그때부터 목사님이 출타하시면 주일설교를 해야 하는 설교의 책임이 내게 주어졌습니다.

21살 되었을 때 신학교 입학과 더불어 대한예수교장로회통합교단 평동노회에서 전도사 시취를 하고 노회산하 대린교회 담임교역자가 되어 공식목회를 시작한 지 올해로 50년이 되었으니 나의 평생은 설교를 하기 위한 생애였다고 말할 수 있습니다.

지금의 나의 신앙고백은 무엇인가? 설교자로서의 오십 년의 삶 자체가 너무나 감사합니다. 온전히 하나님의 축복이었습니다. 앞으로도 어떤 모습으로든지 그 일을 계속하려는 것이 나의 소망입니다.

가끔 후배들이 물어올 때가 있습니다. 목사님의 목회철학은 무엇입니까? 거기에 대한 대답은 어떤 목사도 똑같이 일반적인 대답이 될 것입니다. 예수 그리스도의 구원의 진리를 전해서 가능한 많은 수의 영혼을 구원받게 하려는 것입니다. 다만 그 방법론에 있어서는 다소 차이가 있다는 것을 인정하기에 목회 철학에 대한 질문을 한다고 생각합니다.

나의 목회철학은 복음서에 기록되어 있는 그대로입니다. 예수 그리스도의 구원사역 방법론을 보면 몇 가지 생각이 보입니다.

첫째, 설교를 통한 하나님 나라의 확장입니다. 예수님의 설교는 당시의 사람들에게 "이는 권세 있는 새 교훈이로다"라는 반응을 보였습니다. 오랜 역사를 지나며 유대교는 너무나 변질된 율법주의에 고정화되었습니다. 율법주의 바리새인과 예수 그리스도의 마찰은 복음서 전체에 기록되어 있습니다. 예수님은 율법의 근본정신을 죽인 율법주의를 복음으로 과감히 개혁하셨습니다. 그 결과 예수님은 그들에게 미움의 대상이 되어 십자가를 지셨습니다. 나는 그것이 설교라고 믿습니다. 영혼의 고정관념적 질병을 복음의 칼로 과감히 수술해서 생명을 소생케 하는 것이 목회라고 봅니다. 과거 복음의 정신에서 멀어진 기독교 역사에 종교개혁이 일어난 것은 잘못된 역사를 수정시킨 개혁이었습니다. 지금도 마찬가지입니다. 복음의 정신에서 벗어난 인간사회의 모든 제도와 문화를 바로 만드는 것이 목회여야 합니다.

둘째, 그렇게 하기 위해서는 구체적 목회방법이 필요한데 나는 그것을 선교와 교육이라고 봅니다. 4복음서를 읽어보면 복음을 전파하려는 말씀과 이것을 가르치라는 두 가지 명령문을 보게 됩니다. 전파하라는 것은 선교분야이고 가르치라는 것은 교육입니다. 예수님의 승천장면을 가장 잘 표현한 구절이 성경에 두 군데 나옵니다. 사도행전 1장과 마태복음 28장입니다. 사도행전 1장에서는 "오직 성령이 임하시면 너희가 권능을 받고 예루살렘과 온 유대와 사마리아와 땅 끝까지 이르러 내 증인이 되리라" 이렇게 되어 있습니다. 누가 설명을 해도 이 기록은 선교분야로 해석합니다. 그러므로 선교사를 땅 끝까지 보내는 일이 바로 우리가 해야 할 선교분야의 목회이어야 합니다.

그 다음 마태복음 28장 기록을 보면 "내가 너희에게 분부한 모든 것을 가르쳐 지키게 하라"입니다. 여기서 가르치라는 것은 교육입니다. 목회는 곧 교육입니다. 할 수 있는 모든 노력과 자원을 통해서 교육을 통한 하나님 나라 확장이 목회라고 믿습니다. 그래서 나는 이 두 가지 분야, 즉 선교와 교육중심의 목회를 계속해 왔고 앞으로도 그렇게 할 것입니다.

그러면 내가 날마다 하는 설교는 어떤 것인가? 이 대답은 간단합니다. 본문의 목적에 충실하고자 합니다. 잘못하면 성경 본문의 본질과는 전혀 다른 설교를 할 수 있다는 것을 설교자들은 인정합니다. 예를 들면, 성경 전체에서 하나님의 마음을 가장 잘 표현한 기록이 누가복음 15장 탕자의 비유라고 봅니다. 그 비유는 하나님 아버지의 자비와 사랑을 나타내려는 말씀입니다. 하나님은 그토록 마음을 아프게 만든 탕자라도 사랑으로 품어 회복시켰다는 것입니다. 그러나 잘못하면 탕자의 의가 부각될 수 있습니다. 사실 탕자는 배가 고파서 돌아온 것입니다. 그에게 돈이 계속 주어졌다면 아버지께 돌아오지 않았을 것입니다. 아버지 집에 돌아가 품꾼의 하나로 살찌라도 밥을 배불리 먹을 수 있다는 계산 때문에 온 것입니다. 아버지는 그럼에도 그 탕자를 본래의 모습으로 회복시켜 주셨습니다. 누가복음 15장에 나오는 탕자의 비유는 하나님의 자비의 폭과 사랑의 넓이를 조명한 것입니다.

"내가 도적같이 오리라"고 한 말씀이 도적을 미화한 말씀이 아닌 것과 같습니다. 복음의 본질과 비본질의 문제를 잘 가려내는 지혜가 설교라고 믿습니다. 잘못하면 설교가 윤리 도덕 강연같이 될 수 있고, 종교 다원주의로 비쳐지기도 합니다.

　복음의 본질에 충실한 설교를 위해 설교준비를 이렇게 하고 있습니다.

　첫째, 준비시간을 월요일에 합니다. 내가 목회하는 교회는 월요일에 모든 교역자와 직원 전체가 휴무입니다. 교회에 아무도 없습니다. 오직 담임목사인 저만 사무실에 있습니다. 설교준비를 함에 있어 누구의 지장도 받지 않을 수 있어서 택한 시간입니다. 보통 때와 똑같이 아침 일찍 출근해서 한주간의 모든 설교를 준비합니다. 이러한 시간선택은 여러 가지 유익이 있어서입니다. 월요일에 준비해 놓으면 일주일 동안 아무리 시간에 쫓겨도 마음에 부담이 없다는 것입니다. 현대사회는 사람을 괜히 바쁘게 몰고 가는 문화입니다. 토요일은 거의가 결혼주례로 시간을 보내야 합니다. 더구나 목회자의 가장 큰 건강위협은 스트레스입니다. 스트레스 중에도 가장 큰 것이 설교준비에 대한 압박감임을 설교자들은 모두 인정합니다. 월요일 설교준비는 그러한 스트레스에서 벗어날 수 있습니다. 아울러 부담 없는 시간배정으로 행복한 목회가 이루어집니다. 또 한 가지 유익은 보충할 수 있는 시간이 주어진다는 것입니다. 토요일 저녁에 급하게 마련한 설교와 일주일 보충한 설교는 큰 차이를 가져올 수 있습니다.

　나는 후배 목회자들에게 설교에 대한 세미나를 할 때마다 이 점을 늘 강조했습니다. 이 시점에서 나는 자화자찬 한마디를 하고 싶습니다. 그렇게 노력한 결과 제가 50년 동안 교인들에게서 가장 많이 듣는 소리는 "설교 잘한다"였습니다. 또한 50년 동안 교회가 부흥이 되지 않은 해는 한 번도 없었다는 것도 밝히고 싶습니다. 본문에 충실하고 시사에도 민감하게 한 충분한 준비, 그것이 나의 설교 철학입니다.

월요일 하루 동안 10시간에서 12시간 정도 설교를 준비합니다. 한 가지 손해 보는 일이 있는 것도 밝히고 싶습니다. 취미활동을 할 수가 없다는 것입니다. 세계 공통으로 목사의 한가한 자유시간은 월요일이라서 자기 취향대로 낚시, 골프, 여행, 등산 각종 친교모임 등이 있는데 그런 것들은 희생시켜야 된다는 것입니다. 그래서 가치관의 설정이 필요하다고 봅니다.

글을 마치며 하고 싶은 말은 목회자는 하나님의 특별선택의 축복이요 설교는 주님의 대역이라는 것입니다. 최고의 축복자리에 내가 있다는 은혜로 오늘도 이 길을 가고 있습니다.

갈보리교회 예배와 설교

이필재 목사의 설교 세계

철저한 실천적 신앙을 추구하는 사도적·복음적 설교자

김경진 교수(장로회신학대학교 예배설교학)

지금 갈보리교회는 세계 선교라고 하는 사도행전 29장을 써가고 있는 중입니다. 지금은 어렵고 고난스러운 일이 많이 있습니다. 그러나 우리가 쓰고 있는 이 사도행전 29장을 통해서 역사가 지난 다음에는 온 세상에 수없이 많은 행복과 혜택자들이 생길 것입니다. 개척자는 힘들지만 혜택자는 많아지는 것입니다.

-2010년 1월 3일 주일설교 "사도행전 29장을 쓰는 교회" 중에서

I. 들어가는 말: 포스트모던 시대와 설교의 위기

"20세기란 더 이상 달리지 않는 기차의 이름이다"[1]라고 지적한 데이빗 리만(David Lehman)은 지난 세기와 새로운 세기 사이에는 단지 달력상의 숫자적 차이만 존재한다고 보지 않았다. 21세기는 20세기의 연속선상에서 시간의 점진적 흐름 속에 놓인 것이 아니요, 한 시대가 종언을 고하고 새로운 시대가 열리는 변혁의 기점이요, 원점이라고 본 것이다. 현 시대를 일컬어 포스트모던 시대라고 부르고 있으며, 일부 급진적인 예술가들은 '포스트-포스트모던 시대'라고까지 부르려는 움직임까지 있는 것이 현실이다. '후기(後期)' 또는 '탈(脫)'을 뜻하는 '포스트(post)'라는 접두사는 계속해서 변화하는 이 사회에서 빈번하게 사용되며 시대 사조를 정의하는 말이 되어버렸다.[2] 우리나라에서도 포스트모던이라는 단어는 학술서적 뿐 아니라 일반 사람들에게까지 익숙하게 받아들일 정도로 자주 등장하고 있다. 그러다가 이 사상이 본격적으로 가시화된 것이 1960년대 예술, 건축, 사상의 영역에서 나타난 반(反)-근대 작업에서였고, 광범위한 영역에서 주목받기 시작한 것은 1970년대의 일이다. 포스트모던은 건축에서 시작하여, 문학 비평, 철학을 거쳐

---

1 David Lehman, "The Answering Stranger," *Operation Memory* (Princeton: Princeton University Press, 1990), 20.
2 Matei Calinescu, *Five Faces of Modernity: Modernism, Avant-Garde, Decadence, Kitsche, Postmodernism* (Durham: Duke University Press, 1987), 137; 신국원, 『포스트모더니즘』 (서울: 한국기독학생회출판부, 2004), 12에서 재인용.

문화·사회 전반과 삶의 다양한 분야에서 중요한 말로 부각되었다. 이러한 문화의 변화 추세는 1970년대에 이르러서 '포스트모더니즘(postmodernism)'이라는 단어로 폭넓게 대변되었다.[3]

포스트모더니즘은 아무런 선행 활동 없이 어느 날 갑자기 생겨난 말은 아니며, 실제로는 19세기 말부터 기존의 모더니즘에 대한 반발로 계속 누적된 현상들이 문화 운동을 시작으로 전반에 걸쳐 나타난 광범위한 시대 이념이다. 우리나라의 경우에도 포스트모더니즘은 예술, 건축, 문학 분야에서 먼저 논의된 것으로 알려져 있다.[4] 이문균은 다양한 개념과 낱말로 모더니즘과 포스트모더니즘을 대조시켜 보여준다. 즉 구조-탈구조, 구축-해체, 규범성-자의성, 보편성-특수성, 정착-이동, 인간 중심-생태, 통일성-다양성, 본질-관계, 집중-분산, 철학적 해석-예술적 표현 등이 그것이다.[5] 이러한 특성 중에도 대표적으로 해체주의, 다원주의와 상대주의, 절대 진리에 대한 불신이 절대 진리이자 유일한 구세주 예수 그리스도를 믿는 기독교와 기독교인들에게 가장 근본적인 것에 대한 도전을 하고 있는 실정이다.

근대적 인식론과 존재론 그리고 윤리 전면에 있어서 토대의 상실을 가져온 포스트모던 논의는 "파괴하는 것이 창조하는 것이다"[6]라는 사

---

3 신국원, 위의 책, 15-16.
4 이문균, 『포스트모더니즘과 기독교 신학』 (서울: 대한기독교서회, 2000), 24-25.
5 이문균, 위의 책, 75.
6 위의 책, 131-32.

고 아래 절대적 권위와 근거를 가진 그 무엇도 용인하지 않고 기존의 모든 체계를 파괴한다는 점에서 기독교 진리 및 진리의 선포로서의 설교를 무기력하게 하며 도전해 오고 있다. 이와 동일한 맥락에서 현대의 다원주의적 사회는 믿음의 문제를 개인적 차원으로 전락시켜 "공식적으로 인정된 믿음의 유형이나 행동의 유형이 있을 수 없는 사회"이다.[7] 또한 일찍이 리오타르(Jean Francois Lyotard)는 The Post-modern Condition에서 현대 사회의 근본성격을 거대 담론의 퇴화, 절대 정신에 대한 불신이라는 말로 규정하였다.[8] 거대 담론에 대한 불신은 지금까지 표준으로 여겨져 온 갖가지 주장이나 가치가 사실은 지식과 힘의 행사에 있어서 주도권을 행사해 온 계층이나 집단의 관점이었음을 자각하게 만들었다. 이러한 새로운 시대성 속에서는 성경이 말하는 어떤 이야기도 공통적 담론으로서 권위를 인정받지 못할 뿐 아니라 오히려 의심받는 지경에까지 이르렀기 때문에 특별히 설교 사역 전반에 걸쳐 매우 빠른 속도로 공격해 오고 있다. 우리나라라고 해서 예외가 아닌 것은 물론이다.

그렇다면 보편타당한 절대 진리의 존재 자체를 부정하는 포스트모던 시대 상황에서 항구적이고도 절대적인 복음의 진리를 선포한다는

---

7 Lesslie Newbigin, *The Gospel in a Pluralist Society* (Grand Rapids: Wm. B. Eerdmans, 1989), 1
8 Jean-Francois Lyotard, *La Condition postmoderne: rapport sur le savoir* (1979), trans. by Geoff Bennington and Brian Massumi, *The Postmodern Condition: A Report on Knowledge* (Minneapolis: University of Minnesota Press, 1984), 24.

것이 가능할까. 도저히 양립불가로 보이는 포스트모더니티와 진리가 어떻게 우리의 교회 안에서 그리고 강단 위에서 자리매김을 해 나갈 수 있을 것인가. 이러한 포스트모던 시대를 살고 있는 우리에게, 그럴수록 믿음과 담대함을 가지고 그리스도인을 향해 복음의 변증가로서 진리를 선포하는 설교자의 필요성은 더욱 커질 수밖에 없다. 또한 다행스럽게도 한국의 교회의 상황을 돌아보면 오히려 포스트모던이라는 외풍이 커질수록 더욱 신앙의 뿌리를 견고하게 다져주는 설교가들이 든든하게 받쳐주고 있으며, 그 중에 대표적인 사람 중에 한 명이 바로 갈보리교회의 2대 담임목사인 이필재 목사이다. 그는 결코 포스트모더니즘의 영향을 받은 세대라 할 수 없고, 오히려 모더니즘의 영향을 깊게 받은 세대라고 해야 맞다. 그럼에도 포스트모던 시대의 혼란함을 뚫고 더욱더 복음을 외치며 하나님 나라를 확장시키고자 애쓰는 그의 담대함과 올곧은 모습이야말로 진리의 갈급함으로 메말라가고 있는 현대인들의 기갈을 타파해 나갈 수 있는 영혼의 처방전이라 생각한다. 이제는 이필재 목사가 갈보리교회의 2대 담임목사로 부임하여 현재에 이르기까지 선포했던 주일예배 설교를 중심으로 하여 거기에서 발견한 성경 사용 빈도 비율을 시작으로, 설교 유형과 형태 그리고 특징들을 차례로 살펴보고자 한다. 실제로 이 목사가 부임한 것은 2003년 1월부터이지만, 안타깝게도 부임 첫 해 설교 자료는 찾을 수 없었기 때문에 여기에서 언급하는 주일 설교는 2004년 1월 첫 주일 설교부터 2010년 10월 31일까지를 대상으로 한 것임을 미리 밝히는 바이다.

II. 이필재 목사의 설교 분석

1. 성경 권별 사용 빈도 분석

1) 기간

2004년 1월 4일~2010년 10월 31일(총 325회) 주일예배 설교[9]

2) 신구약 성경별 사용 횟수 및 비율[10]

구약 100(30.49%)	모세오경	역사서	문학서	대선지서	소선지서
	39(39%)	13(13%)	22(22%)	13(13%)	13(13%)
신약 228(69.51%)	사복음서	사도행전	바울서신	일반서신	요한계시록
	139(61%)	25(11%)	44(19.3%)	9(3.9%)	11(4.8%)

위의 표를 보면, 이 목사가 신약성경 본문을 구약 본문의 두 배가 넘는 비율로 채택하였음을 알 수 있다. 이는 사순절 5주간과 수난주일과 부활주일, 대림절 4주간과 성탄주일의 교회력상의 주요절기 12주간은 신

---

[9] 2004년 48주, 2005년 47주, 2006년 48주, 2007년 48주, 2008년 46주, 2009년 47주, 2010년 10월 31일까지 41주이다. 여기에는 송구영신예배, 성탄절과 같은 특별절기 설교는 포함되지 않으며, 주일예배 설교만을 대상으로 했으며, 갈보리교회 홈페이지에 나오는 주보안내부분과 Text Down 부분을 일일이 대조하여 낸 수치이다. 각각의 부분에도 누락되거나 중복된 부분, 제목과 다른 본문이 들어있는 경우도 있었기 때문에 그러한 상호비교가 반드시 필요했기 때문이다. 이 모든 것을 기초 자료로 하여 주일설교 목록을 만들었음을 참고하라.
[10] 2004년, 2005년, 2006년에 한 번씩 구약과 신약 본문을 함께 사용했기 때문에 전체 설교 본문횟수에 3회가 추가되어 328이 되었음을 참고하라.

약본문을 택하고, 신약의 빛을 가지고 구약을 해석해야 하는 성경신학적 전제로 인해 대부분의 목회자에게서 구약 대 신약본문의 채택 비율이 1:2 정도로 나타나는 점을 보면 극히 자연스러운 결과라고 하겠다.

구약에서는 모세오경을 가장 즐겨 사용했는데, 그 중에서도 창세기 본문이 18회로 가장 많았고, 다음에 출애굽기 12회, 신명기 5회, 레위기 3회, 민수기 1회로 각각 사용했다. 그 다음으로는 문학서 본문도 꽤 높은 비율을 차지하고 있는데, 시편이 16회로 가장 많았고, 잠언 5회, 전도서 1회의 순으로 나타났다. 그 외 역사서, 대선지서, 소선지서 비율은 동일하게 나타났다.

신약에서의 성경별 사용 횟수 및 비율을 보면 이목사가 그 어느 본문보다 사복음서를 사랑했고, 설교 본문으로 즐겨 선택하였음을 한 눈에 알 수 있다. 신약 본문 전체 횟수의 절반을 훨씬 상회하는 높은 비율인 61%를 차지하는데, 신구약을 통틀어 차지하는 비율을 계산해 봐도 거의 절반에 육박하는 42.38%를 나타내고 있기 때문이다. 그 중에서도 마태복음 본문이 58회로 가장 많았고, 누가복음 39회, 요한복음 35회, 마가복음 7회의 순으로 사복음서를 선택하였다. 그 다음으로 바울서신인데, 빌립보서 8회, 로마서와 고린도전서가 7회, 히브리서 5회의 순으로 사용했지만,[11] 실제 권별 사용빈도수만을 본다면 사도행전이 바울서신 전체보다 상대적으로 높은 비율을 차지하고 있음을 짐작할

---

[11] 학자별 이견이 있기는 하지만, 여기서는 히브리서를 바울서신에 포함시켰음을 참고하라.

수 있겠다. 그리고 요한계시록 사용이 11회로 일반서신 사용 비율보다 높게 나타나고 있는데, 2004년과 2006년을 제외한 나머지 연도에서 꾸준히 사용했으며, 특히 2010년 9월 19일부터는 일곱 교회 시리즈 설교를 하고 있음을 알 수 있다.

참고로 이 목사가 2004년부터 2010년 10월 31일에 이르기까지 해마다 한 번도 빠뜨리지 않고 사용한 성경은 구약에서는 창세기가 유일하며, 신약에서는 마태복음, 누가복음, 요한복음, 사도행전이다.

2. 설교 유형과 전개 형태

1) 설교 유형: 주제 설교 중심

일반적으로 설교의 기본 유형이라고 할 때에는 본문 설교(Textual Sermon), 주제 설교(Topical Sermon), 강해 설교(Expository Sermon)를 말하며, 전개 형태로 분류할 때에는 대지 설교, 상관 설교, 분석 설교, 서사체 설교(설화체, 이야기체), 예화 설교, 인물 설교, 대화 설교, 독백 설교를 뜻한다.[12]

이러한 관점에서 이필재 목사의 설교 유형은 일단 주제 설교에 해당되는 것으로 보인다. 정장복에 의하면, 주제 설교란 설교자들에게

---

12 정장복, 「한국교회의 설교학 개론」 (서울: 예배와설교아카데미, 2001), 158.

가장 보편적으로 사용되고 있으며, 한국 교회에서도 거의 주류를 이루고 있는 설교 형태라고 말한다. 이 설교는 삶의 장에서 발견된 주제를 선택한 다음 본문을 찾거나 또는 성경에서 찾은 주제를 가지고 삶의 현장으로 가지고 가기도 한다. 또한 수사학의 영향을 많이 받은 형태이고, 강조하려는 주제를 위해서는 수집된 자료와 함께 논리적인 전개를 펼쳐 나가는 현대적 감각을 보이기 때문에 현대인의 공감을 쉽게 얻을 수 있다.[13]

이것은 이 목사가 7년 동안 행해진 설교 사역의 전반에 걸쳐 커다란 특징으로 잘 나타나고 있음을 알 수 있는데, 바로 '선교'라는 대 주제를 놓고 철저한 기독교적 역사관에 입각하여 행해진 일련의 설교들이 대표적인 예라고 하겠다. 그러한 내용과 교회 목표는 즉흥적으로 나온 것이 아니라, 실제로는 매우 세밀한 계획과 구체적인 목표 아래 행해진 결과로 나온 것임을 알 수 있다. 또한 이것은 갈보리교회가 속해있는 한국독립교회 선교단체연합회(이하 한독선연)의 창립 정신과 신앙고백을 기본으로 하여 충실하게 이행하고 있음을 보여주는 대표적인 예라고 하겠다.

2006년 1월 1일 신년의 첫 날과 주일이 겹친 날 그는 먼저 고린도전서 11장 23-29절을 본문으로 "이것을 행하여 나를 기념하라"는 제목의

---

[13] 정장복, 위의 책, 160-61.

설교를 한다. 신년예배라서 그런지 다른 주일설교에 비해서 절반 정도의 분량으로 설교를 하면서 그는 확고한 복음과 진리에 대한 의지를 가지고 주님이 제자들에게 차려주셨던 갈릴리 식탁에 대한 영적 의미를 서론에서 설명한 다음 떡과 잔을 주셨던 주님의 마음에 대해 먼저 이렇게 말한다.

> 우리가 새해 첫날 성찬 예식을 갖는 의미는 "하나님께서 새로이 허락하신 역사를 주님의 소원을 위해 살겠습니다"라는 약속으로 참여하는 것입니다. 주님이 떡과 잔을 주실 때 가지고 계셨던 주님의 마음을 세 가지로 분석할 수 있습니다. 첫째는 주님은 십자가 죽음이 자신이 마셔야 할 잔이라고 말씀하셨습니다. …(중략)… 둘째로, 십자가의 죽음은 자신이 걸어야 될 길이라고 말씀하셨습니다. 예수님 이후로 지금까지 골고다 행진은 계속되고 있습니다. '고독한 골고다 행진의 대열에 지금 나는 십자가를 지고 참여하고 있는가 아니면 외면하고 있는가?' 하는 생각을 해보는 것이 성찬의 의미가 됩니다. …(중략)… 마지막으로 주님은 이것을 자신이 치러야 할 값이라고 말씀하셨습니다. 우리가 하나님의 자녀로, 주님의 제자로 살아갈 때 반드시 내가 마셔야 되는 잔이 있고, 가야 되는 길이 있고, 치러야 할 값이 있습니다.

그리고 성찬에 대한 영적인 의미를 다음과 같이 말하며 설교를 맺는다.

이 성찬은 영적으로 세 가지 의미를 부여됩니다. 하나는 계약적 관계입니다. 오늘 말씀에 주님은 "내 피로 세운 새 언약이니"라고 말씀하셨습니다. 주님이 내게 약속하신 모든 것이 이 성찬을 통하여 확실해지는 뜻입니다. "내 살을 먹지 않고 내 피를 마시지 않는 사람은 나와 상관이 없느니라." 계약적 관계가 이루어지는 것입니다. 두 번째는 영속의 개념이 있습니다. 주님과 이루어진 약속은 일시적이 아니라 영원합니다. "네 아비는 너를 잊었을 지라도 나는 너를 잊은 적이 없노라." 주님은 "내가 세상 끝 날까지 너희와 항상 함께 있으리라." 말씀하셨습니다. 그래서 이 성찬을 기념하면 영속화의 개념으로 주님과 내가 하나가 되는 것입니다. 그 다음에는 거룩한 통일성입니다. "내가 너희 안에 너희가 내 안에" 위대한 생명의 결부가 이루어지는 것입니다. 우리 모두 그러한 의미를 깨닫고 이 성찬에 참여하므로 오늘부터 시작되는 2006년의 순례의 역사의 발걸음이 거룩하고 풍성하여 지시기를 주의 이름 안에서 축복합니다.

이어서 2006년 1월 8일 주일설교는 "땅 끝까지 이르러"라는 제목으로 하여 그 해의 신년주제가 바로 선교임을 분명하게 나타낸 다음 여섯 번에 걸쳐 계속 선교시리즈 설교를 하게 된다.[14] 강해설교의 일반적 특

---

[14] "바울의 선교 사역"을 설교하기 전 2주간인 2월 19일과 25일에만 시리즈가 아닌 다른 설교를

징처럼 연속된 본문을 채택하여 계속적으로 설교해나가는 것이 아니라 주제를 중심으로 각기 다른 본문들을 채택하여 시리즈처럼 설교해 나산다는 점이다. 그러고 나서 광복절 기념 주일을 보낸 다음 주일날에 선교중간결산보고에 해당하는 설교를 하는데 특이한 점은 1월 8일에 했던 주일설교와 똑같은 제목인 "땅 끝까지 이르러"로 했다는 사실이다. 또한 그는 자신의 목회철학을 뒷받침해주는 '성령'의 사역에 대해 많은 관심을 갖고 있기 때문에 이를 주제로 한 설교도 많이 하고 있다는 것을 잘 보여주고 있다.

〈'선교'를 주제로 한 설교 목록표〉

20060108	행 1:6-8	땅 끝까지 이르러	신년주제
20060115	창 6:1-8; 히 11:7	노아의 선교사역	'~의 선교 사역'
20060122	창 12:1-9	아브라함의 선교 사역	
20060129	사 52:7-10	예언자의 선교 사역	
20060205	욘 3:1-10	요나의 선교 사역	
20060212	눅 6:12-19	예수 그리스도의 선교 사역	
20060305	빌 1:18-21	바울의 선교 사역	
20060820	행 1:6-11	땅 끝까지 이르러	선교중간결산

했다. 2월 25일은 삼일절 기념주일 설교를 했고, 2월 19일은 "하나님과 사람의 평가"라는 제목으로 설교했는데 이 선교 시리즈에 대한 교인의 부담감을 어느 정도 완충하고 격려하기 위함이 아니었나 싶은 생각이 들었다.

〈'성령'을 주제로 한 설교 목록표〉

20040530	요 3:1-8	성령으로 난 사람은 이러하니라	성령강림주일
20060618	행 2:1-4	성령의 역사	성령강림주일
20070617	행 1:1-5	물과 성령의 세례	
20080525	요 16:4-15	성령이 오시면	성령강림주일
20080706	요 3:1-8	성령님의 인격성	성령시리즈(1)
20080713	요 4:10-14	성령의 상징	
20080720	엡 1:11-14	성령의 인치심	
20080817	마 12:22-32	성령 사역의 장애물	
20080824	행 1:6-11	성령의 권능	
20080731	갈 5:22-23	성령의 열매	
20100110	요 7:37-39	생수 같은 성령	성령시리즈(2)[15]
20100117	행 2:1-13	불 같은 성령 바람 같은 성령	
20100124	행 16:6-10	성령 사역의 진행	
20100131	갈 5:22-23	성령 사역의 열매	

이와는 달리 동일한 본문에서 다른 관점과 주제를 찾아 설교한 것이 있는데 이는 주제 설교의 변형으로 보인다.

20050821	요 2:1-11	교회와 잔칫집
20050828		좋게 보는 세상
20050904		하인들만 아는 기쁨
20050911		포도주로 변한 물

다음으로, 이 목사의 설교 유형은 본문 설교의 장점과 강해 설교의 장점이 적절하게 조화된 형태로 나타나고 있음을 알 수 있다. 일단 본

문 설교의 특성과 장점을 살펴본 다음 예시로 제시한 설교 목록표를 보면 잘 이해할 수 있게 될 것이다.

본문 설교의 특징은 본문의 길이를 3-4절 이내로 짧게 정하고, 설교의 주제를 비롯한 주안점이 모두 본문에서만 유출되도록 해야 한다. 또한 본문에 함축되어 있는 메시지 발굴에 집중하여 본문의 핵심과 쉽게 만나게 하며, 본문의 정황을 비롯하여 중심 단어까지 철저한 석의를 시도하여 본문의 깊은 뜻을 정확하게 이해하도록 하는 것에 있다. 장점으로는, 무엇보다 설교자가 본문의 연구에 집중한다는 당위성에 의해 성경 언어와 그 주변 도구들과의 접근이 쉬워진다. 둘째, 설교자의 개인적인 사상과 경험을 들려주는 잡다한 수식의 필요가 대폭 삭감될 수 있다. 셋째, 회중이 정확한 메시지를 받을 뿐만 아니라 좀더 깊이 있는 성경 지식을 전수 받을 수 있다는 것이다.[15]

이런 관점에서 보았을 때 본문 설교 유형을 잘 나타내는 대표적인 예가 2005년 상반기에 교회력이나 교단에서 제정한 기념 주일을 제외하고서, 2월부터 6월에 걸쳐 행해진 주기도문 시리즈 설교이다.

---

15   정장복,「한국교회의 설교학 개론」, 158-59.

〈본문 설교 목록표〉

날짜	본문	제목	시리즈
20050213	마 6:5-8	이렇게 기도하라	주기도문 시리즈
20050220	마 6:9	하늘에 계신 아버지	
20050410	마 6:10	하늘의 뜻이 땅에서도	
20050424	마 6:11	일용할 양식을 주옵시고	
20050522	마 6:12	죄와 용서	
20050529	마 6:13	시험에 들게 하지 마옵시고	
20050619	마 6:13	다만 악에서 구하소서	
20050626	마 6:13	아버지께 영원한 것	

한편 강해 설교는 주해 설교라고도 하는데, 광의적인 차원에서 강해 설교의 정의를 먼저 살펴보도록 하자. 저명한 강해 설교가이자 복음주의 설교 학자인 해돈 로빈슨(Haddon W. Robinson)은 "강해 설교는 어떤 본문의 문맥에 맞는 역사적, 문법적, 문학적 연구를 통해 얻어지고 전달되는 성경적 개념을 전달하는 설교이다"라고 정의를 내린 바 있다.[16]

이러한 정의를 참고로 하여 살펴본 강해 설교의 특징과 장점을 차례대로 살펴보자.[17] 장점으로는 첫째, 다른 유형의 설교보다 많은 분량이 성경 구절을 설교 본문으로 하고 굴절을 따라 강해적 형태를 취한다. 둘째, 본문의 석의적 접근보다는 주해적 접근을 더 강조하여 진리의 현재성을 밝히고 발견된 진리를 회중의 삶에 조명해 준다. 셋째, 하나의

---

[16] Haddon W. Robinson, Biblical Preaching, 정장복 역, 『강해 설교의 원리와 실제』 (서울: 대한기독교출판사, 1987), 16.
[17] 정장복, 『한국교회의 설교학 개론』, 165.

단일한 목적과 주제로 통일성을 갖추며 설교의 전개가 본문에서 발생되어야 한다. 넷째, 설교자가 본문에 완전히 심취되어 본문에서 나오는 진리와의 만남이 먼저 이루어져야 한다. 다섯째, 설교자가 본문의 지배자가 아니라 완전한 봉사자로서 진리의 전달에만 집중해야 한다.

장점으로는 첫째, 설교자는 자연적으로 성경과의 밀접한 관계를 유지하면서 성경 연구생으로의 기본자세를 갖게 한다. 둘째, 설교자 자신이 말씀의 운반자라는 자신감을 갖게 된다. 셋째, 설교를 듣는 회중이 하나님의 말씀으로 성장하면서 삶에 변화를 보이기 시작한다. 넷째, 설교자의 주관적인 사상이나 경험 또는 지식을 설교에서 나열하지 않고 순수한 성경 말씀만으로 설교를 하게 된다는 것이다.

이런 맥락에서 보았을 때 이목사의 설교는 특히 특별한 절기 설교와 그 전후 혹은 여러 기념주일 전후로, 강조하고자 하는 주제를 다시 한 번 더 부각시키고자 할 때 이러한 강해 설교의 특징과 장점을 최대한 살리고 있음을 잘 알 수 있다. 다음의 표를 참고로 살펴보면 잘 이해할 수 있을 것이다.

〈강해 설교 목록표〉

20040307	마 26:36-46	하나님의 불가능	사순절 주간
20040411	마 28:1-10	말씀대로 살아나셨느니라	부활절
20040815	출 15:1-13	모세의 광복절 노래	광복절 기념주일
20041031	히 9:1-15	신앙의 개혁 역사	종교개혁주일
20041226	눅 19:11-27	있는 자에게 더 주는 결산	송년주일

날짜	본문	제목	비고
20050109	시 51:10-19	상한 심령의 열매	연초교회표어강조
20050327	요 20:1-18	부활의 증언자들	부활절
20060225	마 23:29-39	예루살렘과 예수	삼일절 기념주일
20061015	롬 16:1-16	선교동역자	선교 강조한 해
20061112	시 136:1-26	여호와께 감사하라	감사의 달 강조
20061119	신 26:1-11	토지소산을 여호와께 드리라	추수감사주일
20061217	눅 19:28-40	평화의 왕으로 오시는 이여	대림절 주간
20061224	눅 2:1-14	성탄의 기쁨과 예루살렘의 실망	성탄절
20061231	마 25:14-30	결산하는 인생	송년주일
20071216	시 33:12-22	하나님의 기업이 된 백성	대림절 주간
20071223	마 2:1-12	고통의 성탄	성탄절
20080323	마 28:11-25	파수꾼의 양심선언	부활절
20080330	요 21:1-14	그리하면 얻으리라	부활절 다음주
20080608	계 5:1-14	운명의 인봉을 뗄 자	교회창립주일 다음주
20090104	막 10:35-45	거룩한 가치의 삶	신년주일
20090329	요 19:17-27	사순절 주간	갈보리산 예수
20090705	창 15:1-21	지극히 큰 상급	
20090816	고전 13:1-13	기독교 사랑의 정의	
20091206	눅 2:8-20	첫 번 성탄	대림절 주간
20100117	행 2:1-13	불 같은 성령 바람 같은 성령	교회표어 강조
20100404	눅 24:1-12	어찌하여 산 자를 죽은 자 가운데서 찾느냐	부활절
20100808	눅 10:1-16	한 영혼의 가치	
20100829	마 26:36-46	예수의 눈물	
20100905	엡 6:10-20	악령과 하나님의 전신갑주	

지금까지의 내용을 보았을 때, 이필재 목사의 주된 설교 유형은 주제 설교에 해당하지만 상황에 맞춰 본문 설교와 강해 설교를 적절하게

운용해 나간다고 말할 수 있겠다.

2) 설교의 전개 형태 : 귀납법적 전개 선호

(1) 연역법적 전개론

설교에서의 연역법적 전개는 하나의 주제 또는 중심 개념을 설정하고, 그것을 설명할 때 예화와 같은 특수한 예증을 들어가면서 결론에 이르는 형태로 활용하는 것을 의미한다. 이 전개론은 기독교의 역사와 함께 설교 사역에서 뿌리를 내려온 형태이다. 주로 대지 설교와 분석 설교 그리고 상관 설교 등이 모두 연역법적 전개를 따르고 있다. 여기에서 연역법적 전개론이 가지고 있는 특성들을 정리해보면 다음과 같다.[18]

첫째, 무엇보다도 성경에 충실하여 본문의 의존도가 어떤 전개 형태보다 높아 복음적인 설교의 강단에서 총애를 받는다.

둘째, 논리를 좋아하고 혼돈을 싫어하는 사람들에게 접근하는 데 매우 효과적인 전개 형태로서 작용한다.

셋째, 설교자들이 자신들의 삶의 이야기를 들려주는 수준 미달의 설교 형태를 보이지 아니하고 말씀 중심의 틀을 지킬 수 있다.

넷째, 뚜렷한 주제의 설정과 일목요연한 대지의 논리는 단순한 사고

---

[18] 정장복, 『한국교회의 설교학 개론』, 200-202.

에 젖어 사는 회중과 메시지의 만남을 보다 쉽게 가져 올 수 있다.

다섯째, 연역법적 형태를 취할 수밖에 없는 강해 설교와 같은 경우에 절대적으로 필요한 전개 형태로서 그 가치가 오랫동안 지속될 수 있다.

(2) 귀납법적 전개론

특별히 1960년대 중반부터 '설교의 위기론'이 대두되면서 설교가 심한 비판의 대상이 되었고, 이것은 오히려 많은 설교학자들과 성서학자들로 하여금 새로운 설교 형태에 관한 연구를 하게 되는 계기를 제공하게 되었다. 그러던 중 1971년 프레드 크래독(Fred B. Craddock)의 책 *As One without Authority*[19]가 출간된 이후, 현대 설교학에서는 새로운 흐름이 만들어져 과거와는 전혀 다른 설교의 새로운 패러다임을 추구하게 되었다. 이러한 일련의 흐름을 "새로운 설교학 운동(the New Homiletics)"이라고 하는데, 그 엄청난 영향력으로 인해 흔히 "설교학에 있어서 코페르니쿠스적인 혁명"이라고 부르기도 한다. 귀납법적 전개는 이전의 논리적이고 명제 중심적인 전통적 설교 형태(연역법)와는 전혀 다른 설교학적인 틀(paradigm)을 제시하면서 설교학의 패러다임 변환을 가져왔다.[20]

---

19 김운용 역, 『권위없는 자처럼: 귀납적 설교의 이론과 실제』 (서울: 예배와설교아카데미, 2003).
20 김운용, "새로운 설교학 운동"과 설교의 새로운 패러다임 추구: 프래드 크래독의 설교 신학을 중심으로, 『한국 기독교 신학논총』, vol. 26 (2002), 259-90을 참조하라.

귀납법적 설교 전개는 설교자가 문제점의 발굴을 일방적으로 자신의 주관적인 주장에 의하여 진행하지 않고 회중의 삶에서 찾아 나오기 때문에 회중은 거기에서부터 친근감을 느끼게 되며 다음 단계에 호기심을 갖게 된다. 크래독은 이러한 전개 형식이야말로 회중에서 "설교의 흐름 중에 동참하여 설교자의 결론이 아닌, 자기 자신의 결론에 도달할 수 있는 권리"를 부여한다고 말했다.[21] 또한 그럴 때야말로 "설교의 결론이 회중 자신의 결론이 되며, 설교의 적용이 그들에게 명확할 뿐 아니라 그들이 회피할 수 없는 그들 자신의 적용이 된다"는 주장을 펼쳐 나간다.[22] 이러한 크래독의 이론에 근거하여 귀납법적 설교 전개론의 특징들을 정리하면 다음과 같다.[23]

첫째, 회중이 경험하고 있는 삶의 상황이나 문제점에서 본문의 메시지를 찾아 나선다.

둘째, 회중이 설교자의 사상과 상호 작용하는 중에 설교에 대한 동참 의식이 높아진다.

셋째, 설교자가 운행하는 설교의 움직임에 회중이 함께 동승하여 말씀의 결론 지점에 도달한다.

넷째, 지금까지 있어 온 명령 일변도의 설교에서 벗어나 회중으로

---

21 Fred B. Craddock, *As One without Authority* (Nashville: Abingdon Press, 1987), 62.
22 위의 책, 57.
23 정장복,「한국교회의 설교학 개론」, 206-207. 귀납법적 설교에 대해 보다 자세한 내용을 알고 싶으면 김운용, "새로운 설교 패러다임에서의 설교와 형태(1)",「기독교사상」(2006, 6), 159-72를 참고하라.

하여금 문제의 현장을 보게 하여 경험적 감각이 함께 동원된다.

다섯째, 회중이 동참한 문제의 해결을 위한 기대감과 예상을 향한 흥미를 지속하면서 설교의 종착역에 도달하게 된다.

(3) 귀납법적 설교 구성 방식에 의한 설교 분석

여기에서는 갈보리교회에서 행한 이필재 목사의 첫 설교를 텍스트로 해서 그의 설교가 어떻게 귀납법적 전개를 해 나가고 있는 가를 분석해 보고자 한다. 일반적으로 첫 설교를 보면 설교자가 그 해에 구상하고 있는 목회철학이나 설교의 대표적인 특징, 형태 등을 짐작하기가 상대적으로 용이하기 때문에 첫 설교를 선택했다. 대신, 서론에 미리 말한 대로 2003년 설교 자료는 찾을 수 없었기 때문에 2004년 1월 4일 신년주일 설교를 그 대상으로 삼았음을 말하는 바이다.

2004년 1월 4일 주일예배 설교 "장막터를 넓히라" 중에서

예화(Illustration) 혹은 통계자료(Statistics)

볼티모어에 "쏘니"라고 하는 일간지 신문이 있는데 어느 날 연초에 아주 큰 기사로 독자들에게 설문지를 냈습니다. "누구든지 이 문제에 대해서 답변하고 싶은 사람은 신문사로 연락해 주시오." 그래서 그 기사를 보고 독자들이 수천 통의 답변을 보내오게 됐습니다. 그런데 그 설문지의 문제는 "만약 앞으로 당신이 금년 일년만 더 살고 죽는다면 무엇을 하고 싶습니까?" 이런 설문조사였습니다. 그래서 그 수많은 답변 중에서 가장 많이 답한 것은 네 가지로 집약해서 또 신문에 발표를 했습니다. "일 년을 이웃 사람들에게 도움을 주면서 살고 싶다." 그게 첫 번째로 제일 많았던 것이고, 그 다음에는 "이 세상이 좀 더 밝은 세상이 되는데 나의 조그만 힘을 바치고 싶다." 그렇게 말했고, 그 다음에는 "내가 더 많은 미소를 이웃에게 주고 싶다." 그 다음에 네 번째가 "영원의 세계를 위해서 준비하겠다." 이렇게 네 가지가 나왔습니다. 그랬더니 신문사에서는 그 답변을 보고 또 큰 글을 냈습니다. "그러면 금년은 그렇게 사십시오."

대지 I (Main Head A): 복음의 확산

마태복음, 마가복음, 누가복음의 마지막 기록은 똑같은 의미의 말씀으로 끝이 납니다. 그것은 주님의 마지막 지상의 말씀이며 승천의 장면으로 복음서가 끝이 납니다. 따라서 그 마지막 말씀은 주님의 가장 큰 관심사가 되고 유언적 교훈이 됩니다. 가룟 유다를 제외한 열한명의 제자들에게 간절한 부탁을 하셨는데 그 유언적 말씀은 "너희는 가서 모든 족속으로 제자를 삼아 땅 끝까지 이르러 내 증인이 되라." 예수님의 관심사는 그것이었습니다. 그 이후 지금까지 이 지상에는 주님의 부르심을 받은 수많은 제자들이 바로 주님의 그 지상 명령에 순종을 해서 하나님의 나라 확장에 몸을 던짐으로서 세계는 이렇게 복음의 확산이 이루어졌습니다.

예화

우리가 공공장소에 가서 어떤 때 옆에 있는 사람을 볼 때가 있습니다. 예를 들면 음식점 같은 데를 가서 우리가 음식을 먹을 때가 있는데 옆에 앉은 사람들이 기도를 드리고 밥을 먹는 모습을 볼 때 어때요? 괜히 친근감이 생기고 반갑고 기쁜 마음에 '아, 주님을 믿는 형제로구나!' 이런 생각이 들고 동료 의식을 갖게 됩니다. 내 영혼 가운데 항상 그것이 최대 관심사가 되어 있기 때문에 그렇습니다.

사례

주님은 이 땅에 구원을 완성시키기 위해서 가장 훌륭하고 효과적 제도를 하나 만드셨어요. 그게 교회입니다. 이것보다도 더 좋은 제도가 있다면 주님은 그것을 만드셨을 겁니다. 그런데 이것이 가장 훌륭한 하나님 나라의 효과적 제도이기 때문에 사도들을 세우고 사도들에 의해서 교회가 세워지도록 예수께서 그렇게 축복하셨어요. …(중략)… 예루살렘에서 시작된 이 교회 공동체는 안디옥을 거쳐서 소아시아 일대에 퍼져 나갔고 바울을 통해서 유럽 일대로 확산된 것이 벌써 초대교회 시절에 이루어진 일이란 말입니다. …(중략)… 교회가 훌륭하게 성장한다는 것은 하나님의 나라 확장이 됩니다. 반대로, 교회가 쇠퇴한다는 것은 그만큼 구원의 숫자가 감소된다는 뜻이 있어서 우리는 이 땅에 주님께서 세우신, 우리가 몸담고 있는 이 땅에 교회를 훌륭하게 잘 성장시켜 나가는 것이 하나님의 나라 확장입니다.

사례

그러므로 교회 공동체의 창조적 발전을 위해서 우리가 있고, 지금 우리가 선교를 열심히 합니다. 교회마다 다 합니다. 선교를 받고 있는 교회도 또 선교합니다. 그 사명 때문에 그렇습니다. 지금 저희 교회가 한 70군데 미자립 교회에다가 선교비를 보내잖아요? 한 달에 그 갈보리교회가 보내는 선교비를 받아서 생활하는 그 교회도 또 선교합니다. 그렇게 되어 있습니다.

대지 II(Main Head B) : 더 많은 하나님 나라 확장을 위한 교회 건축 필요성 강조[24]

금년에 2004년 우리 갈보리교회는 '이 선교의 모체를 좀 튼튼하게 되겠다. 여기에 역점을 두고자 이와 같은 제목을 내걸고, 그 이후는 이 모체를 튼튼히 함으로 더 좋은 선교를 하기 위해

---

[24] 이필재 목사가 부임한 2003년에 이미 성공적으로 교회 건축을 마쳤고, 2004년에는 교육관 증축을 위해서 교회 건축 필요성을 강조한 것으로 보인다. 사료에 의하면, 2004년 1월 4일 교육관 증축 기공예배를 드렸고, 같은 해 6월 6일에 교육관 증축 준공예배를 드렸다고 나온다.

서, 더 많은 하나님의 나라 확장을 위해서 그렇게 이일 년을 정해봅니다.

인용 및 사례

구약의 성전 건축 역사는 하나님 백성의 필수적 의무 사역으로 조명되고 있습니다. 솔로몬이 B.C. 957년에 삼만 명의 역군을 동원해서 칠 년에 걸쳐서 대 성전을 완공을 합니다. 그래서 솔로몬 성전이라고 말하는 겁니다. …(중략)… 유대인들이 파사왕 고레스의 칙령을 받아서 본국 예루살렘으로 돌아왔을 때 제일 먼저 한 일이 뭐냐? 하나님의 성전 재건입니다. B.C. 586년의 일이에요. 학개 선지자가 성전 재건하자고 설교를 했고, 국민들은 이것이 옳은 일이라고 협조를 해서 스룹바벨의 협조를 통해 성전 재건이 이루어지므로 그 성전 재건이 약 500년 동안 히브리 민족의 영원의 안식처, 또 영적 구심점 역할을 해왔습니다. …(중략)… B.C. 20년에 헤롯의 도움을 얻어서 또다시 성전을 건축하게 되는데 그 성전이 예수님 당시에 사용했던 성전입니다. 그런데 그 성전은 예수님 말씀대로 A.D. 70년에 또다시 로마군에 의해서 폐허가 되었고, 지금은 서쪽에 벽 하나만이 남아 있어서 그것을 '통곡의 벽'이라고 하는 것입니다.

소지 1(Subhead 1)

불완전한 지상 교회인 것은 사실이나 없어지고 또다시 생겨나는 과정 가운데서 하나님의 구원의 역사가 이루어진다.

여기서 나타난 것을 영적으로 한번 해석하면 이 지상의 교회는 완전한 교회가 아니라는 것입니다. 불완전의 요소가 있다는 것입니다. 하늘나라에 있는 무형 교회만이 완전하고 지상의 것은 교회일지라도 불완전해서 어느 때는 없어지기도 하고 또 새로 생기기도 하면서 그 과정 가운데서 하나님의 구원의 역사는 이루어지도록 그렇게 되어 있습니다.

예화

제가 어느 교회의 헌당 예배를 드렸어요. 그런데 교회들을 새로 짓고 그 시절에 판자촌에 빨간 벽돌로 아름답게 지어서 그 교인들이 헌당 예배를 드리는데 너무 좋아서 한복을 입고 떡을 해놓고 온갖 손님을 다 초대하고 큰 기쁨의 잔치가 벌어졌어요. 그러니까 교단에서, 대한민국에서도 몇 번째 안가는 큰 목사님이 오셔서 설교를 하시게 됐잖아요? …(중략)…그런데 헌당 예배드리는 그분의 설교 제목이 뭐냐면 "무너질 교회"입니다. …(중략)… 그분의 주장은 "지상의 교회는 불안전한 줄 알고 섬깁시다. 주님이 오실 때 이 지상의 모든 교회는 아무리 건축을 잘 한 교회도 다 불타 없어질 것입니다. 만약 여러분이 이 사회가 변하면 몇 십 년 후에는 이것도 모자라서 그렇게 정성을 들여 지은 이 예배당도 여러분의 손으로 때려 부수고 또 더 큰 성전을 지을 것입니다. 그럼 이 건물은 불안전한 것입니다. 그런 의미가 있는 게 교회입니다. …(중략)… 그렇습니다. 자, 여러분이 헌금해서 갈보리교회를 이렇게 잘 지었습니다. 필요하면 앞으로 이 성전을 헐고 더 크게 지을 수 있고 그럴 것이 아닙니까? 그러는 과정 속에서 솔로몬 성전도 전쟁이 나서 무너지고 재건한 성전도 무너지고 그 후의 성전도 또 무너졌잖아요? 그러나 그러는 역사의 과정에서 하나님의 인간 구원은 계속 된단 말입니다. 그러니까 그 의미를 알고 우리가 성전을 재건하고 성전을 건축하고 이러면서 살아야 됩니다.

소지 2(Subhead 2)

첫 주간에 장막터를 넓혀야 하는 당위성 선포 후 자신의 경험담과 미국에서 널리 알려진 두 개의 예화를 소개함으로 그 중요성을 더욱 강조함.

저는 오늘 이 첫 주간에 금년 우리의 장막터를 좀 넓히고 내일부터 공사 시작하고 증축하고 또 많은 프로그램을 앞으로 5개년, 10개년 계획으로 좀 설계하는데, 이 첫날에 두 가지 예화를 여러분에게 하고 싶은 게 있어요. 하나는 내가 목회하면서 만난 제 교회 교인의 경우이고, 또 하나는 미국 사회에 아주 가장 널리 알려진 예화 두 가지를 여러분에게 소개하겠습니다. …(이하 생략)…

대지 Ⅲ(Main Head C) : 옳은 일에 헌신하라

사람은 누구나 옳은 일이라고 판단되는 것에 몸을 던지고 싶어 합니다. 하나님의 역사는 가장 옳고 거룩한 일입니다. 그 믿음이 있는 자들이 이 땅에 하나님의 나라를 일구어 가는 것입니다.

중심 사상(Central Idea) : 하나님을 위해 흘리는 눈물의 주인공이 되어 승리하자

서정주의 시를 보면 "한 송이의 국화꽃을 피우기 위해서 봄부터 소쩍새는 그렇게 울었나 보다"가 나옵니다. 우리는 이 땅에 하나님의 나라를 꽃피우기 위해서 항상 울면서 사는 겁니다. 아름다운 역사의 뒤안길에는 흘린 눈물의 주인공들이 있음을 생각하면서 우리가 2004년 이 목표를 가지고 찬송을 부르며 힘 있게 승리하는 한 해가 되시기를 축원합니다.

이 설교는 위와 같이 전형적인 귀납법적 설교 구성에 따라 이루어져 있음을 알 수 있다. 특히 중심 사상에 초점을 모으기 위해 대지 Ⅲ에서 옳은 일에 헌신하는 일반적 현상을 언급한 후, 하나님의 역사가 바로 가장 옳고 거룩한 일이며, 그것을 '믿음'이라 정의한 다음 이 땅에 하나님의 나라를 일구어 가자고 권면한다. 그런 다음 마침내 '하나님을 위해 흘리는 눈물의 주인공이 되어 승리하자'라는 중심 사상을 선포한 다

음 기도로 끝맺는다.

정리하면, 이필재 목사의 설교는 주로 귀납법적 전개론을 충실히 따르고 있으며, 강해 설교 형태를 취할 경우에만 부분적으로 연역법적 전개론을 취하고 있다고 말할 수 있다.

III. 이필재 목사 설교의 특징

이필재 목사의 설교를 들여다보면, 뚜렷하게 나타나고 있는 특징들을 몇 가지 발견할 수 있다. 무엇보다 정교한 목회철학의 수립과 실천 의식을 갖고 계획에 맞춰 설교를 하며, 막연한 감정에 호소하기보다는 정확한 수치와 통계 자료를 즐겨 사용함으로써 객관성을 놓지 않는 모습을 일관성 있게 보여준다. 국내외를 날카롭게 투시하는 역사의식 또한 투철하며, 기본 교회력에 충실하면서도 자신이 갖고 있는 목회철학을 반영할 수 있는 기념 주일을 해마다 일정하게 지켜나가는 모습을 자신감 있게 드러내고 있다. 여기에서는 각각의 항목에 따라 해당되는 설교 본문을 인용하여 살펴보도록 하겠다.

1. 탁월한 동기부여의 설교자 : '선교' 중심의 목회철학 강조

사실상 이필재 목사의 '선교'에 대한 열정은 그의 사역 전반에 걸쳐

가장 뚜렷하게 나타나고 있다. 미국에서의 사역을 보아도 그렇고, 갈보리교회에 와서도 '선교'는 이목사의 목회철학 뿐만 아니라 평소 주일설교에서도 즐겨 채택되었던 중심 주제였기 때문이다. 2006년 1월 8일 교회표어를 설교한 그때부터 그 계획이 완수될 때까지 계속해서 교인들에게 그 필요성과 실천 결과들을 가지고 자신감 있게 그리고 지칠 줄 모르는 열정으로 계속해서 도전해 나가면서 이끌어나가는 모습을 설교를 통해 자신감 있게 나타내고 있기 때문이다. 이목사의 이러한 탁월함을 더욱 돋보이게 하는 것은 다름 아니라 매우 구체적인 수치와 통계 자료를 즐겨 사용한다는 점이다. 역사적인 사건을 언급할 때나 어떤 예화를 들 때에도 항상 정확한 연도와 일자, 모인 사람 수 등 실제적인 숫자가 빈번하게 등장한다는 점 또한 설교를 준비하는 그의 태도와 마음가짐이 얼마나 정성스럽고 세심한 지를 보여주는 것이기도 하다. 이러한 선 이해를 안고서 해당되는 내용을 간략하게 살펴보면 다음과 같다.

1) 2006년 1월 8일 갈보리교회 선교 계획 선포

지금까지 20년 동안 우리 갈보리교회가 해온 선교가 교회의 프로젝트 가운데 제일 큰 비중이었음을 역사적 관찰을 통해서 알 수 있습니다. 세계에 흩어져 사역하는 선교사들에게 협력하는 부분을 열심히 동참해 왔는데, 금년에도 127군데에 선교비를 보내기로 약속하고 벌써 실천하고 있습니다. 또한 그 외에 수시로 요청하는 수십 군데에 선교 사역을 후원하고 있습니다. 그래서 일 년에 150-160군데 선교를 후원하고 있습니다. 그런데 한 가지 우리교회가 하지 아니한 부분이 있습니다. 갈보리교회 이름으로 파송한 선교사가 한명도 없습니다. 그래서 이제는 선교 정책을 바꿔 2006년도 금년을 선교사 파송 원년으로 정하고 앞으로 1,000명을 목표로 선교사를 파송하려고 합니다. 그 시작으로 영국으로 떠나는 한국 대학생 합창단 선교팀 25명의 파송식을 이미 지난 수요일에 가졌습니다. 이들은 음악 선교사역자로서 외국에 나갈 때마다 선교비를 우리 교회가 지원하는 것으로 파송했습니다. 오늘 제가 1,000명 목표라고 발표하니까 여러분은 지금 순간적으로 깜짝 놀라시는 것 같습니다. '어이쿠, 큰일 났다. 선교사를 1,000명이나 파송하려면 돈이 아주 많이 들 텐데…. 이제 목사님은 날마다 선교비 내라고 설교하겠구나. 시작도 하기 전에 도망가는 게 낫겠다.' 이러실지 모르겠습니다. 끝까지 설교를 들으시기 바랍니다. …(중략)… 갈보리교회도 여러분 자신도 선교에 노력하십시오. 내가 직접 선교사로 나가지 않아도 선교사가 될 수 있습니다. 선교를 위해 노력한 사람 모두가 선교 사역자입니다. 지금 계획으로 몇 년 안에 1,000명의 선교사를 파송하려 합니다. '내가 선교사 한 사람을 책임진다!' 2010년 12월에 우리가 5년을 결산해서 훌륭한 결산을 하도록 계획을 세워놨습니다. 여러분들이 할 일은 '내가 참여할 수 있는 길을 주옵소서.' 합심 기도하는 일입니다. 사람이 선한 일에 작정을 하고 그쪽으로 마음을 쓰면 하나님이 그 일을 이루시도록 길을 열어주십니다. 그러면 되는 겁니다. 오늘 2006년 신년을 시작하면서 주님이 갈보리교회를 보시는 관심이 새로워지셨으리라 생각합니다. 선교와 더불어서 하나님의 축복의 관심이 갈보리교회와 갈보리 교인들에게 임재하시기를 축원합니다.

-2006년 1월 8일 주일설교 "땅 끝까지 이르러" 중에서

2) 2006년 8월 20일 선교 계획 중간결산 보고

오늘 설교는 금년도 목표로 연초에 정하고 우리가 기도하고 계속 실천하고 있는 부분을 제목으로 정했습니다. 지금까지 1월부터 열심히 해온 것을 중간 결산하고 앞으로 계획하는 설교 방향에 대해서 기도하려고 합니다. …(중략)… 현재까지 협력 선교지 131개 처, 파송 선교사 163명, 찬양 사역자 54명, 총 217명으로 파송되어 있는데, 지금 세 나라가 새로이 작업 중에 있습니다. 온두라스, 스리랑카, 아프리카를 합치면 2006년 갈보리 선교는 파송 선교사 255명, 찬양 사역 파송 54명, 협력 선교 131개 처 그래서 440군데 선교 사역자가 됩니다. 내가 살고 있는 이유! 갈보리교회가 존재하는 이유! 하나님 나라의 확

장입니다. 예수를 믿은 지가 얼마 안 된 초신자는 믿음 성장에 노력을 해야 되고, 이미 믿음이 성장한 교우들은 십자가를 져야 합니다. 가장 행복한 크리스천의 삶의 모습은 어떤 것인가? 하나님께 쓰임을 받고 있는 삶입니다. 당시 제자들에게 주님이 주신 말씀, 바로 그 제자가 여러분과 제가 되기를 바랍니다. …(이하 생략)…

-2006년 8월 20일 주일설교 "땅 끝까지 이르러" 중에서

3) 2010년 신년에 선교 계획 완수 공포

갈보리교회 성도 여러분! 우리는 마침내 파송선교사 1,000명이 넘었습니다. 처음 시작할 때는 가능할지 모른다는 회의론도 적지 않았습니다. 그런데 하나님은 우리 모두의 기도를 들어주셔서 목표달성에 이르렀습니다. 이 일은 결코 쉬운 일이 아니었는데 성도님들의 끊임없는 기도와 성의 있는 협조로 이루어졌습니다.

기독교의 확장 역사를 사도행전에서 볼 수 있는데 그 역사는 사도행전 28장에서 끝났습니다. 따라서 사도행전 29장부터는 우리들이 써가는 역사입니다. 아마 그 이후 계속 기록했다면 사도행전은 지금쯤 2,900장이 되었을 것입니다. 그러나 28장 이후의 역사는 모두 29장으로 표현하고 있습니다.

지난 해 우리는 29장을 훌륭히 써갔다고 해도 좋습니다. 이제

1,000명이 넘는 선교지와 선교사를 훌륭하게 협력하면서 기독교 역사를 써가는 2010년이 되기를 소원하며, 새해에도 갈보리 성도님들 가정마다 하나님의 축복이 계속 되시기를 기도드립니다.

-2010년 교회 홈페이지 담임목사 인사말에서

2. 건강한 교육철학을 가진 설교자

소위 대형교회 담임목사 중에 특별히 전공자를 제외하고서는 주일학교 교육에 관심을 갖고 있는 담임목사를 찾는 것은 아직도 쉽지 않은 일이며, 그것도 주일예배 설교를 통해 교육시키는 담임목사를 찾는 것은 더더욱 어려운 일이다. 그러나 이필재 목사는 해마다 1월 첫째주일을 포함한 1월에는 당해 교회표어에 따른 주제를 가지고 그리고 교회창립주일에는 갈보리교회 정체성을 주제로 설교함으로써 자연스럽게 교인들을 교육시키는 효과를 거두고 있는 것으로 보인다. 또한 해마다 어린이주일을 지키는 것은 물론이고, 여름방학 전에는 여름성경학교의 중요성을 강조하거나 중간에 어린이들을 귀하게 여기며 설교를 해나가고 있다. 이것은 다음의 설교목록표와 인용문을 참고로 하면 잘 알 수 있을 것이다.

1) 교회표어 주제 설교목록표와 예문

여기에서는 2005년도 첫 주일에 교회표어 주제 설교를 하면서 2주 연속 그 주제와 관련된 설교한 본문을 한 예로 제시해 보았다.

20040104	사 54:2-3	장막터를 넓히라
20050102	요 4:20-24	예배 안에서 만나는 하나님
20060108	행 1:6-8	땅 끝까지 이르러
20070107	시 46:1-7, 57:8	새벽을 깨우리로다
20080106	롬 10:9-17	듣고 전하자
20090104	막 10:35-45	거룩한 가치의 삶
20100103	행 1:1-8, 28:30-31	사도행전 29장을 쓰는 교회

2005년도 표어를 '예배 안에서 만나는 하나님'이라고 정했습니다. 그 이유는 교회가 지니고 있는 몇 가지 대표적 기능이 있는데 그 기능들만 훌륭하게 해 나가면 교회로서의 사명을 다할 수 있습니다. 그 기능은 예배와 교육과 봉사와 선교, 그 다음에 한 가지를 더하면 친교의 기능을 들 수가 있습니다. 다른 모든 종류의 기능은 이 몇 가지 기능 속에 속하여 있습니다. 그런데 교회 기능 가운데서 가장 중심적 기능이 무엇인가? 바로 '예배'입니다. 왜 예배가 중심인가? 우리 인간과 하나님은 예배를 통해서 만나기 때문입니다. …(이하 생략)…

-2005년 1월 2일 주일설교 "예배 안에서 만나는 하나님" 중에서

결국 인간이 가고자 하는 마지막 행복의 장소는 어디인가? 영혼에의 자유함을 누리는 것입니다. 영혼의 자유함이 내게 주어질 때에만 인간은 참 자유함의 행복한 사람이 됨을 다윗의 경우에서 우리가 배웠습니다. 그러면 그 영혼의 자유함은 어떻게 얻어지는가? 오늘 상한 심령의 예배를 통해서 주어진다고 그랬습니다. 예배를 통해서 죄의 문제를 하나님 앞에 마주서서 회개의 눈물 제사를 드림으로 말미암아 심령이 회복되고 영혼이 풍성하고 자유함을 얻게 되는 것입니다. 성경에 나타난 하나님의 관심도를 보면 사람이 얼마나 죄를 지었느냐 하는 것보다는 얼마나 회개했느냐에 비중이 큽니다. 하나님이 다윗을 그토록 사랑하신 이유 중에 가장 큰 비중이 무엇인가? 다윗이 이렇게 상한 심령의 예배를 드렸기 때문에 그 예배가 하나님의 마음에 합했다는 말입니다. …(이하 생략)…

-2005년 1월 9일 주일설교 "상한 심령의 예배" 중에서

그리심 산에 있는 사람들은 하나님의 축복을 선언하도록 하고, 반대편 에발 산에 있는 사람들은 하나님의 저주를 선포하게 합니다. 그리고 그 소리를 듣는 가운데 있는 모든 군중들은 그 소리가 끝날 때마다 "아멘"하고 화답하도록 드라마 같은 연출을 하게 됐습니다. 그리심 산과 에발 산은 같은 지역이면서도 서로 다른 특징을 지니고 있습니다. …(중략)…그리심 산에 있는 대표들이 소

리를 칩니다. 축복 선포입니다. "누구든지 하나님의 말씀을 청종하고 여호와를 사랑하며 마음을 다하고 뜻을 다하고 성품을 다하여 섬기면 이 그리심 산과 같이 아침 해가 떠오르는 축복을 받을 것이요 너희 생에 초목이 무성하고 물줄기가 있어서 풍족하게 되리라." 대표자들이 소리를 지르면 그 골짜기 가운데 있는 모든 백성이 "아멘"하고 화답을 합니다. 그 다음 반대편 에발 산에서 하나님의 저주를 선포합니다. "누구든지 하나님의 말씀을 순종치 아니하고 우상을 섬기거나 다른 신을 섬기면 이 에발 산과 같이 해가 질 것이요 이 땅과 같이 물이 없는 벌거숭이 황폐한 땅이 될 것이다." …(이하 생략)…

-2005년 1월 16일 주일설교 "그리심 산과 에발 산"중에서

2) 어린이주일과 어버이주일, 어린이 신앙교육을 강조한 설교목록표와 예문

여기에서는 어린이주일과 어버이주일 설교의 예를 하나씩 인용했고, 여름성경학교의 중요성을 깨우쳐줌으로써 다음세대를 향한 관심을 촉구하고 있는 설교 본문을 실어 놓았다.

20040502	네 마음판에 새기라	어린이주일
20040725	어린 아이의 작은 헌납	
20050501	나의 힘이 되신 여호와	어린이주일

20050508	초능력적 사랑	어버이주일
20050703	어린이를 주께로	여름성경학교 강조
20060507	어린이가 경험한 부흥집회	어린이주일
20060514	어버이 마음	어버이주일
20060521	구약의 신앙교육	
20070506	천국시민의 기준	어린이주일
20070513	근본을 생각하는 믿음	어버이주일
20080504	어린이 신앙교육의 기본	어린이주일
20080511	어버이 마음과 하나님 마음	어버이주일
20090503	어린이와 천국 비밀	어린이주일
20090510	하나님의 그림자	어버이주일
20100509	천국의 그림자	어버이주일
20100718	예수님의 어린이 사랑	

지금 주변에는 우리 집에서부터 수많은 어린이들이 바라볼 수 있는 시각으로 어른을 봅니다. 아주 지극한 관심으로 바라보고 있습니다. 자신들을 위한 프로그램이 아닌데도 어른들 틈에 끼어서 바라보고 참여합니다. 생각해 보면 어린아이까지도 그날 벳새다 부흥회가 하루 종일 갈 것이라고 생각해서 자기 식량을 미리 준비해 왔는데 많은 사람 가운데 그렇게 준비한 사람이 그 어린아이 한명 밖에 없을 리가 없습니다. 다른 사람들도 다 넉넉히 준비해서 가지고 왔을 것입니다. 다만 그들은 '이것을 내놓았다가는 이 저무는 저녁에 나는 어떻게 하나?' 그 계산 때문에 내놓지 못한 것뿐입니다. 아마도 이 어린아이는 그날 예수님의 설교에 흡족한 은혜 체험을 한 것 같습니다. 이 아이는 그것보다 더 좋은 것이 있었다면 그것을 내놓았을 것입니다. 예수님의 설교

를 하루 종일 들어서 영적으로 충만해진 군중들은 이제 이 어린이의 헌신으로 인해 육적 만족까지 생겼습니다. 그리고 기쁘고 행복한 하루를 마치고 집으로 돌아가게 되었습니다. 여러분! 오늘 이 말씀 가운데 조명된 어린이의 모습을 왜 성서 기자들이 이렇게 세밀하게 기록했는가? 어린이의 신앙으로 돌아가야 합니다. 주님의 요청에 응답합시다. 먹고 남은 조각은 열두 바구니가 됩니다. 진리를 믿고 실천하는 자의 복을 받으시기를 축원합니다. …(이하 생략)…

-2006년 5월 7일 주일설교 "어린이가 경험한 부흥집회" 중에서

왜 교회가 이렇게 어버이주일을 맞이해야 하는가? 하나님은 사랑이라고 했습니다. 사랑 때문에 계셨고 사랑 때문에 인간을 창조하셨고 사랑 때문에 십자가에서 죽으셨고 사랑 때문에 인간을 구원하셨습니다. 그 사랑을 뭐라고 하느냐? 아가페라고 합니다. 바로 이 어버이의 사랑은 뭐냐? 아가페의 사랑에 가장 가까운 그림자가 되기 때문에 귀한 것입니다. 그러니까 어버이 사랑을 보고 하나님의 사랑을 배우라고 어버이를 주신 것입니다. …(이하 생략)…

-2009년 5월 10일 주일설교 "하나님의 그림자" 중에서

1976년에 총회신학교에서 조사한 주일학교 통계를 보면 우리나

라 교인 중 87퍼센트가 주일학교 다닌 경험이 있다고 합니다. 미국 교인은 85퍼센트가 주일학교 다닌 경험이 있습니다. 선교사가 된 사람의 95퍼센트가 주일학교에 다닌 경험이 있다고 나왔습니다. 그러니까 벌써 어린 시절에 마음속에 깊이 벌써 자리 잡게 되어 '내가 이 다음에 자라면 선교사가 되겠다!' 선교사 가운데 95퍼센트가 주일학교 때 마음먹은 겁니다. 여러분에게 묻겠습니다. 신앙 교육의 첫째 장소가 성경에서는 가정이라고 했습니다. 여러분은 가정에서 어떤 신앙 교육을 시키고 계십니까? 안 하지요? 그러면 가정에서 안 하고, 학교는 절대 안 하고, 교회에서 포기하면 앞날이 어떻게 되겠습니까? 그래도 지금의 교회가 생명입니다. 이것마저 안 되면 끝난 겁니다. 주일학교 과정은 하나님 자녀 만드는 공장입니다. 영적으로 우수한 제품의 하나님의 자녀 생산처가 바로 주일학교입니다. 그래서 갈보리교회가 이렇게 열심히 주일학교에 힘을 쓰는 겁니다. 제가 와보니까 교육관이 모자라서 "아니, 이거 가지고는 안 되지 않습니까? 빚을 져가면서 그래도 해야 되지 않느냐?" 주일학교 과정을 고등학교 졸업식까지 잘 거치면 그 사람은 삐뚜로 나갔다가도 반드시 돌아옵니다. 예수 그리스도는 과연 나의 인생에 어떤 의미인가를 어린 시절에 확인한다면 그것은 그의 인생에 최대 행복의 조건입니다.

…(이하 생략)…

-2005년 7월 3일 주일설교 "어린이를 주께로" 중에서

3) 교회창립주일(6월 첫째 주) 설교목록표와 예문

여기에서는 거의 동일한 본문을 이용하여 교회창립주일 설교를 했던 2005년도와 2008년도 설교 본문을 예로 제시해 보았다.[25]

20040606	딤전 3:15	살아계신 하나님의 교회
20050605	마 16:15-18	내 교회를 세우리니
20060604	엡 1:22-23	교회는 그의 몸이니
20070603	눅 14:15-24	교회와 잔치집의 성격
20080601	마 16:13-20	반석 위에 세운 교회
20090607	계 1:9-20	일곱 별과 일곱 촛대
20100606	출 17:8-16	하나님 백성과 전쟁

교회에 대한 정의가 있습니다. 먼저 교회의 소유권을 보면, 오늘 말씀에 주님은 이렇게 말했습니다. "내가 이 반석 위에 내 교회를 세우리니" 이 지상의 모든 교회와 또 무형교회까지 교회는 주님의 것입니다. 이 신학적 기초가 조금만 잘못되어 있어도 교회는 문제가 생깁니다. 교회의 본질을 살펴보면 에베소서 1장 23절에 "교회는 그의 몸이니 만물 안에서 만물을 충만케 하시는 자의 충만이니라." 주님의 몸이라고 했습니다. 골로새서 1장 18절에는

---

25 이 목사는 2008년도 교회창립주일로 설교한 똑같은 본문으로 같은 해 종교개혁주일 설교를 했다. 이 본문에 대한 그의 각별함을 잘 알 수 있었다.

"그는 몸인 교회의 머리라." 교회는 주님을 머리로 한다고 했습니다. 고린도전서 12장에 모든 성도들은 각 지체가 됨을 증거하고 있습니다. 그러므로 우리 모두는 주의 몸인 이 교회를 위해 순교자적인 믿음을 가지고 헌신의 삶을 살아가고자 하는 것입니다.
…(이하 생략)…

-2005년 7월 3일 주일설교 "어린이를 주께로" 중에서

1985년 6월에 창립된 갈보리교회가 오늘로 23주년이 되었습니다. 오늘 성경 말씀에 교회 창립자는 예수 그리스도이심을 알려 주고 있습니다. 교회는 두 사람 이상이 모여서 하나님께 예배드리면 그 모임을 에클레시아, 즉 교회라고 말합니다. 그러므로 이 교회는 아무데서나 가능합니다. 우리 집 거실에서 할 수도 있고 공원 잔디밭에 모여서 얼마든지 교회를 할 수가 있고 자동차 안에서도 교회를 할 수 있고 사무실에서도 할 수가 있고 어디서든지 할 수 있습니다. 엄격하게 말하면 교회는 에덴동산에서부터 시작되었습니다. 성경에서도 다양한 교회 모습이 나타납니다. …(중략)… 분명한 결론이 있습니다. 하나님은 이 땅에 교회를 세우시고 그 교회를 통하여 하나님의 뜻을 전하신다는 것입니다. 하나님이 계획하신 인간 구원에 있어서 가장 효과적이고 훌륭한 제도적 장치가 있다면 교회라고 하는 공동체입니다. 그래서 예수 그리스도께서 세상에 교회를 세우시고 그 교회를 사역할 사

도직 제자를 선택하시고 훈련하신 것입니다. 예수님의 3년 사역 가운데 주님의 마음이 가장 흥분하고 기뻐셨던 한 순간이 성경에 나타나는 데 오늘 말씀입니다. 예수님의 사역 중심은 메시아성에 있습니다. 그런데 베드로가 그 메시아성에 대한 정확한 발표를 하니까 예수님은 기뻐하시면서 즉시 새로운 선언을 하나 하셨습니다. "내가 이 반석 위에 내 교회를 세우리니 음부의 권세가 이기지 못하리라." 교회 창립 선언을 그 자리에서 하셨습니다. 그때부터 지금까지 이 세상에는 교회가 세워짐으로 하나님의 구원 진리의 빛을 세계인에게 비춰온 것입니다.…(이하 생략)…

-2008년 6월 1일 주일설교 "반석 위에 세운 교회" 중에서

3. 확고한 역사의식을 가진 설교가

이 목사는 본인이 불가피한 사정으로 설교를 하지 못하는 경우를 제외하고, 해마다 삼일절, 육이오, 광복절을 기념주일로 지키면서 기독교 기본 사상 안에 담긴 민족의식을 고취하는 설교를 하고 있다. 기독교인이 어떠한 역사관과 국가관을 가지고 살아야 할 것인가를 진지하게 접근하면서 역사적 현실을 도외시하려는 현대인들에게 교훈적인 설교를 하고 있는 것이다. 또한 미국에서 오랜 목회 경험 때문인지 이러한 절기 설교 때마다 거의 현 정치 상황을 예로 들면서 매우 날카로운 분석을 하고 있지만 근본적으로는 반공주의자인 보수적 입장임을 공공연

하게 나타내고 있음을 본다. 그러면서도 북한 선교에 대해 뜨거운 동포애와 열정을 갖고 있음을 여기에 해당하는 여러 설교에서 공공연하게 나타내고 있다. 이러한 역사의식은 비단 앞에 열거한 기념주일 만이 아니라 설교 내용이나 제목을 통해서도 역사를 중시 여기고, 그러한 역사 속에서의 교회와 믿는 자의 역할을 강조하는 데서도 잘 드러나고 있다.

1) 삼일절 기념주일 설교목록표와 예문

20040229	눅 4:16-19	포로된 자에게 자유를
20050227	수 2:8-14	기생 라합의 역사관
20060226	마 23:29-39	예루살렘과 예수
20070225	골 1:13-20	기독교와 삼일절
20080224	요 3:16-21	하나님이 사랑한 세상
20090301	출 4:10-17	자격미달 민족지도자
20100228	시 50:15	환난날에 나를 부르라

우리의 독립선언문은 성경말씀 비슷하게 되어 있습니다. 33인 중에 16인이 기독교인이었기 때문에 그렇다고 생각합니다. "이는 하늘의 명령이며" 독립선언문이 이렇게 시작하지 않습니까? "하나님이 명령하신 것이다. 시대의 대세이며, 온 인류가 더불어 같이 살아갈 권리의 정당한 발동이므로 조선 사람으로 하여금 정당한 삶을 영위케 함이요 중국으로 하여금 꿈에도 피하지 못할 불안과 공포로부터 떠나게 하는 것이며 세계 평화와 인류 복지에 있어야 할 단계가 되어 우리는 하는 것이다. 이 세상은 지금 힘의

시대가 지나고 도의의 시대가 왔도다. 지나간 세기를 통하여 깎고 다듬어 온 인도적 정신이 인류의 역사 위에 펼치는도다. 우리는 엄숙한 양심의 명령으로서 자기의 신운명을 개척하며 결코 일시적 감정으로서 일본을 질축 배척함이 아니로라. 우리는 본디 타고난 자유권을 지키며 풍성한 삶을 누릴 것이며 진리가 우리와 함께 전진하나니" 성경말씀과 같습니다. 윌슨의 민족 자결주의 선포에 상당한 영향을 받아서 3·1운동의 기초가 놓아졌다고 우리가 믿고 있습니다. …(이하 생략)…

-2007년 2월 25일 주일설교 "기독교와 삼일절" 중에서

2) 6·25 기념주일 설교목록표와 예문

20040627	히 12:16-13	고난 역사의 유익
20060625	미 6:6-8	내게 대한 하나님의 소원
20080622	롬 13:1-7	기독교와 국가
20090621	삼상 17:41-49	전쟁은 여호와께 속한 것인즉
20100620	시 3:1-8	구원은 여호와께 있으니

그러면 이러한 현실에서 6·25를 어떻게 생각하고 지나가야 되는가? 민족이 겪은 고난역사의 유익을 찾아보면 그것이 우리의 할 일이라고 생각합니다. 하나는 역사의 상처, 이것을 잊지 않고 기억해야 한다는 것이 유익입니다. …(중략)… 그 다음에 역사의 상처를 유익으로 승화시키는 힘입니다. 시편에 "고난당한 것이

내게 유익이라 이로 인하여 내가 주의 율례를 배우게 되었도다."
오늘 말씀에 "주께서 그 사랑하시는 자를 징계하시고 그의 받으시는 아들마다 채찍질하심이라 무릇 징계가 당시에는 즐거워 보이지 않고 슬퍼 보이나 후에 그로 말미암아 연단한 자에게는 의의 평강한 열매를 맺나니."

6 · 25 동란에 우리가 잃은 것과 얻은 것이 무엇인가? 잃은 것은 사람이 많이 죽었잖아요? 적어도 군인과 민간인 합쳐서 300만이 죽었고 또 그만한 숫자가 장애인이 되고, 수없이 많은 전쟁미망인과 고아가 생겼고 재산파괴는 숫자적으로 헤아릴 수가 없을 만큼 컸습니다. …(중략)… 그런데 얻은 것은 없는가? 있어요. 자생 능력이 생겼습니다. 건드리면 강해지는 자생 능력이 생겨서 6 · 25 이후 대한민국의 발전은 5,000년의 발전보다 더 빠른 속도로 컸습니다. 이대로 가면 10년 안에 대한민국이 10대 강국 안에 들어갈 수 있다고 생각합니다. 전쟁을 겪었기 때문에 얻어진 자생력이란 말입니다. 사상적 무장이 완벽하게 되었죠? 공산주의 노선은 절대로 안 되겠다는 산교육을 받았어요..
…(이하 생략)…

-2004년 6월 27일 주일설교 "고난 역사의 유익" 중에서

3) 광복절 기념주일 설교목록표와 예문

20040815	출 15:1-13	모세의 광복절 노래
20050814	눅 4:16-20	예수의 해방 노래
20060813	출 12:1-14	유월절과 광복절
20070812	레 25:8-13	광복과 희년
20080810	에 9:25-32	부림절과 광복절
20090809	레 25:1-12	거민에게 자유를 공포하라
20100815	행 1:1-3	한국 정치사와 기독교

지금 대한민국의 모든 교인들은 이 8·15는 우리 국민들에게 주신 하나님의 선물이라고 누구든지 고백을 합니다. 왜 그렇게 생각을 하는가? 이유가 있습니다. 8·15 해방은 우리 국민의 자력적 노력으로 주어진 것이 아닙니다. …(중략)… 미국과 일본의 전쟁에서 일본이 지는 바람에 한반도는 어부지리로 8·15 해방이 되었습니다. 이러한 치명적 상처를 입은 한국 교회는 1945년 8월 15일부터 이제 회복과 치유의 길을 가기 시작했는데 잘 되는 줄 알았더니 5년 뒤에 1950년에 또다시 공산군의 침략을 받게 되었습니다. …(중략)… 공산군들이 남한에 들어왔던 시간은 길지 않았습니다. 1950년 6월 28일에 서울이 함락 당했는데 9·28 수복이 이루어졌으니까 3개월 정도입니다. 중앙청 태극기 게양대에 우리 해병 2대대 6중대 1소대 박정모 소위와 최국방 수병이 태극기를 올린 바로 그 시간이 1950년 9월 26일 오전 10시 10분이었으니까 만 90일 만에 이루어진 것입니다. 그런데 그 90

일 동안 대한민국 교회는 엄청난 핍박을 당했습니다. 모든 교회가 다 불타거나 공산당 사무실이 되었고 믿음의 형제들은 끝없이 끌려가서 총살당해 죽었습니다. 여러분! 이것을 분명히 아십시오. 기독교와 공산주의는 절대 공존하지 못합니다. 왜 공산국가에서 기독교를 다 없애버렸는가? 예수 믿는 사람이 뭐 어쨌다고 그런 걸까요? 오히려 더 애국자인데 왜 없애버린 것일까요? 공존할 수 없는 성격 때문입니다. 또, 기독교 국가에서 왜 공산당은 절대 성공하지 못하는 정당인가? 그것도 공존할 수 없는 성격 때문입니다. 절대로 기독교와 공산주의는 공존할 수 없습니다. …(이하 생략)…

-2010년 8월 15일 주일설교 "한국 정치사와 기독교" 중에서

4) 북한 선교에 대한 설교 예문(본문: 욜 1:1-7)

북한 땅이 회복되는 길이 뭐냐? 영적 회복입니다. 신앙 회복하면 그 나라는 회복됩니다. …(중략)… 북한이 사는 길은 기독교 회복이 급선무입니다. 영적으로 야 합니다. 만약 북한이 선교의 문만 연다면 다른 나라는 그만하고 미국과 한국의 절대 예산이 북한에 가도록 준비가 되어있습니다. 왜? 교회마다 북한 선교 예산을 예치하고 있습니다. 대한민국 모든 교회의 예산이 북한 정부 예산보다 많습니다. 미국과 한국이 북한 선교를 위해서 예치해 둔 달

라만 들어가도 북한 경영이 일 년 안에 달라지도록 되어 있습니다. …(이하 생략)…

-2007년 9월 16일 주일설교 "북한 땅의 영적 회복" 중에서

4. 건강한 사회의식과 균형 있는 에큐메니칼 정신을 실천하는 설교자

이것은 다른 말로 했을 때 이 목사가 약자에 대한 관심과 배려를 가진 설교자인 동시에 일치 즉 참된 연합에 대한 의식을 가진 설교자로 말할 수 있다. 특별히 이 목사가 장애인주일을 지키며 설교했다는 것은 그만큼 사회적인 약자에 대한 관심이 크다는 것을 단적으로 나타내는 예이다. 아래에 제시된 설교 본문을 보면, 갈보리교회 전반적으로 이러한 장애인 사역에 솔선수범하고 있음을 잘 알 수 있다. 참고로 한국 교회가 장애인주일을 선포한 것은 1989년부터인데, 한국기독교교회협의회를 중심으로 1988년 서울장애인올림픽이 열린 다음 해부터 지키기 시작했다. 장애인의 날인 4월 20일을 전후한 주일(보통 4월 20일이 지난 첫 주일)을 장애인주일로 선포하여 한국 교회의 일부가 지키고 있다. 다음으로는, 상대적으로 사회적 약자에 해당하는 여성을 배려한 설교를 꾸준히 하고 있다는 사실에 주목해야 한다. 이것은 이 목사가 비단 여성만이 아니라 종교적 도그마티즘에 대해서 신랄하게 비판하는 입장이기 때문에 그렇기도 하고, 한편으로는 오랜 미국 생활의 영향을 받은 탓도 있을 것이다. 또한 기본적으로는 인간 자체에 대한 존엄성과

함께 사랑과 관심을 동등하게 갖고 있기 때문이라는 생각이 든다. 그리고 참된 일치와 연합을 가장 상징적으로 나타내는 것이 세례와 성만찬인데, 이를 중시하여 10월 첫째 주일을 만국성찬주일로, 10월 마지막 주일을 종교개혁주일로 성실하게 지키는 것만 보아도 이 목사가 어떤 의식을 갖고 설교 사역을 감당하고 있는지 충분히 알 수 있다. 그리고 세계 신구교가 공동으로 지키고 있는 기본 교회력인 사순절, 부활절, 오순절, 대림절, 성탄절을 충실히 지키며 설교하는 것 또한 이 목사가 매우 균형 잡힌 에큐메니칼 정신의 소유자임을 잘 나타내는 부분이라 하겠다. 이제 각각에 해당하는 설교 예문을 제시할 것인데, 지면의 한계상 교회력 부분은 생략하고자 한다.

1) 장애인주일 설교목록표와 예문

20040425	출 4:10-17	장애인과 하나님의 역사
20060423	마 25:41-46	지극히 작은 자 하나
20070415	요 9:1-12	예수님의 장애우 사역
20080420	막 5:35-43	달리다굼

얼마 전에는 시각 장애인들 모임이 있었는데 제가 설교를 했고 우리나라 유일한 장애인 국회위원인 장향숙 의원이 축사를 맡아서 자리를 함께 했던 일이 있었습니다. 우선 일급 장애인이 국가 지도자가 되었다는 그 자체가 '아주 놀라운 인식의 변화, 또 놀라운 발전이다.' 이렇게 생각할 수가 있습니다. 그런데 이상

한 것은 통계적으로 선진국일수록 장애인이 많습니다. 세계보건기구 발표에 따르면 어느 나라나 인구의 10퍼센트가 장애인인데 선진국은 20퍼센트 정도입니다. 배나 더 많다는 것을 통계적으로 알 수 있습니다. 우리 갈보리교회 교인들이 이 분야에 봉사를 아주 열심히 하고 있음을 늘 감사하게 생각합니다. 사랑부 목회, 점자봉사회, 녹음봉사회, 장애인봉사후원회, 착한사마리아인봉사회, 각 선교회 모두 다 장애인을 돌보는 어려운 일을 아주 기쁘게 일 년 내내, 벌써 10년 이상 잘 해오고 있습니다. …(중략)… 대한민국은 약 400만의 장애인 형제들이 있는데 그 중에서 145만 정도가 중증 장애인이라고 합니다. 교회가 이런 날을 정해 예배를 드리는 것은 예수님이 장애 형제 사역을 열심히 하셨기 때문입니다. 복음서에 나타난 대로 보면 예수님의 사역은 크게 두 가지로, 하나님의 설교 사역으로 설교를 그렇게 많이 하셨고, 또 하나는 치유 사역을 하셨습니다. 그런데 이 치유 사역은 거의 가 다 장애인 형제를 회복시켜 주시는 사역이었던 것을 알 수 있습니다. …(중략)… 이 장애인을 다시 두 가지로 나누면 정신적 지체장애인이 있고 신체적 지체장애인이 있습니다. 확실한 게 있습니다. 인간은 누구나 다 장애인이 된다는 것입니다. 우리가 나이가 많아지면 장애 현상이 자연적으로 나타납니다. …(이하 생략)…

-2007년 4월 15일 주일설교 "예수님의 장애우 사역" 중에서

2) 여성이 주인공이거나 성서적 여성관이 나타난 설교목록표와 예문[26]

20050123	행 6:8-15	은혜와 권능이 필요한 사람
20050227	수 2:8-14	기생 라합의 역사관
20050717	요 19:25-27	예수님과 막달라 마리아
20050724	눅 7:36-50	예수와 막달라 마리아
20050731	요 12:1-8	예수와 베다니 마리아
20061008	룻 4:13-17	나오미와 룻에게 나타난 구원역사
20100207	눅 8:1-3	기독교와 여성

미국 장로교단에서는 여자 장로를 세우지 않는 교회는 성차별 한 다고 교회로 취급도 하지 않습니다. …(중략)… 안수 제도는 그 교단이나 교회가 정한대로 해도 좋고 안 해도 상관이 없습니다. 무슨 안수집사니 안수 장로니 하나도 없어도 괜찮습니다. 하면 더욱 좋습니다. 마음대로 해도 됩니다. 문제는 뭐냐? 여자는 절대로 안 된다고 성경 해석을 해서 100년 이상 성 차별한 그 죄는 어떻게 할 겁니까? 성경대로 한다고 100년 동안 성차별을 했다면 끝까지 여성은 장로가 안 되어야지 왜 지금은 되는 겁니까? 그렇다면 지금은 해야 할 일이 한 가지 있습니다. 총회적으로 지난 100년 동안 우리 교단에서 성 차별한 죄를 회개한다는 기록을 남겨야 합니다. …(이하 생략)…

-2005년 1월 23일 주일설교 "은혜와 권능이 필요한 사람" 중에서

---

[26] 이외에도 어버이주일 설교를 보면 특히 어머니의 사랑을 강조하는 부분이 많이 나오지만 여기에서는 포함하지 않았다.

주님의 제자 사역을 크게 두 가지로 표현을 하는데 보이는 제자 (Visible disciple), 보이지 않는 제자(Invisible disciple) 이렇게 두 가지로 나눕니다. 하나는 사도직 제자가 있습니다. 예수님의 열두 제자가 바로 사도직 제자에 속합니다. 이 사람들은 하는 일의 성격이 아주 분명합니다. 이 사도직 제자들은 보일수록 효과가 크고 안보이면 큰일이 납니다. 그래서 잘 보이게 하는 것이 사도직 제자의 성격입니다. …(중략)… 그런데 이 사람들만 가지고는 하나님의 역사는 이루어지지 않습니다. 그래서 이 사도들을 도와주는 또 한 팀의 제자가 생긴 것입니다. …(중략)… 즉 봉사적 제자, 혹은 청지기적 제자들이 있음으로 사도들을 3년 동안 훌륭히 일을 할 수 있었습니다. 사도들은 돈이 없었습니다. 하지만 이 봉사적 제자들이 자기들의 소유, 자기들의 재산을 털어서 이들을 섬겨주었기 때문에 초기 기독교 역사는 예수님 시대부터 잘 이루어졌음을 오늘 성경말씀이 밝히고 있습니다. 그래서 이들의 사역 특징을 보이지 아니하는 제자, Invisible disciple로 부르는 것입니다. 일은 많이 했는데 흔적은 안 남습니다. 이것이 봉사적 제자들의 성격입니다. 한국의 개신교회도 100년 이상 성차별한 죄가 있습니다. 여자 목사를 허용하지 않았습니다. 지금도 안하는 교단이 있습니다. 지금 세상에 그렇게 많은 기독교인들은 막달라 마리아를 추하게 평가하는 사람은 없습니다. 마치 가장 거룩한 여자 같은 분위기로 존경 일변도의 설교를 하고 있습니다. 왜 그럴까? 예수님께서 그의 인권을 제자리로 회복시켜 주셨기 때문에 그런 것입니다. 우리 한국에 유난히도 여신도들이 많은 이유는 5천 년 긴 세월 속에 여인이 인간 대우 받은 일이 거의 없는 문화였습니다. …(중략)… 우리 대한민국에서 대표적 역할의 어떤 대형교회가 자신들의 담임 목사를 여성 목사로 한다면 그 교회는 한국 교회에 전환점을 만드는 교회가 될 것이라고 생각됩니다. 이제 우리 문화는 남녀의 편견은 없어졌습니다. 이것이 아름다움으로 잘 발전되도록 우리가 노력하고 있습니다. 우리 갈보리교회도 예외가 아닙니다. 수없이 많은, 훨씬 더 많은 여성들의 헌신으로 말미암아 모든 문제를 해결해 가는 그런 여성 지도자들이 많은 것을 기쁘게 생각합니다. 앞으로 우리 사도직 제자들과 평신도 청지기 봉사자들이 함께 힘을 합쳐서 오늘 말씀과 같이 하나님의 인류 구원 역사에 우리 모두가 다 쓰임 받게 되기를 축원합니다.

-2010년 2월 7일 주일설교 "기독교와 여성" 중에서

3) 만국성찬주일 설교목록표와 예문

20041003	마 26:26-29	죄사함을 얻게 할꼬
20051002	고전 11:23-29	나를 기념하라
20061001	요 6:47-59	내가 곧 생명의 떡이로다
20071007	마 27:46	어찌하여 나를 버리셨나이까
20081005	레 16:6-10	아사셀 염소

| 20091004 | 빌 2:12-18 | 나를 관제로 드릴지라도 |
| 20101003 | 눅 10:21-24 | 예수가 누구인지 아는 자 |

오늘은 온 세계 교회가 성찬을 기념하는 만국 성찬 주일입니다. 성찬을 기념하는 의미가 무엇인가? 구약 이사야 말씀에 장차 메시아는 어떤 모습으로 인간의 죄를 대속할 것인가에 대해 설명하고 예언했습니다. 오늘 이 성경 말씀에는 이사야 예언이 이루어졌다는 것입니다. 그러니까 이사야 예언의 초점은 "예수는 버림을 당하게 될 것이다."라는 예언에서, 마태복음에 와서 "이제 버려졌다"는 것입니다. …(중략)… 우리를 위해서 버려진 예수님을 기념하는 것이 바로 이 성찬 예식입니다. 이 떡과 잔을 받는 의미는 나를 위해서 버림당하신 예수 그리스도, 나도 어느 때는 내 생애를 주님을 위해서 버릴 것을 약속하는 성례전! 어느 때 우리는 주님을 위해 시간을 버려야 할 때가 있고, 물질도 좀 버려야 할 때가 있고, 자존심도 버려야 할 때가 있고, 청춘도 버려야 할 때가 있고 심지어는 생명까지도 버려야 할 때가 있는데 나의 버려짐으로 이루어지는 하나님의 구원 역사 때문에 그런 것입니다. 우리는 우리의 삶의 목표를 그렇게 정하고 이 성찬의 떡과 잔을 받아 마시고 먹는 의미가 무엇입니까? "나도 어느 때는 주님을 위해서 이 아픔의 살을 뗄 수 있으며 피를 흘리겠습니다" 하는 결단의 각오로 이 떡과 잔에 참여하는 것입니다. 그래서 "너희는 영원히 이것을 기념하라. 그리고 이 땅 위에서 하나님의 계획인 인간

구원을 위해서 내가 너희를 위해서 버린 것 같이 너희도 다른 사람을 위해 버릴 때 하나님의 계획인 구원의 역사는 이루어질 것이다." 그래서 우리는 일 년에 몇 번을 이것을 기념하면서 우리의 신앙을 재정비하는 것입니다. 성찬의 떡과 잔을 받으며 이러한 믿음의 결단이 오늘 여러분에게 이루어지시기를 축원합니다.

-2007년 10월 7일 주일설교 "어찌하여 나를 버리셨나이까" 중에서

4) 종교개혁주일 설교목록표와 예문

20041031	히 9:1-15	신앙의 개혁 역사
20051030	벧전 1:18-25	예수의 피
20061029	마 5:17-20	예수님의 종교개혁
20081026	마 16:13-20	반석 위에 세워진 교회
20091025	행 10:23-35	베드로의 종교개혁
20101031	눅 5:27-29	새 포도주와 낡은 가죽부대

종교 개혁 운동이 절정에 달했던 시기가 마틴 루터 시대로 그 이후 개신교회가 탄생했는데 결정적으로 일으킨 날을 1517년 10월 31일이라고 믿었기 때문에 이렇게 10월 마지막주일을 종교개혁주일로 지키는 것입니다. 우리가 이렇게 생각해야 됩니다. 지금 우리 교회는 갈보리교회라는 간판을 걸고 세계 선교를 하고 있고 믿음 생활을 하고 있습니다. 담임 목사인 저는 장로교 신학을 전공한 사람입니다. 그러면 장로교 신학이 내 신앙의 뜻에 가장 훌륭한 신학의 기초라고 믿었기 때문에 공부한 것입니다. 그

러면 장로교 신학은 완전한가? 절대 아닙니다. 앞으로 얼마든지 개혁해 나가야 되는 것입니다. 여러분도 아마 다니다가 이런 말을 들을 때가 있을 겁니다. "우리가 정통이라고 말하는 교단입니다." 하나님 앞에 정통이 누가 있습니까? 누가 정통이라고 인정했습니까? 자기 자신들이 했습니다. 내가 나를 정통이라고 말하면 그 자체가 교만이요 모순입니다. 누가 인정하는 겁니까? 자기들이 인정하는 겁니다. 누가 하나님 앞에서 정통을 말할 수 있습니까? 장로교도 감리교도 순복음도 가톨릭도 모두 완전하지 않습니다. 하나님의 섭리와 뜻은 예수님 오실 때까지 날마다 새로운 진리로 개혁되어져 나갈 것입니다. 그 이유는 하나님의 온유하시고 넓고 크신 지혜를 오늘 세계를 사는 사람들이 완전하게 다 알지 못하기 때문입니다. …(이하 생략)…

5. 포스트모던 시대에 대한 이해를 안고 있는 커뮤니케이터

이것은 이필재 목사의 설교 전반에 걸쳐 나타나고 있는 시대관에 대한 안목과 통찰이 매우 앞서가고 있기 때문에 자신 있게 말할 수 있는 부분이다. 첫째, 설교 제목만 보더라도 그가 상상력이 깃든 언어 구사 능력과 함께 때로는 촌철살인처럼 탁월한 감각을 갖고 있음을 잘 알 수 있다. 또한 실제 설교를 할 때 이야기 설교의 장점을 부각시켜 설교를 전개해 나가는 방식을 보면 그가 특히 "새로운 설교학 운동"을 중심으로 한 현대 설교학에 대한 깊은 조예를 갖고 있으며, 이를 적절하게 시대에 접목시켜 수용하는 능력의 소유자임을 잘 드러내고 있다. "하나님의 불가능(2004.3.7.)", "바보같은 예수(2004.3.14.)", "집시의 마지막 정착지(2005.11.6.)", "원점으로 돌아간 사랑(2006.5.28.)", "기독교인과 왕따문화(2006.7.2.)", "늙어 백수가 되어도(2006.7.9.)", "성탄의 기쁨과 예루살렘의 실망(2006.12.24.)", "하나님의 발렌타인(2007.2.18.)", "첨단 과학시대의 신앙(2009.8.30.)" 등이 그 예이다.

다음으로는 그가 혼란스러운 현 시대에서 오히려 확고한 복음을 진부한 방법이 아닌 다양한 접근 방법으로 그리고 성경에 나오는 '복음' 이야기를 현 상황에 맞게 지속적으로 다양한 방법을 도입하고 재구성하여 잘 들려주고 있다는 점 때문이다. 절대적 가치를 인정하지 않는 회의주의, 항구적인 보편타당성을 부정하는 해체주의, 따라서 우주적으로 믿을만한 것은 그 무엇도 존재하지 않는다고 보는 상대주의와 다원주의 그리고 그 결과로 인한 허무주의는 포스트모던 사회라는 시대성이 안고 있는 필연적인 부작용이다. 절대성을 거부하며 상대성을 옹호하는 이 시대는 오히려 절대적 가치의 부재와 혼돈 속에서 회의주의와 허무주의로 인해 자기 부정이라는 몸살을 앓고 있는 것이 사실이다. 그렇기에 결코 부정할 수 없는 진리를 결코 의심할 수 없는 어조로 전달하는 이필재 목사의 설교는 도리어 시대적 특성이 야기 시킨 부작용으로 혼돈에 빠져있는 오늘의 성도들에게 가야 할 길을 뚜렷하게 보여주는 믿음직한 여행 안내자라고 말할 수 있다.

대다수의 많은 설교의 주제와 본문은 '복음'을 향해 초점이 맞춰져 있으며, 무엇보다 설교를 전달하는 그의 어조와 자세가 복음에 대한 확신으로 가득하다. 근본적인 토대와 틀 자체를 거부하는 포스트모더니티가 기독교의 근간을 뿌리부터 뒤흔들며 도전해 오고 있지만, 이러한 반토대적 경향 앞에서 기독교 복음의 진정성을 단호하게 변증하는 태도를 가져야 한다고 레슬리 뉴비긴이 역설했던 바와 같이 그는 시대성 앞에서 일말의 타협이나 주저함 없이 담대히 진리를 선포한다. 따라서 이필재 목사의 설교는 '포스트모던 시대를 향해 부르짖는 복음의 변증가로서의 확신에 찬 설교'요, '시대와의 소통을 위해 노력하는 설교'라고 말할 수 있다.

IV. 나가는 말: 영원한 현재를 위한 복음 선포를 꿈꾸며

선교사로서의 현장성과 학자로서의 탁월한 학문적 분석력으로 널리 인정받는 레슬리 뉴비긴(Lesslie Newbigin)은 현대적 시대성으로 인해 위기에 처한 서구문명과 서구 기독교 안에서 배척과 불신을 받는 복음에 대해 오히려 그 진정성을 강력하게 변호함으로써 복음 전도에 앞장섰다. 그는 먼저 예수의 십자가로 말미암지 않고서는 시대의 제약에 갇힐 수밖에 없는 유한한 이성과 경험으로 하나님의 계시를 해석하려는 시도를 거부한다. 이와 같은 방식으로 복음을 변호하려는 일부 그리스도인의 변호 방식 또한 거부하면서 오히려 포스트모던의 시대성 앞에서 움츠러들지 말고 담대히 복음을 선포할 것을 요청한다.

자신의 책 *Truth and Authority in Modernity*에서 이야기로서의 성경을 말하면서 궁극적으로는 그리스도인이 그 이야기의 일부분으로 살아갈 때에야 현대 사회에서 복음의 적실성을 주장할 수 있음을 강조한다.[27] 기독교 변증가요 복음주의 사상가로 정평이 나 있는 레슬리 뉴비긴이 이렇게 강조한 목적은 엄밀히 말해서 사상적 변증을 통하여 비(非)그리스도인들을 회심시키는 데에 있는 것이 아니었다. 그는 설교의 방향을 하나님 백성들에게 맞추어, 교회가 자신들의 진정한 권위자로부터 받은 복음에 대한 분명한 확신을 가지게 할 것과 그것을 삶으로 살아내도록 도전하기 위한 것이었다.

이러한 맥락에서, 이필재 목사의 설교는 초대교회의 본질에 대한 깊은 이해를 바탕으로, 철저한 실천적 신앙을 추구하는 사도적이고 복음적인 설교자에 의해 잘 반죽되어 숙성된 설교라고 할 수 있다. 보기만 좋고 맛이 없거나 몸에 유해한 것이 아니라, 겉모양은 다소 순박하고 소탈해 보여도 그 속에 담겨있는 풍부한 맛으로 사람의 몸과 마음을 풍요롭게 채우는 영의 양식을 솜씨 있게 잘 만들어서 공급하는 역할을

---

27 원서 *Truth and Authority in Modernity* (Valley Forge: Trinity Press, 1996). 이 책은 우리나라에서 김기현이 번역하여 『포스트모던 시대의 진리』 (서울: IVP, 2005)라는 제목으로 번역 출판되었다.

충실히 잘 감당하고 있기 때문이다. 그에게는 하나님의 부름심이 있는 곳이라면 어디든지 달려가겠다는 사도 바울의 열정과 죽기까지 우리를 사랑하신 예수 그리스도의 부르심에 대한 순종과 지상 명령에 대한 헌신으로 채워져 있기에 지금까지의 믿음의 경주를 성공적으로 완수해 왔다고 생각한다.

이필재 목사의 설교는 일차적으로는 갈보리교회 공동체를 위한 설교이지만, 그것을 넘어서서 "이 세상의 모든 주리고 목말라 있는 하나님의 백성들"에게 들려주는 소박한 이야기며, "포스트모던 시대에 방향을 잃고 방황하는 사람들"에게 선포되는 희망을 들려주는 확신에 찬 설교라고 할 수 있겠다. 사도적, 복음적 설교자요 열정과 헌신의 삶을 살아낸 이필재 목사의 삶과 설교세계를 살펴보면서, 이러한 목회자, 설교자가 오늘 우리의 현장에서 계속하여 배출 될 수 있기를 소망해 본다.

〈참고문헌〉

Craddock, Fred B., *As One without Authority*. Nashville: Abingdon Press, 1987.

Lehman, David. "The Answering Stranger," *Operation Memory*. Princeton: Princeton University Press, 1990.

Lyotard, Jean-Francois, *La Condition postmoderne: rapport sur le savoir* (1979), trans. by Geoff Bennington and Brian Massumi, *The Postmodern Condition: A Report on Knowledge*. Minneapolis: University of Minnesota Press, 1984.

Newbigin, Lesslie. *The Gospel in a Pluralist Society*. Grand Rapids: Wm. B. Eerdmans, 1989.

김운용. "새로운 설교학 운동"과 설교의 새로운 패러다임 추구: 프래드 크래독의 설교 신학을 중심으로," 「한국 기독교 신학논총」, vol. 26 (2002), 259-90.

신국원. 「포스트모더니즘」 서울: 한국기독학생회출판부, 2004

이문균. 「포스트모더니즘과 기독교 신학」 서울: 대한기독교서회, 2000.

정장복. 「한국교회의 설교학 개론」 서울: 예배와설교아카데미, 2001.

갈보리교회 예배 이야기

김세광 교수(서울장신대학교 예배설교학/신대원장)

I. 들어가는 말

이 글은 필자가 2010년 7월 11일 주일 2부 예배와 8월 15일 주일 3부 예배를 방문하면서 느낀 예배 방문기록이다.

'예배는 교회의 표지다'라는 말은 예배를 보면 그 교회를 가장 잘 알 수 있다는 말이다. 주일예배에는 그 교회의 본질과 특징적인 것들이 다 표현된다. 즉 교회가 추구하는 목표, 목표를 이루어가는 방식과 분위기, 특별히 강조하고 있는 목회 사역, 목회자의 신학적 범주와 성향, 교인들의 신앙 스타일, 교인들의 코이노니아, 회중들의 예배참여 방식, 설교와 찬양에 응답하는 형식 등이다. 한국 교회에는 주일예배 외에 다른 예배들이 많은데, 본인이 속한 교단에서는 주일예배 이외에는 특별한 목적을 지닌 집회성격의 예배로 규정해서, 저녁찬양예배, 수요기도회, 금요철야기도회, 새벽기도회 등으로 명명하였다. 이 글에서는 주일예배만을 다룰 것이다.[1]

---

1 다음은 갈보리교회의 예배다. 교회 창립 때의 예배와 2010년 8월의 예배안내다.

1985.06.01 삼성동 예배당에서 창립기념 예배
〈집회안내〉
새벽기도회: 매일 오전 5시 예배당
주일 아침 1부 예배: 오전 7시/2부 예배: 오전 10시/3부 예배: 오전 11시 30분
주일 저녁 찬양예배: 오후 7시 30분/삼일기도회: 매주 수요일 오후 7시 30분
철야기도회: 매주 금요일 밤 11시부터
화요일 성경공부: 매주 화요일 오전 6시 30분/금요일 성경공부: 매주 금요일 오전 10시 30분
영유아 · 유치부: 주일 오전 8시 30분/유년 · 초등 · 소년부: 주일 오전 8시 30분

2010.08.08 주일예배
I부 오전 8:00/II부(수화통역) 오전 10:00/III부 오후 12:00/IV부 오후 2:00/영어 예배 오후

II. 2010년 어느 여름 주일예배의 모습

예배 30분 전인데 교회 앞 주차장에 차들이 가득하다. 푸른 셔츠에 검은 바지 또는 카키색 바지를 단정히 입고, 밀짚모자를 쓴 주차봉사자들의 손놀림이 예사롭지 않다. 안내에 따라 주차하고 예배실로 향하는데 큰 교회 방문 때마다 자주 겪었던 주차문제가 예상 밖으로 그리 심각하지 않았고, 이것은 예배 후에 차를 타고 교회로부터 빠져 나오는 과정도 마찬가지였다. 주차부의 유쾌한 손놀림과 주차구역의 전문적인 활용이 돋보였다. 예배실로 향하여 교회 계단에 올라서니 핑크색 가운을 입은 안내위원들이 화사한 미소를 지으며 주보를 건넨다. 주위의 다른 안내위원들의 표정도 밝다.

예배실 안에 들어서서 가장 먼저 눈에 띈 것은 자리를 안내하는 부교역자들의 복장이다. 클러지 셔츠를 입고 있었고, 그 후 예배순서를 담당한 교역자들 모두 같은 복장을 하고 있음을 알았다. 장로교인 경우 주일예배에는 순서담당자는 가운을 입는 경우가 많은데, 이곳은 검은 가운 대신 클러지 셔츠 복장을 하고 있어서 어떤 예배가 될지 예상할

12:00
젊은이예배(청년교구) 오후 2:00
새벽기도회 월~토요일 오전 5:00/수요기도회 I부 오전 10:30/II부 오후 7:30
교회학교 예배 장소 사랑부 3부 예배시(정오 12시) 1층 갈릴리성전/유아부 2, 3부 예배시 1층 유아부실
유치부 2, 3부 예배시 1층 유치부실/유년부 2, 3부 예배시 4층 유년부실
초등부 2, 3부 예배시 2층 초등부실/소년부 2, 3부 예배시 제4교육관 3층
중등부 2, 3부 예배시 제2교육관/고등부 2, 3부 예배시

수 있었다. 그 다음으로 눈에 들어온 것은 회중석 끝에 쳐진 적색 줄이다. 회중들을 앞에서부터 앉게 하기 위해 뒷좌석들은 들어가지 못하게 줄로 가로막혀 있었다. 안내위원들이 이미 뒤에 앉아있는 회중들을 일으켜 세워서 앞으로 가게 하든지, 아니면 예배 전에서 예배인도자가 뒤에 있는 회중들을 앞으로 오게 하기 위해 장황스런 권고의 말들을 할 필요가 없을 것 같다. 이처럼 줄만 쳐두면 간단하다. 앞자리부터 좌석이 차면, 한 좌석씩 줄을 풀어주기만 하면 되니 지혜롭다.

1. 예배 공간과 구조

회중석에 앉아서 예배실과 강단을 보니 특별한 점 몇 가지가 눈에 들어온다. 첫째, 십자가 모양이다. 강단의 전면의 대형 나무 십자가의 모양은 끝으로 가면서 넓어져 있어 셀틱 십자가 분위기를 띠면서도 가운데가 원형으로 연결되어 있고, 양 날개의 끝이 약간 올라가 있어서 손을 양 옆으로 들고 하늘을 우러러 보고 있는 것 같은 이미지여서 새롭다. 최근 한국교회 대부분의 예배실에서 볼 수 있는 대형 스크린은 십자가 위에 위치해 있다. 십자가와 스크린의 위치 때문에 논란이 있는데, 스크린을 중앙에 놓을 경우 십자가가 가리기 때문에 대부분의 교회는 양 옆에 스크린을 붙여두는데, 큰 십자가와 대형스크린을 가운데 놓을 정도로 교회천정이 높다. 천장이 높다는 것이 이런 효과가 있다니! 그런데 2001년의 강단의 모습을 보니 스크린이 십자가를 덮고 있을 정도로 큰 모습인데, 그때는 필요할 때마다 내렸던 것 같다. 스크린이 옆에 있을 경우, 가운데 서있는 설교자 대신 회중들의 시선이 양쪽에 있는 스크린으로 가기 때문에 설교자들도 회중들과 눈을 맞추지 못할 수가 있다. 스크린이 필요하다면 가운데에 있는 것이 설교 커뮤니케이션을 위해 도움이 된다.

둘째, 강대상은 중앙에 하나만 놓여있고, 모든 예배진행이 그곳에서 이루어진다. 강대상은 나무 전면에 물고기 모양의 익수스 글자가 새겨져 있다. 역사화보집에서 삼성동 성전에서는 가운데 강대상, 초창기 분당성전에서는 둘로 구분되어 있다가 다시 중앙의 강대상으로 변화해 왔다는 것을 알았다. 하나의 강대상을 두는 것은 말씀중심의 개신교회 예배전통을 지니고 있음을 보여준다. 강대상이 둘로 나뉘어져 하나는 성경봉독대(lectern)로, 다른 하나는 설교단(pulpit)으로 구분하는 교회도 있는데, 이것은 대개 예전적 예배전통을 따르는 교회임을 나타내고 있는 것이다.

셋째, 목사와 사회자석인데, 강대상을 중심으로 강대 끝에 양 옆으로 마주보는 위치에 작은 의자 두 개씩 두었다. 대개 설교자와 예배담당자의 의자가 지나치게 크고, 또 회중석과 마주보게 되어 있는 것과는 전혀 다른 분위기를 내고 있었다. 최근 현대예배 또는 찬양중심의 예배를 지향하는 교회들은 대부분 강단 위의 의자설치에 거부감을 갖고, 예배인도자와 설교자가 회중과 함께 앉아 있다가 자신의 순서 때만 강단에 올라오게 한다. 자칫 설교자와 예배인도자에 지나치게 집중이 되는 것을 경계하는 예전이다. 그러나 갈보리교회의 강단처럼 강대상 양쪽으로 작은 의자를 놓아서 옆에서 강대상을 바라보게 할 경우는 좋은 점이 많을 것 같다. 목회자에게 집중될 염려도 줄이고, 또 회중석에 올라왔다 내려갔다 하는 번거로움과 어색함도 해결할 수 있기 때문이다.

넷째, 강대 위에 꽃 장식이 모두 화분으로 되어 있는데, 특별한 점은 강대상 옆의 꽃 이외는 요즈음 대부분의 교회에 사용하는 것과는 달리 모두 소나무분재들이라는 점이다. 특별히 십자가 밑에 네 개의 작은 소나무 분재는 설교자의 배경이 되어서 설교 시 스크린에 설교자의 뒤 배경으로 무언가 메시지를 주고 있는 것 같다.

다섯째, 강대상 뒤쪽에 양 옆으로 깃발이 꽂혀 있는데, 왼쪽에 태극기, 오른쪽에는 갈보리교회 깃발이 그것이다. 해외에 있는 이민교회에서는 자주 볼 수 있지만, 한국교회에서는 흔치 않은 모습이다. 필자가 미국 뉴저지에서 교회를 섬기고 있을 때에도 태극기를 놓았는데, 그것을 신사참배와 연결지어 우상숭배로 해석하시면서 결사반대하는 장로님 때문에 어려웠던 기억이 있다. 예배실에 태극기를 놓는 것은 이중시민권자로서 예배자의 정체성을 표시하는 의미가 있다. 즉 이러한 상징으로 예배공동체는 하나님 나라에 속해있으면서, 또한 여기 대한민국에 속한 공동체임을 표시할 수 있을 것이다. 오늘이 마침 주일과 광복절이 겹쳐서 태극기가 돋보인다.

여섯째, 예배실의 구조다. 부채꼴 모양의 2층으로 된 이삼천여 석 규모의 예배실은 직사각형의 예배실 구조에 비해 예배회중들과의 서로 바라볼 수 있는 어느 정도의 여지를 주고 있어서, 찬양과 설교 응답 시에 역동적인 분위기에 도움이 될 수 있을 것 같다. 특히 1층과 2층을 이어주는 계단이 양쪽으로 뚜렷하게 연결되어있어서 공간적으로 한 몸으로 드리는 예배 공동체임을 잘 드러내고 있다. 대부분의 교회가 2층은 예배실 밖을 통해 연결되어 있기 때문에 1층 회중과 2층 회중이 단절되어 있는데 비해, 갈보리교회 예배실의 1, 2층 연결구조는 교회건축에서 예배신학적 의미를 잘 표현한 것으로 보인다.

2. 신령과 진정으로 드리는 예배

12시 예배의 시작을 기다리는 예배회중들의 모습을 보았다. 질서 있고 차분한 분위기가 자연히 묵상기도로 인도된다. 드디어 12시,[2] 차임

---

[2] 다음은 2010년 8월 15일(광복절주일) 12시 예배순서다.

예배의 부름	시편 113:1-4	인도자
개회송		성가대
찬송	1장	일어서서
기원	사도신경	다같이
찬송	23장	일어서서
목회기도		인도자
찬송	586장	다같이
하나님말씀	사도행전 1:1-2	인도자
찬양	여호와는 위대하다	시온성가대
말씀선포	한국 정치사와 기독교	이필재 목사
기도		설교자
찬송	297장	다같이
주일헌금		다같이
봉헌기도		담임목사
찬송	주기도송	일어서서
축도		담임목사
송영		성가대

이 울린다. "주여 우리 무리를 불쌍하게 여기사 크신 복을 주시고 주의 얼굴 뵈소서" 이어서 회중을 예배에로 부르는 시편말씀이 들려온다. 이에 대한 화답으로 성가대의 잘 조화된 소리가 오케스트라의 마지막 팀파니 울림으로 웅장하고 격조 있는 분위기가 된다. 지금 이 예배가 한 주간의 크고 작은 공동체의 모임과 집회들을 다 품을 만큼 규모 있고 장엄하며 질서 있는 예배라는 것을 사회자의 시편낭독과 성가대의 첫 화답송은 나타내고 있었다.

다함께 일어서서 1장 찬송을 부른다. "만복의 근원 하나님, 온 백성 찬송 드리고 저 천사여 찬송하세 찬송성부 성자 성령 아멘." 이어 새로 개정된 사도신경을 함께 고백한다. 이어 찬송 23장을 부른다. "만 입이 내게 있으면 그 입 다 가지고 내 구주 주신 은총을 늘 찬송하겠네." 복의 근원이신 하나님을 찬송하고, 그분 앞에서 우리의 신앙을 한 마음으로 확인하고, 이어 다시 하나님의 크신 사랑과 자비를 노래하는 시간이다. 성도들의 찬양이 우렁차고, 성가대와 오케스트라도 힘을 보태어 웅장한 하모니를 이룬다. 이때 필자는 스크린의 사용에 대해 궁금하여 자세히 모니터했다. 요즘 예배세미나나 학교 수업에서 스크린 사용에 대한 찬반 논의들이 뜨거운데, 스크린 사용에 대해서는 대부분 긍정적이나, 어떻게 사용하는가에 대해서는 의견이 나뉜다. 특히 예민한 것은 스크린에 인도자가 얼굴이 클로즈업되어 너무 고정되어 있는 것에 대한 것이다. 반드시 필요한 경우가 아닌데 사회자에 고정되어 있는 화면에 대한 예민한 반응들이 있다. 그런 면에서 보면, 갈보리교회의 지금

두 번의 찬송과 신앙고백의 시간에도 스크린에 예배인도자가 계속적으로 고정되어 나타나는 것이 예민한 회중들에게는 부담스러울 수도 있겠다. 찬송할 때 예배인도자의 찬송소리가 회중을 압도하게 될 때 오는 어려움도 있다는 지적도 많이 듣고 있다.

필자가 갈보리교회 예배를 참여하면서 가장 인상 깊었던 시간이 되었다. 목회기도시간이다. 예배를 인도하시던 목회자가 소위 대표기도를 드리고 있다! 놀라운 일이다. 필자는 예배학 교수로서 한국교회 예배변화를 논하면서 그 중 하나 소위 대표기도를 목회기도로 돌려야한다고 주장해왔던 터라 그 현장을 목격하고 있는 지금 너무 반갑고 설레는 마음을 금할 수 없다. 이것은 필자 한 사람만의 독특한 주장이 아니라, 모든 예배학자들의 공통된 마음이다. 그러나 한국교회 현실은 대표기도가 장로, 또는 평신도지도자가 담당하는 중요한 순서가 되었고 이 순서를 목회자 기도로 변화시킨다는 것은 현실적으로 대부분 불가능하다. 개척교회나 작은 규모의 교회라면 몰라도, 평신도지도자가 많은 교회에서 이런 시도는 기대하기 어렵다. 사실 전통적으로 기독교의 예배에서 목회기도의 시간이야말로 목회자의 목회적 기도가 있어야 할 자리다. 일주일동안 목양의 모든 돌봄을 압축하고 확인하고 상기하는 시간인 것이다. 현재 대부분 교회에서 드리는 대표기도의 문제는 그 기도자체가 예배 속의 예배가 되어버린다는 점이다. 예배에로의 부름에서부터 이어지는 예배의 흐름 속에서 대표기도는 기도자의 개인예배로 변질될 때가 많다. 예배 시작에서부터 이어져온 하나님께 영광 돌리고 죄의 고백을 대표 기도자는 반복하고 신앙고백도 반복하는 때가 많은 것이다. 이 시간은 철저히 목회기도이고, 중보기도의 시간에 초점을 맞추어져야 한다. 오늘 예배를 인도하신 목사님은 필자의 설레는 기대감을 충족시키고도 남을 만큼 목양적이고 신선한 기도를 정확히 3분 안에 다 담아냈다. "해방의 기쁨을 허락하신 여호와 하나님 아버지, 이스라엘에게 해방의 소망을 주시며 내 백성이 될 것이라고 말씀하신 주님께서 저희 민족의 눈물을 씻겨주시고… 주님의 은혜를 감사드립니다…." 이런 목회기도가 한국교회 예배에 변화를 가져올 수 있겠다는 희망이 생기는 순간이다.

다시 성가대의 응답송이 들린다. "우리의 기도 들으사 응답하여 주시고 주님의 평안을 내려주소서 아멘." 성가대와 오케스트라의 화음과 팀파니의 울림이 이런 희망을 비장한 결단으로 바꾸어 주는 것 같았다.

찬송 586장을 부른다. "어느 민족 누구게나 결단할 때 있나니 참과 거짓 싸울 때에 어느 편에 설건가 주가 주신 새 목표가 우리 앞에 보이니 빛과 어둠 사이에서 선택하며 살리라…" 이 찬송은 성경봉독 전까지 부르는 세 번째 찬송이다. 회중찬송은 신앙공동체가 마치 한 몸처럼 한 입으로 한 노래를 부른다는 데 의미가 크다. 개개인이 선호하는 노래를 부르는 것과는 의미가 많이 다르다. 회중찬송은 주일예배의 독특한 위치와 의미가 된다. 함께 부를 수 있는 기회를 많이 줄수록 더욱 좋겠다는 생각이 드는 것은 이 때문이다.

성경봉독 시간이다. 스크린에는 성경구절만 나타난다. "행 1:1 데오

빌로여 내가 먼저 쓴 글에는 무릇 예수께서 행하시며 가르치시기를 시작하심부터 2 그가 택하신 사도들에게 성령으로 명하시고 승천하신 날까지의 일을 기록하였노라…." 회중들로 하여금 성경을 지참하고 자신의 성경을 볼 것을 암시하는 것 같다. 적절한 배려로 여겨진다. 필자는 성경봉독 시에는 전통적 예배에서처럼, 회중들이 낭독되는 하나님의 말씀을 귀로 듣는 예전에 더욱 의미를 두는 편이다. 복음적 전통의 예배에서는 성경을 다 함께 찾아서 눈으로 보고, 줄을 치고, 때로는 서로 교독하는 경우가 많지만, 전통적 예전에서는 신명기 말씀에서 "이스라엘아 들으라!"(신 6장, 20장, 26장)를 중시하며 예배에서 낭독되는 하나님 말씀을 잠잠히 경청하는 예전을 준비한다.

 100명의 성가대의 찬양은 광복절의 감격과 기쁨을 공감하기에 적절한 톤으로 불려졌다. 오케스트라는 찬양의 내용을 더욱 규모 있고, 웅장하게 바꾸어 오늘의 예배를 세계적이고 우주적 차원으로 승화시킨다. "하나님은 나의 피난처, 내 환난 날의 도움이라 산이 흔들려 바다 속에 잠겨 크게 요동하여도 두려움없네 놀라워라 주 하나님의 그 놀라운 일들을 주의 백성과 세상 안에 영원히 충만…" 성가대 찬양은 클라이맥스에서 갑자기 애국가로 바뀌었다. "동해물과 백두산이 마르고 닳도록…" 오늘의 주제가 무엇인지를 다시 상기시키는 멋진 접목이다. 찬양이 끝난 후 회중들의 자연스런 응답의 박수는 지금까지의 다소 예전적 분위기와 상충되면서 이제 등장할 설교자의 설교에 어떻게 응답하게 될지를 예상하게 된다.

3. 담백하며 영양가 있는 설교

우선 '한국정치사와 기독교'라는 설교제목이 새롭게 느껴진다. 흔하게 볼 수 없는 설교제목이기 때문이다. 첫 문장에서부터 "오늘은 8·15 광복절이면서 주일이 되었습니다. 오천 년 한반도 역사 가운데 가장 기쁜 날, 슬픈 날을 정해보라면…"으로 시작되는 설교는 역사 속의 기독교의 문제를 생각하게 한다. 이때 역사와 기독교에 관한 주제를 태극기와 교회깃발 사이에서 전하는 모습이 너무나 어울린다. 필자는 3·1절, 6·25, 또는 사회적으로 역사적으로 혹은 교회력으로 특별한 날이 되면 유명한 설교자들의 설교를 듣고 비교하는 습관이 있는데, 설교자가 역사적, 사회적, 교회력의 적절한 시기를 의식하고 접근하는 모습을 보면 반갑고 고마움을 느낀다. 오늘 우리 설교자가 이 사회 속에 서있는 것은 현재 일어나는 이 시간의 의미를 새롭게 해석해주는 사명 때문이라는 생각을 하고 있기 때문이다.

오늘 설교에서 느끼는 필자의 단편적인 관찰은 다음과 같다. 복잡다단한 논의점들이 간결한 문장으로 한숨에 마무리된다. 추상적 교리들이 담백하고 때론 투박한 일상의 용어로 활기를 얻는다. 거대한 업적과 세간의 메가톤급 화제들을 본질을 꿰뚫는 안목으로 화장기 없는 생얼굴로 만든다. 종교적이지 않은 탈권위적인 음성 톤과 거두절미한 본말의 제시는 오히려 카리스마가 느껴진다. 무엇보다도 수십 년 설교에 단련되어 틀을 벗어 버릴 수도 있을 연륜의 노설교가가 원고를 꼼꼼히 챙기는 모습은 감동적이다. 사도행전에서부터 시작한 기독교가 한국의 역사 속에서 어떻게 생명력을 이어져왔는지 그 가닥을 붙잡아 회중에게 건네주고 있다.

　필자의 주변을 보니 내 옆의 40대 후반의 회중은 설교를 듣는 내내 주보에 빽빽하게 적고 있다. 눈에 보이는 27명의 회중을 남녀로 나누어보니 남자가 12명에 여성이 15명이다. 한국교회 평균으로 볼 때 남성의 비율이 높은 편이다. 오늘 설교만 본다면 사회적 책임을 느끼는 이들에게 어필할 수 있는 설교주제와 설교방식이라는 생각이 든다. 오늘 설교는 기독교인으로서 이 사회와 우리 조국에 중요한 위치를 차지하고 있고, 자부심과 함께 책임과 사명이 있음을 느끼게 한다. 중간 중간 회중들의 아멘의 화답이 있다. 설교자는 회중의 아멘을 이끌지도, 권유하지도 않고, 아멘이 나올 수 있는 톤으로 유도하지 않는다. 그런데도 아멘의 화답이 있다. 오랜만에 듣는 자발적인 아멘 소리다. 경직될 수 있는 시사적이고 사회적이고 역사적인 설교인데도 자발적으로 아멘으로 화답할 수 있는 설교환경이라는 점이 특별하다. 정확히 30분 분량의 한편의 설교로 근대 한국 역사 속 기독교는 새로운 힘과 사명을 갖게 되었다. 이 순간 회중 모두가 애국애족의 기독인으로 탄력을 받는 느낌이다.

4. 감사와 파송의 예전

찬송 582장 "어둔 밤 마음에 잠겨 역사에 어둠 짙었을 때에 계명성 동쪽에 밝아 이 나라 여명이 왔다 고요한 아침의 나라 빛 속에 새롭다 이 빛 삶 속에 얽혀 이 땅에 생명탑 놓아간다" 찬송이 끝날 무렵 특송 담당자들이 강단 앞에 하나씩 올라와서 찬양하기 위해 서 있다. 예배 순서 사이를 매끄럽게 연결하고 있는 모습이다. 이날 특송은 10명으로 구성되어있는데, 두 주간 영어 여름성경을 마친 비전트립팀이다. 반주에 맞추어 경쾌한 몸놀림으로 율동하며 찬양한다. "The rain may be falling and lightning fills the sky but the sun is rising God is on my side …never give up…" 그 열 명을 보니 연령과 피부색이 다채롭다. 어린아이, 젊은이, 중년의 6명의 여성, 4명의 남자들, 얼굴색과 국적이 다른 다국적팀이다. 노래가 끝나자 한마음이 된 회중들의 환호의 박수가 이어진다.

이때부터 분위기는 국제적이고 선교적이 된다. 특송자들의 모습, 영어 찬송, 경쾌한 몸 찬양, 회중들의 환한 화답이 그렇다. 이 팀이 인도네시아 교회의 요청으로 파송되어 영어여름성경학교를 인도하게 되었다는 것을 알리며, 헌금 기도와 함께 이들을 위한 중보기도가 이어졌다.

스크린에 붉은 벽돌로 지어진 단층의 건물이 비쳐지는데, 그것이 아프리카 말라위에 지어진 새로운 교회라고 한다. 그리고는 담임목사의 놀라운 보고가 이어진다. "이것으로 76번째 교회건축이 완성되었습니다." 선교에 집중하고 열정적으로 지원하고 있다는 증거로 보인다. 이 날 회중들 상호간의 인사는 파격적이다. 광복절과 겹친 주일예배이기에 제시된 인사다. "대한민국 만세! 한국이여 영원하라!" 오래토록 기억날 것 같다. 축도 전에 다함께 일어나서 찬송을 부르는데, 오늘은 애국가다. 이때처럼 애국가가 더 어울리는 때가 또 있을까? "애국가 동해물과 백두산이 마르고 닳도록 하나님이 보우하사 우리나라 만세 무궁화 삼천리 화려강산 대한사람 대한으로 길이 보전하세"

이때 성가대석 뒤에서 놀라운 광경이 펼쳐진다. 100명이 앉은 성가대석 뒤의 커튼이 천천히 올라간다. 커튼 뒤로 푸른 나무와 잔디들이 파란 하늘과 더불어 장관을 이룬다. 갑자기 새 하늘과 새 땅으로 들어가는 느낌이다. 영화로 말하면 클라이맥스 후의 관객이 예상 못한 반전 드라마를 연출하고 있는 것이다. 그러나 예배신학적으로 더욱 큰 의미가 있다. 예배 회중들은 이제 세상으로 나아가 빛과 소금이 되어야하는 사명이 있는데, 그것을 표현하고 있는 것이다. 예배의 정의를 규명하는 작업 가운데 '예배는 리허설'이라는 정의가 있는데, 이것은 회중들의 진짜 무대인 삶의 무대에 서기 위해 예배는 리허설하는 현장과 같다는 의미다. 예배의 공간에서 지금까지 드린 예배는 이제 나가서 살 저 세상의 삶을 위한 리허설이다. 우리는 벌써 유리창 넘어 펼쳐져 보이는 저 세상에서 나가서 예배 때 느낀 하나님의 임재를 의식하며 말하고, 듣고, 노래하고, 헌신하자는 결의에 찬 몸짓으로 춤을 추고 있다.

1) 예배 끝난 후의 회중들의 모습

성가대의 송영이 끝나고, 회중들이 하나, 둘 자리에서 일어난다. 필자가 느낀 감동 때문인지 보이는 회중들의 얼굴이 상기된 것 같다. 우리가 매년 맞이하는 광복절을 예배에서 이처럼 표현하고 새롭게 맛볼 수 있다는 것이 기쁘다. 잘 준비된 한 교회의 예배에서 대규모 광복절 기념 연합집회에서도 맛볼 수 없는 새로움이 분명히 있다. 오늘 필자는 한 교회의 예배에서 선조들의 애국애족의 헌신과 정신을 상기하면서 하나님 나라의 창대한 비전을 펼쳐 보이는 경건함과 열정의 예배의 가능성을 엿보았다.

III. 주일 예배를 통해 반사된 교회 모습

1. 세계를 교구로 하는 예배공동체

갈보리교회의 목회자와 회중들이 주일예배에서 가장 강하게 표현하고 싶은 것 한 가지를 든다면 '선교'인 것 같다. 예배의 모든 순서마다 선교적 노력과 경험이 묻어난다. 예배인도자의 목회기도에서, 인도네시아로 가는 영어 성경학교팀의 헌금 특송에서 그리고 목회자의 교회소식에서 알 수 있다. 강단 위 스크린에 아프리카 말라위에 지어진 아담하고 잘 단장된 새로운 교회 모습이 클라이맥스다. 이것이 76번째 교회건축이라니 놀랍다! 한 지역 교회에서 그렇게 많은 교회를 세워가고 있다는 것이 신기하다. 그러고 보니 2010년 교회의 표어가 눈에 들어온다. "사도행전 29장을 쓰는 해" 신약성경에서 소개된 초대교회가 사도행전 28장에서 끝났고, 사도행전 29장부터는 갈보리교회가 써가는 역사라는 의미일 텐데, 그 표어대로 예루살렘, 사마리아, 땅 끝까지 교회를 건축하고 있는 것이다. 교회건축의 보고는 8면으로 된 주보의 한 면에 소개되어있다. 교회건축과 함께 1,000명의 선교사를 파송했다는 보고는 더욱 놀랍다. 이러한 선교의 목표와 노력을 주보 2면을 할애해서 자세히 안내하고 있어서 예배회중들이 항상 상기할 수 있게 되어있다. 아시아, 아프리카, 미주, 유럽, 한국의 다양한 영역에 보내진 선교사와 그 예배공동체의 숫자가 새겨져 있다.

"45개국에 1,243명"

할렐루야!!

2. 경건함과 친밀함이 함께 하는 예배

갈보리교회 예배는 경건한 예배다. 시작 전부터 정숙한 분위기이고, 차임으로 시작하는 예배가 오케스트라를 동반한 성가대의 응답송에 장엄함이 유지된 가운데 진행된다. 목회자의 가운은 아니지만, 클러지 셔츠 복장이 더욱 예전적 기운을 더한다. 물 흐르듯 진행되는 예배 순서는 공적인 질서와 예법에서 느끼는바 그것이다. 이것은 수천 명이 함께 하는 예배에 잘 어울리는 분위기다. 그런데도 예배 전체를 놓고 보면 다른 느낌이 있는데, 친밀감이다. 이것은 작은 규모의 예배나, 청년 예배와 같이 역동적 예배가 가진 특성인데, 오늘 예배는 대형교회 예배임에도 어떤 개별적인 만남을 가진 것 같은 생각이 드는 것이다. 두 번의 주일예배 참석으로 판단하기에는 부족하지만, 몇 가지 그 요인을 찾아 볼 수 있겠다. 먼저 필자에게는 안내위원들의 친절한 미소가 친밀감을 느끼게 한 요인이 된 것 같다. 마치 평소에 잘 알고 있는 이웃을 만난 것처럼 반가워하며 주보를 건네는 것이 필자의 마음을 따뜻하게 한 것 같다. 친밀감은 무엇보다도 설교자에서 풍기는 온화함에서 느낀다. 메시지 내용은 거대담론이고 역사적이고 사회적 이슈들인데, 음성의 색과 톤은 몇 사람과 나누는 상담가처럼 친근하다. 교회소식을 알릴 때도 신문에 날정도로 큰 화제의 내용을 지나가면서 교우 한 사람의 동정을 알리듯 소박하게 흘린다. 필자가 예민하게 해석하는지 몰라도 그 순간 듣는 회중 모두가 각각 한몫을 했다는 느낌이 드는 것이다. 사실 작은 규모의 예배라고 해도 저절로 친밀감이 드는 것은 아니다. 그것은 단 둘이 이야기를 해도 마찬가지다. 친밀감을 주는 요소가 따로 있는 것이다. 수천 명이 모인 예배를 장엄하고 질서 있고, 경건하게 준비하는 것은 그 규모자체에서 나오는 분위기 때문에 어려운 일이 아니다. 그러나 그렇게 큰 모임에서 회중들이 친밀감을 형성하고 나누는 것은 훨씬 어렵다.

3, 이웃과 함께 예배드리는 예배공동체(좋은 이웃[Good Neighbor])

주일예배는 교회의 표지라는 말처럼, 갈보리교회 주일 예배에서 그 교회의 관심과 사역과 활동이 엿보인다. 먼저, 갈보리 예배는 장애인에 대해 구체적으로 배려하고 있음을 쉽게 알 수 있다. 주일 2부 10시 예배는 청각장애인을 위해 예배하는 동안 전 예배상황이 수화로 통역되고 있는 것이다. 한 가지를 보면 열 가지를 안다고 했듯이 자세히 들여다보니 장애인을 위한 활동들이 아주 구체적이고 전문적이다. 8면으로 된 주보의 한 면을 차지한 봉사회안내에는 점자봉사회, 녹음봉사회, 장애인봉사후원회, 착한사마리아인봉사회가 소개되어 있다. 녹음봉사회는 시각장애인과 중도실명자를 위해 설교와 신앙서적들을 매주 모여서 녹음테이프에 담는 일을 한다는 것이다. 점자봉사회는 매주 모여서 설교와 신앙서적을 점자 책자로 발행하여 시각장애인들이 활용할 수 있게 한다는 것이다. 이 봉사활동은 교회 초창기부터 해온 사역이다. 봉사는 꾸준히 하는 것이 중요한데, 의무감이 아니라 마음에서 우러나서 자발적으로 계속하는 것이 중요하다. 갈보리교회의 봉사에서 특별한 점은 봉사회를 위한 봉사후원회가 있다는 점이다. 바로 장애인봉사후원회가 그것인데 이 후원회는 위에서 말한 녹음봉사회, 점자봉사회, 사랑부를 위해 매주일 모여서 물질과 기도로 후원하는 모임이다. 오랜 봉사의 시도와 시행착오 끝에 얻어진 지혜일 것이리라!

IV. 나가는 말

　필자는 신학교에서 학생들과 한국교회 예배와 설교 현장을 두고 함께 분석하고 토론하고 전망하는 수업을 하는데, 이번 기회를 통해 주님이 세우신 갈보리교회가 어떻게 설립되고 어떻게 변화되고 성장해 가는지 배울 수 있는 시간이 되었다. 필자의 방문기는 갈보리교회의 전 예배역사의 풍요한 예배유산을 담기에는 역부족이다. 오늘의 예배가 갈보리교회의 첫 예배의 감격과 감동으로부터 이어져온 열매라는 것을 역사화보집을 통해 생각해보는 정도다. 사실 한 교회의 예배에는 예배회중의 믿음의 역사와 이야기가 담겨있는 것인데, 필자로서는 알 길이 없다. 1985년 6월 첫 주일, 초대교회와 같은 예배, 선교, 교육, 봉사 공동체를 향한 간절한 열망으로 눈물로 드렸던 예배로부터, 분당의 성전건축을 위해 백혈병과 싸우면서 건축현장을 지켰던 한 집사님의 감동의 이야기, 헌당을 위해 몸으로 벽돌 삼고 기도로 역청을 만들며 헌신하다가 울고 또 울며 헌당예배를 드리던 예배자들의 찬송이 예배에 있었다. 언제나 주일예배에서 다 드러나지 않는 활동들이 더 많다. 사실 외부에서 예배관찰을 위해 참석한 필자로서는 알길 없는 헌신적 봉사의 숨은 모습들이 얼마나 많겠는가! 왼손도 모르게 한 눈물겨운 봉사의 손길들, 과부의 두 렙돈 헌금, 영혼 구원을 위한 뜨거운 선교적 눈물과 땀 냄새가 진동하는 현장일 텐데 신령과 진정으로 드리는 예배자들만이 맛볼 수 있는 예배의 은혜일 것이다.

글을 쓰는 내내 역사적 자료들을 보며 필자는 갈보리교회를 지금까지 인도하신 하나님의 은혜에 감격하는 회중들의 간증과 생생한 사진들에 마치 역사 드라마에 몰두한 관객처럼 깊이 몰입했다. 그들의 주님을 향한 사랑의 노래와 희생적 봉사와 헌신의 이야기들은 2010년의 여름날의 아름다운 꿈 이야기로 오래토록 기억될 것 같다.

순전한 믿음과 사랑의 공동체를 이루기 위하여 오직 하나님 중심, 말씀 중심으로 교회의 강단을 지켜온 갈보리교회의 목회자와 믿음과 감사로 화답하며 역동적인 예배 현장을 지켜온 온 교회 성도가 주일예배마다 하나님의 임재로 은혜와 감격을 누리는 큰 복을 누리기를 기도하며 글을 맺는다.

우리 시대에도 예배는 영광스러워야 한다 :

예배 중심 선교적 교회를 지향하는 갈보리교회 예배

김운용 교수(장로회신학대학교, 예배설교학)

예배는 그리스도인으로 살아가려는 열정을 심어주고 더 열정적인 예배로 나아가게 하는 고귀한 시간 낭비이다.

-마르바 돈(Marva Dawn)[1]

1 Marva J. Dawn, *A Royal Waste of Time: The Splendor of Worshiping and Being Church for the World* (Grand Rapids: Eerdmans, 1999), 1.

I. 들어가는 말: 영광스러운 예배를 꿈꾸며

1960년대 찬바람이 몰아치는 눈 덮인 황량한 인권 유린의 벌판에 서서 자기 동족 흑인의 인권 회복을 위해 온 몸을 던졌던 사람이 있었다. 당시의 관습이나 사회구조를 놓고 볼 때 그 외침이나 행동은 계란으로 바위를 치는 것과 같이 무모한 행동으로 보였다. 1963년 8월 23일 워싱턴 행진 앞서 행한 설교, "I Have a Dream"에서 마틴 루터 킹 목사는 그렇게 노래한다.[2]

> 나에게는 꿈이 있습니다. 언젠가는 조지아 주의 붉은 언덕에서 전에 노예의 자녀들과 노예 주인의 자녀들이 형제애의 식탁에 함께 앉아 식사를 하게 되리라는 꿈이 있습니다. 나에게는 꿈이 있습니다. 언젠가 불의의 열기가 이글거리는 미시시피 주조차도 자유와 정의의 오아시스로 변할 것이라는 꿈이 있습니다. 나에게는 꿈이 있습니다. 그 언젠가 나의 네 명의 아이들이 피부색이 아니라 그들의 인품이 어떠한가에 의해 판단되는 나라에 살게 될 날이 있을 것이라는 꿈이 있습니다.

---

[2] 이것은 예배의 세팅에서 행해진 것이 아니기 때문에 설교로 분류하는 것은 다소 무리한 점이 없지 않다. 그러나 마르틴 루터 킹 목사는 모든 것을 통해 하나님의 말씀을 전하였던 설교자의 마음으로 행하였다는 그의 고백을 고려해 본다면 이것을 설교로 분류해도 무리는 없을 것이다. 이 설교문의 전문을 위해서는 http://www.mecca.org/~crights/dream.html을 보라.

당시 그의 꿈은 아무리 보아도 무모해 보였다. 그러나 모든 것이 암울하게만 보이던 현실에서 절망하지 않고 꿈을 꾸며, 비전을 전달했던 그가 있었기에 수천 만 흑인의 삶에 그 비전이 전달되었고, 그 비전을 함께 공유했던 공동체는 모든 장벽을 뛰어 넘어 그들의 꿈은 현실로 나타나게 되었다.

우리도 그런 꿈을 한 번 꾸어보는 것은 어떨까? 우리의 생애 가운데서 예배의 영광이 회복되고, 온 성도들과 함께 하나님의 임재 가운데로 들어가는 예배, 하나님의 거룩한 광채(holy splendor)와 능력 앞에서 가슴이 터질 것 같은 감격과 희열을 맛보는 예배 그리고 예배 이후 하나님의 백성들이 하나님의 통치하심과 다스리심을 인정하고 선포하는 '삶으로 이어지는 예배'가 이 나라 구석구석에 드려지는 그런 꿈을 한번 꿔볼 수 없을까? 그리하여 매주일 드려지는 예배마다 유배지 밧모 섬에서 드렸던 사도 요한의 영광스러운 예배가 펼쳐짐으로 비록 고달픈 삶의 현장에 서 있다 할지라도 하늘과 땅이 잇대어지는 감격스러움을 맛보게 될 그런 예배 부흥의 꿈은 어떨까? 수많은 상처와 아픔을 가지고 나아오는 사람들이 예배를 통해서 치유와 회복을 맛보고, 오늘도 말씀을 통해 상한 심령들을 터치하시는 하나님의 사랑의 손길을 경험하고 기쁨과 희열에 사로잡혀 세상을 향해 전사(戰士)와 같이 나아가게 할 예배의 능력을 회복하는 꿈은 어떨까? 우리 사역의 현장마다 거룩하시고 자비로우신 창조주 하나님의 위대하심과 함께 계심을 인식할 때 생기는 "마음의 넓어짐"을 꿈꿀 수 없을까? 거룩한 예배, 영광스러운 예배, 하나님이 받으심 직한 예배, 하나님의 엄위와 광휘(splendor)에 사로잡히는 예배, 우리 삶의 "무한 중심(infinite Center)"[3]이신 하나님의 임재 앞에 자신을 세우는 예배, 그러한 예배를 꿈꾸어 볼 수는 없을까?

이것은 무기력해지고, 화석화된 예배 그리고 우상으로 뒤덮인 미신적인 예배를 새롭게 하려는 개혁자들의 노력이었으며, 이것은 개혁교회 예배 전통에서 꾸준히 추구해 왔던 것이다. 엄밀한 의미에서 예배 개혁은 언제나 예배 부흥과 연결되는 용어이다. 예배 부흥은 이 시대에 뿐만 아니라 모든 시대에 필요한 것이고, 엄밀한 의미에서 개혁교회는 이러한 예배 개혁과 부흥을 꿈꾸어 왔다. 생명력이 상실한 형식만 남은 예배, 비본질적인 요소로 가득 찬 예배를 회복하여 진정한 예배 회복을 가져오려고 했던 것이 개혁자들과 그 후예들이 추구하는 바였다. 그런 의미에서 종교개혁은 예배 개혁이었으며, 예배에 대한 열심으로부터 생겨난 운동이었다. 예배를 새롭게 드리려는 추구와 노력은 계속되어야 한다. 언제나 개혁은 과거에서 이루어지는 것이 아니라 오늘의 삶의 자리에서 일어나는 현재적인 사건이다. 그런 의미에서 1966년 베를린 세계 선교대회(World Congress on Evangelism) 개회식에서 빌리 그래함이 각 시대의 책임과 기회에 대해서 주장한 내용은 이러한 측면을 잘 설명해 준다.

---

3   Dawn, *A Royal Waste of Time*, 11장.

모든 시대가 중요합니다. 모든 시대가 전략상으로 중요합니다. 그러나 우리는 지나간 시대에 대해 책임을 가지고 있지 않습니다. 또한 다가오는 시대에 온전한 책임을 수행할 수도 없습니다. 그러나 오늘 이 시대에 대해서는 책임을 수행할 수 있습니다. 그리스도의 심판대 앞에서 하나님께서는 우리가 책임을 다 수행했는지에 대해 책임을 물으실 것입니다. 우리의 책임을 어떻게 온전히 수행했는지, 우리에게 주어진 기회를 어떻게 선용했는지에 대해 책임을 물으실 것입니다.[4]

그렇다. 각 시대의 사람들은 그 시대 속에 거룩한 예배, 영광스러운 예배, 바른 예배에 대한 책무를 가지고 있다. 예배를 새롭게 하고, 예배를 바르게 드릴 책무를 가진다. 언제나 개혁과 부흥은 같은 맥락에서 다루어져야 하며, 이 두 가지는 언제나 본질에 충실할 때 주어지는 결실이다.

예배를 중단한 교회는 교회되기를 중단하는 것이 된다. 지금 무엇을 행하고 있는지에 대한 깊은 주의를 기울이지 않고, 주의를 기울이지 않은 채 예배하는 교회는 그리스도의 교회가 아니라 전혀 다른 어떤 것이 되고 말 것이다. 그렇지 않다면 예배의 빈곤을 면키 어렵고, 전혀 다

---

[4] Billy Graham, *Just as I Am* (New York: Harper Collins, 1997), 669.

른 이단적인 요소로 삐걱거림이 있는 교회로 전락하게 될 것이다.5 그러므로 예배를 위해 세움 받는 사역자들과 예배자들은 예배 신학적으로, 성경적으로 바른 예배를 추구하고, 연구하고, 배우며, 오늘날 우리의 예배를 새롭게 하려는 개혁적인 자세를 견지하여야 할 것이다. 뿐만 아니라 현대인들의 삶과 의식 형성에 깊은 영향을 주고 있는 현대 문화의 흐름을 주의하여 살펴보면서 문화적 표현에 대해서 간과하지 말아야 할 것이다.

이러한 점에서 본고는 먼저 오늘의 예배의 현장에 대해서 간략하게 살펴보면서 작금에 일어나고 있는 예배의 새로운 경향성들과 예배 현장에서 야기되고 있는 혼동의 양상들을 살펴보면서 예배의 신학적 원리를 따라 목회적인 관점에서 예배 개혁과 부흥을 위해 어떠한 경향성을 가져야 할지를 살펴보면서 갈보리교회의 예배에 대해 예배학적 분석을 시도하고자 한다.

II. 예배에로의 부르심과 오늘의 현장

예배는 기독교 공동체의 가장 중심적인 활동이다. 이것은 그 공동체

---

5   Ronald P. Byars, *The Future of Protestant Worship: Beyond the Worship Wars* (Louisville: WJKP, 2002), 7.

의 존재 이유이자 원동력이 되어 왔다. 교회의 모든 사역과 삶은 사실 이 한 가지를 위해 존재한다. 예배는 그리스도인의 모든 것이 지향해야 하는 목표이며, 최종적인 집결지이다. 그런 점에서 예배는 교회의 존재 이유이며, 이것은 가장 커다란 사명이자 특권이다. 그리스도의 몸으로서의 교회가 감당해야 할 가장 큰 책무가 있다면 그것은 예배이다. 또한 교회 존재의 근본적인 지향점도 바로 예배이다. 그래서 프랭클린 지글러는 예배야말로 그것 자체가 최종적인 목표이며, 교회의 "생명의 강수"라고 표현한다.[6]

그러므로 영광스러운 예배를 보존하기 위해서 교회는 생명을 걸고 싸워왔으며, 그러한 노력이 약화되는 곳에서 교회는 언제나 약화되었다. 예배와 상관없이 행해지는 사역은 언제나 하나님의 능력과 영광을 드러내기보다는 인간의 업적을 드러내는 도구가 될 수도 있고, 인간의 욕구가 하나님의 영광보다 앞서게 될 수 있기 때문에 교회는 언제나 모든 사역의 중심 가운데 예배를 두었다. 모든 일의 중심에는 언제나 예배가 놓여 있어야 한다. 우리는 하나님을 예배하고 그분을 영원토록 즐거워하기 위해 부름 받았고, 그 일을 위해 창조되었다. 하나님께서는 오늘도 우리를 그러

---

[6] Franklin M. Segler, *Christian Worship: Its Theology and Practice* (Nashville: Broadman Press, 1967), 1장 참조.

한 예배의 자리로 부르고 계신다. 그러므로 모든 예배는 부르심(call to worship)으로부터 시작되며, 우리 모두는 늘 새롭게 부르시는 하나님의 예배에로의 부르심 앞에 서 있다. 우리가 예배에 참석하여 하나님의 거룩한 은혜에 잠길 수 있게 되는 단 한 가지 이유가 있다면, 하나님께서 우리를 그분의 존전 앞으로 초대해 주시고, 그리스도의 사역을 통해 거룩한 성도로 따로 구별해 세워 주셨기 때문이다. 우리의 가진 최고의 것을 가지고 나아간다 할지라도 어떻게 우리가 그분을 온전히 예배할 수 있겠는가? 우리는 그분을 예배할 수 있는 것이다. 이러한 사실을 명확히 인식하는 사람은 언제나 하나님께서 어떠한 예배를 원하시는지, 그분은 우리가 어떠한 예배를 드리기를 원하시는지를 알아야 한다.

이러한 예배의 중요성에도 우리를 둘러싸고 있는 환경은 예배에 대해서 공격적이고 파괴적이다. 낙관적인 안도감을 갖기에는 문화 사회적 환경은 거칠어지고, 황폐화되고 있다. 현대 사회의 모든 세팅은 사람들의 마음이 진정한 예배로부터 멀어질 수 있는 그러한 무대(setting)를 펼쳐가고 있다. 오늘날 문화의 지배적인 경향의 하나인 감각 문화는 사람들의 마음속에서 "오락과 즐거움(entertainment) 추구"를 가장 중요한 요소로 인식하게 되면서,[7] 사람들의 마음속에 예배의 열망이 더 식

---

[7] Neil Postman, *Amusing Ourselves to Death: Public Discourse in the Age of Show Business* (New

어지게 하거나 진정한 예배의 원형보다는 자기들의 만족과 즐거움이 충족되는 다른 패턴의 예배를 추구하게 되는 경향도 등장하게 된다. 포스트모던 시대의 해체주의적, 상대주의적 경향, 다원주의, 전통적인 가치관의 붕괴, 감각문화로 대표되는 문화 사회적 변화들은 예배 사역에 있어서 커다란 도전으로 다가오고 있다. 앞으로 주 5일제 근무가 일반화되면 한국교회의 예배 환경에는 더 많은 변화가 주어질 것으로 예견된다. 정보화로 대표되는 커뮤니케이션 환경의 변화, 교회의 위상의 변화 등은 예배에 대한 도전으로 다가온다. 실로 오늘의 문화 사회적 상황은 교회의 모든 것을 잠재우며 무기력하게 할 수 있는 요인으로 다가오고 있다.[8]

이러한 때에 요즘 예배 현장에서 흔히 듣게 되는 말이 바로 "예배 위기(worship crisis)", "예배 전쟁(worship war)"이라는 말이다.[9] 교회 외적으로는 여러 가지 문화 사회적인 변화와 함께 기독교 예배가 커다란 도전을 받고 있으며, 그로 인해 기독교의 예배는 위기를 경험하고 있다는 사실을 강조한 말이며, 교회 내적으로는 각 지역과 교파에 따라, 혹은 취향에 따라 다양한 예배 형태들이 제시되면서 마치 전투하듯이 논쟁을 벌이기도 하고, 새로운 경향들을 추구하기도 한다. 또한 교회는 세

York: Penguin Books, 1985).
8   김운용, 『설교의 새로운 패러다임』 (서울: 장신대 출판부, 2004), 32.
9   Ronald Byars, *The Future of Protestant Worship; Marva J. Dawn, Reaching out without Dumbing down: A Theology of Worship for the Turn-of-the Century Culture* (Grand Rapids: Eerdmans, 1995); Andy Langford, *Transitions in Worship: Moving from Traditional to Contemporary* (Nashville: Abingdon, 1999) 등을 참조하라.

상의 문화 혹은 문명으로부터 강한 영향을 받고 있는데, 그러한 영향과 함께 수백 년 동안 지켜온 예배 전통도 서슴없이 내려놓는 현상이 일어나고 있다. 그래서 예배의 경향이 점진적인 개혁의 양상(evolutionary pattern)에서 해체적이고 혁명적인 개혁의 양상(revolutionary pattern)을 띠고 있음도 사실이다.[10]

물론 이것은 교회 성장 운동과도 무관하지 않다. 예배를 새롭게 하려는 경향보다는 어떻게 하면 더 많은 사람을 불러 모을 것인지에 대한 관심이 더 중요한 이슈가 되었음을 부인할 수 없다. 문화적인 변화는 이러한 예배의 변화에 필수적인 요인이 되어 왔음이 사실이나, 그럼에도 이것은 오늘의 시대의 특징이라기보다는 수없이 있어 왔던 경향이었음을 인정할 때 또 다른 요인이 있었음을 알 수 있다. 특히 20세기 후반부터 이러한 경향들이 야기된 것은 서구와 북미 교회의 쇠퇴의 흐름과 맥을 같이 하고 있다. 그래서 바이어스는 이러한 경향은 목회자들의 염려와 불안감에서 시작되었다고 주장한다.[11] 원인이야 어디에 있었든지 간에 오늘의 예배 현장은 "전통적(traditional)" 예배를 드릴 것인지, 아니면 "현대적(contemporary)" 예배로 드릴 것인가에 대한 논쟁으로 양극화 되는 현상을 나타내고 있다. 소위 "예배 전쟁"으로 표현되는 이러한 흐름들은 오늘날 예배 현장이 안과 밖으로 도전을 받고 있는 상황에

---

10 Byars, *The Future of Protestant Worship*, 10.
11 위의 책, 10-11.

서 혼란을 야기할 수 있음은 주지의 사실이다.

III. 예배의 신학적 원리

예배를 새롭게 하려는 노력은 계속되어야 하지만 중요한 것은 '어떻게'가 중요한 요소이고, 그것을 결정짓는 잣대는 무엇이어야 하느냐가 선명하게 제시되어야 한다. 개혁은 언제나 원칙으로 돌아감을 내포하는 개념이다. 개혁은 언제나 단순한 어떤 형식의 변화에 있었던 것이 아니라 본질의 회복에 있었다. 예배 개혁도 바른 예배 이해로부터 시작한다. 예배 순서나 형식 몇 가지를 바꾼다고 해서 예배가 개혁되고, 새로워질 수 있는 것은 아니기 때문이다. 그러므로 중요한 것은 예배에 대한 바른 이해가 선행되어야 하며, 이것은 바른 예배드림을 위해 필수적인 요소이다.

기독교 예배는 언제나 분명한 신학적 기초를 가진다. 기독교 예배의 신학적 기초는 무엇인가? 다양하게 규정할 수 있겠지만 그 가운데 몇 가지만 정리해 보자.

첫째, 기독교 예배는 그리스도 중심의 원리를 갖는다. 이것은 성삼위 하나님이 예배의 대상이어야 한다는 말과 배치되는 의미가 아니라 하나님의 구원 역사의 완성인 그리스도 사건과 연관 속에서 행해진다는 의미이다. 예배는 예수 그리스도를 "다시 나타내는 것(re-presentation)"이다. 그리스도의 생애와 죽으심과 부활하심 그리고 다시 오심을 선포하고, 우리 안에서 다시 실행하는 것이다. 악에 대한 그리스도의 승리, 사탄의 역사는 이제 그리스도를 통해서 끝나게 되었으며, 새 하늘과 새 땅의 약속에 대해 경축한다. 예배는 "예수 그리스도 안에서 성취하신 하나님의 구원의 행동을 경축하는 것"이다.[12] 구약에서의 예배는 하나님의 구속사역, 특히 출애굽 사건과 깊은 연관을 가졌다면 신약의 예배는 그리스도 사건을 그 중심축으로 삼고 있다. 하나님의 구속 역사의 완성으로서의 그리스도의 사건─성육신, 탄생, 생애, 죽으심 그리고 부활하심─은 기독교의 예배의 이유였으며, 내용이 되었다. 그러므로 예배는 그리스도 사건을 경축하는 것(to celebrate)이다.

이것은 예배가 가장 근본적인 원리이며, 말씀의 예전을 통해 그리스도를 선포하며, 성만찬 예전을 통해 그리스도의 죽으심과 부활하심을 회상한다(recall).[13] 부활하신 예수 그리스도께서 두 제자들을 엠마오의 예배로 초대하셨을 때 주님은 말씀예전과 성만찬 예전을 배설하고 계심을 볼 수 있다.[14] 말씀의 예전인 설교는 그리스도의 사건을 "말하는 것(telling)"이며, 성만찬 예전은 그리스도의 사건을 행하는 것(acting out)

---

12 Robert E. Webber, *Blended Worship: Achieving Substance and Relevance in Worship* (Peabody: Hendrickson Publishers, 2000), 39.
13 Robert E. Webber, *Worship Is a Verb: Eight Principles for Transforming Worship* (Peabody: Hendrickson, 1992), 16.
14 눅 24장 참조. 이 말씀을 따라 로버트 웨버는 그의 최근의 책에서 예배를 "하나님의 임재 가운데로 나아가는 여정"으로 이해하면서 눅 24장의 골격을 따라 그의 예배 신학적 논의들을 개진하고 있다. Robert Webber, *Worship: Journey into His Presence* (Mansfield: Kingdom Publishing, 1999) 참조.

이다. 초대 교회는 예수 그리스도의 부활사건과 함께 시작된 예배 공동체였으며, 그리스도 사건을 말하는 것으로서의 말씀 예전과 행하는 것으로서의 성만찬 예전이라는 예배 형식과 구조를 따라 예배 골격을 세워나간다. 예배는 그리스도 사건을 통하여 성부 하나님을 찬양하고, 오늘도 구속사역을 완성해 가시는 성령님을 초대하는 행위였다.

이렇게 그리스도 사건은 예배의 성경적, 역사적 기초가 되었으며, 기독교 예배의 핵심이 되었다. 예배는 그리스도께서 우리 가운데 이루신 일들을 말하며(설교), 또한 그것을 행동으로 보여줌(성만찬)을 통해 과거의 사건을 현재로 끌어오는 것이기 때문에 언제나 경축의 특성(festivity)을 가진다. 여기에는 축제로서의 잔치가 가지는 여러 요소들을 포함하는데, "함께 나아오기, 이야기, 상징, 기억, 나눔, 관계 형성, 호의 베풂, 주고받는 요소들"이 그것이다.[15] 이렇게 그리스도 사건과 관련하여 예배에 가장 어울리는 단어는 그의 임재 앞에서 감격에 들떠 올려드리는 경축과 환호일 것이다.

두 번째는 기독교 예배는 경이감의 원리를 가진다. 하나님의 영광과 엄위(splendor) 앞에서 부복하고 감격하였던 사도 요한의 예배는 하나님께서 기뻐하셨던 예배의 원형으로 성경은 우리에게 소개한다(계 4장). 언제나 기독교의 예배는 경이감으로 시작되며, 경이감으로 채워져야 하고, 마음속에 경이감을 가득 채워 나갈 수 있어야 한다. 인간 삶에도

---

15 Webber, *Worship Is a Verb*, 23.

경이감이 사라질 때 문제가 되는 것처럼 예배에도 경이감이 사라질 때 예배는 냉랭해 질 수밖에 없다. 조직적으로 잘 구성되어 있고, 예배 순서들을 신학적으로 잘 정의하고, 그 내용을 항목별로 정리하여 잘 설명해 준다 할지라도 예배에 있어서 경외감이 사라져 버리면 기독교 예배는 생명력을 상실하게 된다.

기독교의 예배는 천지의 주재가 되시는 하나님을 묵상(contemplation)하는 가운데 경이감(wonder)과 경외감(awe)이 하나님의 나라를 향한 비전을 넓히고 널리 펼치게 하고, 또한 개념적 설명을 넘어, 우리의 이성과 이해의 차원을 훨씬 넘어서는 세계에 대해서도 마음을 활짝 열도록 하는 데 가장 중요한 역할을 하게 하는 "마음의 활동(exercise of the mind)"이다.[16] 이것은 그냥 노력해서 얻어내는 것이 아니고 우리가 하나님의 영광에 취하며 그분의 임재 가운데로 들어가게 될 때에, 정확히 표현하면 하나님의 임재 앞에서 서게 될 때에 주어지는 마음의 상태이다. 그렇다. 기독교의 예배는 언제나 무한의 처소에 계시는 하나님의 엄위(splendor)에 대한 경이감이 지배해야 한다.

세 번째는 예배에 있어서 하나님의 에토스(Ethos)의 원리이다. 예배자가 먼저 하나님이 어떠한 분이신지에 대한 바른 이해로부터 예배가 시작될 수 있다. "너희는 가만히 있어 내가 하나님 됨을 알찌어다(시

---

16 Geoffrey Wainwright, *Doxology: The Praise of God in Worship, Doctrine, and Life-A Systematic Theology* (New York : Oxford University Press, 1980), 437.

46:10)"라고 시편 기자의 권면은 이러한 원리를 잘 설명해 주는 내용이다. 예배의 시작이 인간 편에 있는 것이 아니고, 하나님의 행하심과 성품에 의해 지배된다는 사실을 알려주는 원리이다. 인간의 열심을 통해 예배가 시작되거나 완성되는 것이 아니라 하나님의 자기 주심(God's self-giving)을 통해 시작된다. 그래서 독일의 예배학자 피터 브루너는 이러한 예배의 특성을 '예배'라는 말의 독일어, Gottesdienst 라는 단어를 통해 설명한다.17 이 말은 "회중에 대한 하나님의 봉사"라는 의미이며, 기독교의 예배는 여기에서부터 시작된다고 이해한다. 이러한 하나님의 사랑의 섬김에 대한 인간의 응답으로 예배는 완성된다. 즉 하나님의 에토스에 대한 응답으로서의 인간의 파토스(human being's pathos)가 나타날 때 거기에서 예배가 시작된다. 이러한 측면을 폴 훈은 "그리스도 예수 안에서 자신을 보여주신 하나님의 계시와 그에 대한 인간의 응답"이라는 차원으로 설명한다.18 그러므로 진정한 예배자들은 시편 기자가 드렸던 고백을 감격 속에서 함께 드리게 된다. "사람이 무엇이관대 주께서 저를 생각하시며, 인자가 무엇이관대 주께서 저를 권고하시나이까?(시 8:4).''

네 번째로는 구속 역사의 회상의 원리이다. 예배는 그리스도께서

---

17 Peter Brunner, *Worship in the Name of Jesus* (St. Louis: Concordia, 1968), 125.
18 Peter Brunner, *Worship in the Name of Jesus* (St. Louis: Concordia, 1968), 125; Paul W. Hoon, *The Integrity of Worship* (Nashville: Abingdon Press, 1971), 77; Don E. Saliers, *Worship as Theology: Foretaste of Glory Divine*, 김운용 역, 『거룩한 예배: 임재와 영광에로 나아감』 (서울: 예배와 설교 아카데미, 2010), 1장 등을 참고하라.

한번 예물을 드리심으로 거룩해진 자들을 계속하여 완전케 하시는(히 10:14) "단번에(에파팍스)"에서 정점을 이루어진다. 성육신 하신 그리스도의 생애와 죽음과 영화에 의해 행해진 이 땅에서의 예배와 영광중에서 행해진 하늘의 예배를 포함한다. 예수님의 하나님의 계시일 뿐만 아니라 인간을 향해 허락하시는 하나님의 최고의 사랑의 선물을 전달하시는 분이시다. 그러므로 예배는 이러한 그리스도를 통해 허락하시는 구속의 은혜를 말씀과 상징, 그리스도의 신비의 성만찬을 통해 가시적으로 나타내는 것이며, 그러한 경축의 행위를 통해 현대인들로 하여금 하나님의 구원의 만남을 갖게 한다. 하늘과 땅에 있는 모든 것의 회상이 그리스도 안에 있으며, 그리스도 안에 있는 모든 것의 회상이 예배 가운데의 중심적인 순서의 하나인 성만찬 안에 있다. 여기에서 회상은 과거적인 사건과 현재적인 사건 그리고 미래적인 사건 속에서 이루어진다. 과거의 것을 끌어 당겨 오늘 여기에서 현재적인 사건으로 맛보게 되는 아남네시스(anamnesis)의 특성과 미래의 사건을 오늘 여기에서 미리 예견하고 선취하게 되는 프로렙시스(prolepsis)의 특징을 가진다.

다섯 번째는 그리스도의 임재와 청원의 원리이다. 주님은 성만찬을 제정하시면서 교회의 예배를 시작하셨다. 또한 예배 공동체를 향해 세상 끝 날까지 함께 하시겠다고 약속하셨으며(마 28:20), 두세 사람이 그리스도의 이름으로 모인 예배의 자리에 함께 하시겠다고 약속하셨다(마 18:20). 이렇게 예배 가운데서 그리스도의 임재는 주님이 친히 약속하신 것이며, 이 임재의 약속이 예배를 예배되게 한다. 예배 공동체인

교회나 그 구성원들인 그리스도인들은 이 임재를 그들의 임의대로는 나누는 것이 아니라 경축한다. 다시 말해 교회는 "임재의 제조자"가 아니며, 예배 가운데 그리스도의 임재는 그분의 자유로운 행동이다. 교회는 이것을 유발하는 곳도 아니며 청원하는 곳이다. 그런 점에서 예배는 기도의 성격을 가지며, 청원적이다. 청원(epiclesis)으로서의 예배는 예배자들이 섬기는 주님의 임재가 자기들의 주관에서 되는 것이 아니라는 사실을 깨닫게 한다. 이 기도의 성격에 의해 기독교 예배는 주님의 행동과 자유 하심과 다스리심 앞에 문을 열어놓게 된다. 이것은 초대 교회로부터 예배는 예전적 청원(liturgical epiclesis)을 가지는데, 2세기경부터 사용된 마라나타(Maranatha) 기도와 성만찬 기도에서 그러한 특징을 찾을 수 있다. 성령님께서 예배에 강림하셔서 구원의 약속과 기대를 만들어 주시고, 그리스도의 실재적 임재와 교통을 확실하게 보증해 주시기를 요청하였던 간구가 마라나타의 기도였으며, 성만찬 기도는 성령 임재의 기도(Epiclesis) 뿐만 아니라 그리스도 임재의 청원인 감사의 기도에서도 찾을 수 있다.[19]

여섯 번째로 예배는 교회의 자기표현으로서의 원리를 가진다. 예배가 하나님의 현현(God's Epiphany)으로부터 시작된다면 그것을 경이감 속에서 맛본 예배 공동체는 세상 속에 그 하나님과 자신이 경험한 놀라

---

[19] 이러한 신학적 특성을 위해서는 Saliers, 『거룩한 예배: 임재와 영광에로 나아감』, 2부를 참고하라.

운 현현 경험을 드러내는 교회의 드러냄(Church's Epiphany)로 구분된다. 그러므로 교회는 하나님의 현현 속에 자신을 떨어뜨리는 수지적인 움직임(vertical movement)을 가질 뿐만 아니라 세상을 향해 자신이 경험한 놀라운 하나님 경험을 드러내는 수평적 움직임(horizontal movement)로 나타나야 한다. 예배에 의해(by), 예배 안에서(in) 교회는 세례 공동체로서의 그 자체를 나타내며 인식하게 된다. 이러한 점에서 교회는 예배를 통해 사도적, 선교적 공동체가 된다. 예배를 통해 교회는 세상과 구별되며, 세상을 향해 증거 할 복음을 지닌 사도공동체로서 자신을 인식하게 된다. 이것은 중세 교회가 "미사(Missa)"라는 개념을 사용한 것도 이것은 missio와 관련이 있으며, 해산(dismissal)의 의미를 예배의 마지막 부호로 사용한 것과도 관련이 있다. 이제 하나님을 향한 수직적 움직임을 시작으로 이제 수평적 움직임을 위해 해산해야 할 시간을 지칭하는 의미로 사용하였다.

일곱 번째로 예배는 종말과 미래 지향의 원리를 가진다. 근본적으로 예배는 종말론적 행동(eschatological act)이며, 하나님의 영광을 미리 맛보는 행동이다. 그리스도의 사건을 회상하고 요약하면서 예배자들은 과거에 허락하신 하나님의 놀라운 구속의 행동에 감격하고 찬양할 뿐만 아니라 그 모든 것의 완성으로서의 미래적인 사건에 초점을 맞추고 행해진다. 과거에 허락하신 하나님의 구원의 역사를 현재에서 경험하게 하고, 효과적이게 한다. 그것을 오늘에 경험하게 하면서 미래를 예시하게 하며, 미래의 사건을 오늘 여기에서 경험하게 하며, 효과적이게 한다는 점에서 종말론적인 현상(eschatological phenomenon)이 된다.[20] 기독교 예배와 기도의 핵심에는 언제나 하나님의 뜻과 예수 그리스도 안에서 가시화된 언약의 약속에 대한 간절한 청원의 성격을 가진다. 이것은 성만찬상 앞에 함께 모이는 행동의 본질적인 특성과 부활하신 주님을 경축하는 기독교 예배는 아주 초기부터 이렇게 종말론적인 특성 가운데서 행해진다. 기본적으로 예배일은 주일은 "제8일"로 알려지는데, 이것은 다가오는 하나님의 미래의 시간에 동참하는 것을 전제한다. 교회력, 세례, 성만찬, 설교, 기독교 장례식 등은 종말에 대한 특성과 깊은 연관을 가지고 있다.[21] 이렇게 기독교 예배는 본질적으로 "종말론의 예전적 프락시스(liturgical praxis of Eschatology)"이다.[22]

IV. 예배 형태의 역사적 발전

원시 기독교 공동체는 박해 가운데 있었으나 그들은 이러한 예배 원리를 따라 하나님의 구속의 역사가 완성된 날인 우리 주님 부활하신 날을 예배의 날로 정하여 모이기 시작했으며, 이러한 예배 신학적 원리를

20　Jean J. von Allmen, *Worship: Its Theology and Practice* (New York: Oxford University Press, 1965), 1, 3장 참조.
21　이에 대한 보다 상세한 내용은 Saliers, 『거룩한 예배: 임재와 영광에로 나아감』, 3장 참조하라.
22　위의 책, 52.

따라 각 시대의 교회는 나름대로 예배의 형태를 발전시켜 나간다. 언제나 예배는 문화적인 표현을 매체로 사용하는 점을 고려하면 그 지역의 문화적 특성을 따라 나름대로의 예배의 특성들을 만들어 나간다. 예배의 형태적인 측면에서 대략 네 가지의 흐름으로 정리해 볼 수 있겠다.

첫째는 로마 카톨릭 교회가 지향해 온 '그리스도 사건의 재연으로서의 예배'이다. 이것은 갈보리 십자가에서 행해진 예수 그리스도의 희생 제사를 다시 재연하는 것으로 예배를 이해하는 흐름인데, 여기에서는 주로 극화(enactment)로서의 예배이기 때문에 정교함을 중시하며, 구약의 제사와 같이 정확하게 준수되는 것을 중요하게 여긴다. 여기에는 특별히 화체설과 같은 성만찬 교리의 영향으로 신비적인 요소가 가미되는데, 사제가 "이것은 나의 몸이다(Hoc est corpus meum)"라는 말이 울려 퍼질 때 종이 세 번 울리면서 갈보리 희생제사가 재연되는 거룩한 순간에 이르게 된다. 이러한 예배 형태는 그리스도 사건의 극화적인 특성과 신비적인 요소를 간직하고 있으나 비성서적인 요소와 "미신적인" 경향으로 흐를 수 있는 가능성을 안고 있다.

둘째는 이러한 신비적인 예배 형태에 대해 반기를 들고 일어난 경향으로 이해를 추구하는 '이성 중심의 예배의 경향'을 들 수 있다. 이러한 경향들은 휴머니즘의 영향을 받아 인간 이성을 통한 이해에 강조점을 둔다. 뜻도 모르는 라틴어로 진행되는 예배가 아니라 자국어로 진행되는 예배를 그들은 추구하게 되었으며, 어떻게 회중들이 깨닫고 가게 할 것인가가 중요한 잣대가 되었다. 이러한 경향들은 종교 개혁자들에 의해서 진행된 예배 개혁에서 그 흐름을 찾을 수 있으며, 말씀의 선포가 예배의 가장 중요한 순서로 자리 잡게 된다. 무엇보다도 중세의 미신적인 예배를 새롭게 하면서 말씀 중심의 예배를 회복하게 했다는 긍정적인 평가를 받고 있다. 이러한 경향은 구텐베르크의 금속활자 발명과 함께 문자를 통한 커뮤니케이션의 시대, 17세기 계몽주의 영향으로 이성에 우위를 두는 지적인 흐름, 19세기 이후 과학적 방법론이 관찰과 사실을 중시하는 시대적 흐름과 더불어 다양한 지역에서 널리 주목을 받았던 예배 형태였다. 이러한 흐름은 기독교 예배의 문제점을 많이 회복하였다는 장점을 가지면서도 예배가 가지는 본래적 신비를 많이 상실하고 "지적인 기독교"로 전락시켰다는 비판을 받기도 한다. 이러한 흐름은 개신교의 보편적인 예배 경향으로 자리를 잡는다. 자유주의자들은 예배를 "하나님의 사랑에 대한 윤리적 숙고(ethical reflection)의 시간"으로 바꾸었고, 보수주의자들은 "복음에 대한 지적인 방어(intellectual defense)"에 집중하는 자리로 바꾸어 놓았다는 로버트 웨버의 비판은 이러한 경향이 가지는 예배의 약점을 잘 대변해 준다.[23]

셋째는 경험 중심의 예배이다. 이것은 이성 중심의 예배 경향에 대한 반발로 대두되었으며, 휴머니즘의 또 다른 차원인 인간의 감성적 차원에 강조점을 둔다. 이러한 경향은 경건주의와 경험주의적인 지적 풍토에서 태동되어 예배의 중심적인 목적은 살아 계신 하나님을 직접적

---

23 Webber, *Worship Is a Verb*, 24.

으로 체험하고, 하나님의 세계를 직접 경험하는 것에 예배의 초점을 맞추었다. 이러한 경향은 은사주의 예배와 오슌절 운동의 예배 형태를 강조한다. 여기에는 은사체험과 성령 체험이 강조되고, 또한 은사를 통한 치유 사역과도 연결된다. 이러한 경향은 너무 기독교의 예배를 감정적이고 경험적인 차원에 머물게 함으로서 인간의 정서적 만족과 충족에 예배의 중점을 두게 되는 경험주의에 빠질 수 있는 약점이 있다.

네 번째 경향은 참여와 만족을 추구하는 예배의 경향으로 이해해 볼 수 있다. 이것은 위에 언급된 전통적인 예배 경향에 대해 만족하지 못하면서 등장한 경향으로 회중들의 참여와 만족에 초점이 맞추어진다. 마치 소비자 중심주의와 같이 회중들의 욕구와 필요에 민감하게 반응하여 예배의 형식을 결정해 간다. 다중 매체의 등장으로 마치 "버라이어티 쇼(variety show)"와 같이 여기에는 다양한 매체가 동원되고, 회중들을 만족시킬 수 있다면 과감히 모든 형식을 파기한다. 이러한 유형으로는 "구도자 중심의 예배"나 "현대적인 예배(contemporary worship)" 등을 들 수 있을 것이다. 여기에서 복음전도의 특성이 강하게 가미되면서 예배의 중심성이 앞의 두 형태와는 크게 달리 사람이 자리를 잡게 되며, 예배의 본질(essence)에 대한 측면이 약화된다는 약점을 가진다고 할 수 있다.

V. 예배 회복/부흥을 위해

예배학자 마르바 돈은 세상적인 의미에서 본다면 예배는 언제나 "전적인 시간 낭비(a total waste of time)"이지만 하나님을 높이고 경배하기 위한 유일의 목적을 위해 하나님의 무한의 위엄 가운데 "전적인 잠입(a total immersion)"이 일어나게 된다면 그것은 세상 그 무엇과도 비교할 수 없는 "거룩한 낭비(royal waste of time)"라고 주장한다.[24] 하나님의 엄위가 우리의 마음을 가득 채우고, 우리의 기도와 찬양과 드리는 예배 순서 모두를 채움으로 말미암아 우리 속에서 거룩한 낭비가 일어남을 감격하고, 하나님의 백성들이 더욱 신실하게 하나님을 섬겨가며, 세상을 섬기는 예배 부흥을 꿈꾸면서 우리가 추구해야 할 것은 무엇인가?

그러한 작업을 위해 먼저 우리는 예배와 관련하여 21세기를 살고 있는 현대 교회가 안고 있는 문제점이 무엇인가를 찾아보아야 할 것이다. 오늘날 현대 교회에서 가장 큰 문제는 예배 신학의 부재를 들 수 있다. 이것은 신학교육에서부터 문제가 될 수 있다. 이론 신학에 대해서는 많은 시간과 강조를 두면서도 정작 신학교의 문을 나서는 사람들이 예배학 과목을 한 번도 수강하지도 않은 채 바로 예배 현장으로 나아간다. 물론 예배학 과목을 수강했다고 해서 다 되는 것은 아니지만 목회 사역의 가장 중요한 사역인 예배에 대해서는 신학적인 훈련이 되지 않은 사

---

[24] Marva Dawn, *A Royal Waste of Time*, 11.

람이 바른 예배를 세워나가기는 쉽지 않을 것이다. 그래서 현장에서 만나는 목회자들은 당장 써먹을 수 있을 예배 프로그램에 갈급해 있다. 언제나 예배 개혁은 예배에 대한 신학적 이해를 전제한다는 점에서 예배에 대한 연구가 병행되어야 할 것이다.

두 번째로 현대교회 예배 현장의 문제는 예배와 실용주의 만남에서 찾을 수 있다. 하나님의 교회는 계속해서 성장해야 하고 성숙해야 한다는 당위성을 가진다. 또한 교인들은 은혜로운 예배가 있는 교회를 찾고 있음에도 예배가 교인 수를 늘이거나 교회 사이즈를 늘이는데 필요한 "수단"이 되어서는 안 된다는 말이다. 예배는 무엇을 위한 도구가 될 수 없기 때문이다. 예배는 실용주의적인 방식(utilitarian way)으로 구성되어서는 안 된다. 예배의 목적은 교인수를 늘이기 위해서나 교회가 성장하여 성공적인 교회로 보이기 위한 것이 되어서도 안 된다. 오히려 예배를 위한 전적인 이유는 하나님이 예배를 받으셔야 할 가치가 있는 분이시기 때문에 드리는 것이어야 한다. 또한 하나님에 대한 어떤 새로운 사실을 얻어 내는데 유용하기 때문에 예배에 참석하는 것도 아니며, 영적인 어떤 사실을 깨닫기 위해서 참석하는 것도 아니다. 예배는 언제나 하나님의 영광과 광휘 안에 온전히 잠기는 것이라고 볼 때, 예배는 언제나 수단이 아니라 목적이 되어야 한다. 웨버가 말한 대로 예배는 "우리에게(to) 베풀어지거나 우리를 위해(for) 베풀어지는 것이 아니라 바

로 우리에 의해서(by) 드려지는 것이다."²⁵

　세 번째로는 예배자의 피동적인 자세와 예배 형식의 화석화를 들 수 있다. 예배는 예배 인도자들과 예배 순서들을 관찰하는 관찰자 이상이다. 그러나 언제부턴가 예배의 "승패"(?)를 목회자 한 사람에게 두는 것, 즉 목회자에 의해서 예배가 좌우되는 것처럼 생각하는 경향이 있다. 예배를 드리는 회중이 시청자와 별반 다를 바 없다고 여겨지는 것은 예배자의 기본자세가 잘못되어 있음을 보여 준다. 예배는 언제나 회중들의 능동적 참여가 전제되어야 한다. 이러한 관점이 소홀히 되면 자연히 예배자가 아니라 예배의 구경꾼으로 전락하게 된다. 앉아서 듣기만 하고, 구경하기만 하는 피동적인 존재로 만드는 예배의 특성은 기독교 예배의 본질적인 측면과 위배되는 내용이 된다. 회중들의 적극적인 참여는 순서를 나누어서 맡는다고 해서 해결되는 문제는 아니다. 예배자들이 구경꾼이 아니라 적극적인 예배자가 될 수 있어야 하며, 예배 기획자들은 철저하게 준비하는 자세가 필요하다. 언제나 동일한 예배 순서를 별 의미 없이 되 뇌이고 반복함으로서 신비와 경외감이 사라지고 있다는 사실 또한 지적하지 않을 수 없다. 지나친 친숙함(익숙함)에 지배당하는 자들 속에는 어떤 새로운 감동도 없고, 열망도 없다.

25　Webber, *Worship Is a Verb*, 17.

VI. 예배의 개혁과 바른 목회적 적용을 위해

이사야 시대에 잦은 예배를 바라보시면서 하셨던 하나님의 탄식, "나의 백성은 내가 아니라 우상을 예배하고 있다"라고 하셨던 그 탄식이 울려지는 시대 속에 우리도 서 있다. 이것은 예배 형식과 자세, 동기와 관련된 말씀임을 생각하면서 오늘 이 시대 속에서의 예배의 회복과 부흥이 목회의 중심이 되어야 할 것이다. 언제나 성경은 예배에 대한 하나님의 관심이 "바른 예배"였음을 인식한다면 우리 관심도 언제나 외적인 측면을 고려하기보다는 성령님의 감동이 있고, 하나님의 임재 가운데로 들어가게 되는 예배, 하나님의 신비 앞에서 뛰노는 그런 예배를 꿈꾸어야 할 것이다. 이를 위해서 목회자들은 먼저 예배의 중심성을 인식해야 한다. 교회의 가장 중요한 사명은 바로 예배이며, 모든 사역은 언제나 예배를 지향해야 한다. 이것은 믿음의 공동체가 그들의 모든 것을 함께 모으는 집중점이 되어야 할 것이다. 이 일을 위해서 교인들에 대한 예배 교육이 계속되어야 할 것이다. 예배는 모든 것의 기초이며, 모든 것의 동인과 동력을 제공해 주는 원동기와 같음을 인식할 때 목회의 가장 소중한 사명으로 여기면서 함께 자신을 훈련하고, 삶 속에서 하나님을 바로 섬기며 살려는 자기 훈련으로 이어질 때 우리 속에서 더 좋은 예배를 맛보게 될 것이다.

둘째는 예배의 본질(essence)에 바른 이해가 있어야 한다. 복음이 중요하기에 문화를 고려하고, 사람들의 취향과 필요성에 대해 관심을 기울이는 것이지만 언제나 예배는 그리스도 사건이 중심을 이루며, 오늘도 구원사역을 계속하시는 삼위 하나님의 활동이다. 그러므로 예배는 본질적으로 언제나 선교적일 수밖에 없다. 우상 숭배자들은 언제나 축복을 받기 위해서 예배하고, 초점은 언제나 자기 자신에게 고정되어 있다. 그들은 하나님을 예배하는 것도 자신의 유익을 위해서이다. 그러나 기독교 예배의 본질은 나 자신에게 초점을 맞추는 것이 아니라 무한 중심이 되시는 하나님에게 그 초점이 맞추어진다. 창조와 구속의 주가 되시는 하나님의 구속의 은혜 앞에 응답하며 나아가는 것이 예배의 본질이다. 예배는 우리가 하나님을 섬기기 전에 우리를 먼저 섬겨 주신 하나님의 거룩한 은혜 앞으로 부름 받아 나아가 응답함으로 시작된다. 기독교의 예배는 우리가 하나님을 섬기기 위해서 나아옴으로부터 시작되는 것이 아니라 하나님이 당신의 전부를 주신 사랑의 섬김으로부터 시작된다. 하나님이 인간의 몸을 입고 이 땅에 내려오셔서 구속의 대 드라마를 완성하시고 구원의 길을 열어주심에 대한 하나님의 자기희생이 예배의 출발점이다. 우리가 하나님을 섬기는 것이 아니라 먼저 하나님께서 우리를 위해 배설하신 잔치이며, 우리가 하나님께 드리기 전에, 하나님께서 우리에게 전부를, 가장 귀한 것들을 주신 은혜에 대한 감격으로부터 예배는 시작된다. 이것을 단 샐리어즈는 "하나님의 에토스(ethos)"라고 말한다.[26] 우리의 구원을 위해 하나님의 전부를 희생

---

[26] Saliers, 『거룩한 예배: 임재와 영광에로 나아감』, 1장.

하신 "하나님의 자기 주심" 그리고 은혜와 사랑 가운데 계속해서 인간과 만나 주시는 "하나님의 지기 계시", 이것이 기독교의 예배인 것이다. 그러므로 진정한 예배자들은 시편 기자가 드렸던 고백을 감격 속에서 함께 드리게 된다: "사람이 무엇이관대 주께서 저를 생각하시며, 인자가 무엇이관대 주께서 저를 권고하시나이까?(시 8:4)." 인간을 향한 하나님의 섬김으로부터 예배가 시작된다면 이에 대한 하나님의 사랑과 은혜에 대해 감격하여 드리는 인간의 섬김으로 예배는 완성되어진다. 부르너가 말한 대로, "하나님의 선물은 하나님께 대한 인간의 헌신을 불러일으키게 된다."[27] 여기에서 예배에 있어 가장 중요한 것은 예배자가 이 놀라운 사랑과 은혜 앞에서 갖게 되는 감격이다. 감격은 하나님께 대한 섬김으로 이어주기 때문이다. 이와 같이 기독교의 예배는 하나님의 에토스가 인간의 파토스(pathos)를 불러일으키며, 인간으로 하여금 열정을 가지고 하나님을 섬기게 해 준다. 기독교 예배는 인간 파토스가 가지는 하나님을 향한 간절함(vulnerability)이 설교와 성만찬을 통해 인간을 향한 하나님의 간절함이라는 에토스와 만나게 될 때, 변화와 능력의 예배가 된다. 그러므로 예배란 하나님의 자기 주심과 창조의 은총 앞에 감격으로 응답하여, 자기 드림의 행위가 예배인 것이다. 이렇게 이해할 때 예배에 대한 초점의 변화가 필요하다.

셋째는 목적 지향적인 예배가 아니라 그리스도 지향의 예배가 되어

---

[27] Brunner, *Worship in the Name of Jesus*, 125.

야 한다. 예배자들이 예배를 어떻게 이해하느냐에 따라 예배는 달라진 다. 예배를 가르침이라고 한다면 그 예배는 말씀을 가르치기 위한 긴 설교와 몇 가지 주변적인 순서로 구성될 것이다. 만일 예배가 찬양하는 것이라고 생각한다면 그 예배는 하나님의 초월성과 거룩성을 노래하는 찬양들로 채워질 것이다. 그들은 열광적이면서도 깊이 있는 찬양에 주력할 것이다. 예배가 가르침의 사건인가, 아니면 복음 전도의 시간인가? 예배가 찬송하는 시간인가, 아니면 다른 어떤 것을 하거나, 이 모든 것을 다하는 시간인가? 예배는 여러 가지 면으로, 다양한 측면에서 설명할 수 있는 행동이다. 성경적 예배는 가르침, 복음 전도, 하나님을 영화롭게 하는 것들을 표현한다. 문제는 이것들 중에 그 어느 것 하나에만 집중할 때이다. 예배를 통해 무엇이 이루어져야 하는가? 이것은 잘못된 질문이다. 예배를 통해 교육을 해야 한다든지, 복음을 전해야 한다든지, 치유의 역사가 일어나야 한다든지, 재미가 있어야 한다든지, 하나님을 높여야 한다든지. 이러한 목표를 이루기 위해서 예배 순서를 새로 조정한다. 이러한 목표 지향적 접근은 성경적 모습이 아니다. 성경적인 예배는 예수 그리스도를 다시 나타내는 것(re-presentation)이다. 예배는 그리스도의 삶, 죽음, 부활을 선포하고 행하는 것이다. 예배는 예수 그리스도 안에서 행하신 하나님의 구속행위를 경축하는 것이다. 이러한 점에서 예배는 목표 지향적 예배가 아니라 그리스도 지향적 예배이다. 그리스도가 예배의 중심이 될 때 예배를 위한 모든 목표들은 성취된다.28 그래서 쟝 쟈크 폰 알멘은 "예배는 하나님의 구원의 역사를 회상하며 요약하는 것(recaptulation of Salvation history)"이라고 했다.29

넷째로 말씀과 성만찬의 균형이 있는 예배이다. 구약에서도 예언자 전통과 제사장 전통이 존재하였다. 예수님께서 부활 후 처음으로 배설하신 엠마오의 예배도 말씀예전과 성만찬 예전이 그 중심 골격을 이루었다. 그것은 초대교회에서도 마찬가지였다. 사도의 가르침을 받으며 그들은 함께 떡을 뗐다. 그러나 오늘날 기독교 예배는 구약의 회당 예배와 유사한 형태를 취한다. 회당 예배는 주로 말씀을 가르치고 배우는 일이 중점적으로 이루어지는데, 그들이 회당 예배에 참석하여 기대하는 것은 구약의 말씀을 듣는 것이며, 그것을 위해 준비한다. 회당 예배는 바벨론 포로기에 어쩔 수 없는 상황 때문에 시작되었다. 그것은 그 후에도 주로 가르침을 위한 장이 되었다. 한국 교회에는 구약이나 예수님과 제자들의 전통보다도 회당예배의 전통이 강하다. 이것은 초창기 교역자가 없던 어쩔 수 없는 때에 말씀 중심의 예배를 드린 것이나 미국의 변방 예배에서 어쩔 수 없는 상황에서 이루어진 것인데 그것을 마치 전통처럼 고수하고 있다. 이것은 미국의 부흥 운동기에 이루어진 집회 스타일의 예배에서 은혜를 받은 선교사들이 한국 교회에 전해 준 예배 전통이었고, 이것은 마치 기독교의 전통처럼 굳어져 있다.

28　Webber, *Blended Worship*, 3장 참조.
29　Von Allmen, *Worship*, 21.

그러나 성만찬은 예배의 소중한 기둥과 같은 부분이며, 예수 그리스도의 죽으심과 부활을 재현하며, 재림 대망과 종말론적 선취의 사건이 된다. 이것은 성만찬이 가지는 가장 기본적인 특성인 아남네시스(anamnesis)와 프로렙시스(prolepsis)의 개념을 잘 설명해 주는 요소이다. "이것을 행하여 나를 기념하라"는 예수님의 부탁은 그분이 행하신 구원의 역사를 회상(아남네시스)하라는 의미였고, 제자 공동체는 그 명령을 따라 매 주일 모일 때마다 주님께서 허락하신 놀라운 구원의 사건을 오늘 여기에서 맛보는 아남네시스를 이루어 간다. 또한 고난과 핍박 가운데서 주님의 재림과 파루시아를 기다리면서, 그 나라의 영광과 하나님의 다스리심과 광휘를 오늘 여기에서 선취하는 교회의 소중한 경험이며 사건이었다.

그러나 예배에서 성만찬은 중세기부터 왜곡되기 시작하였고, 이것을 바르게 개혁하려는 종교개혁자들 가운데서도 츠빙글리와 같은 급진적 학자들은 이것을 아예 축소시키거나 거부하는 경향을 띠게 된다. 이것은 19세기 미국의 부흥기 집회 스타일의 예배에서 절정을 이루는데, 소위 변방 예배에서 이것은 중심적인 특성을 이룬다. 집례 할 목회자도 없었거니와 복음전도자들에게도 성만찬을 베푸는 것보다는 복음을 전하여 한 사람이라도 더 예수님을 믿게 하는 것이 더 시급하고 중요한 일이라고 생각했기 때문이다. 이러한 집회 스타일의 변방 예배에서 은혜를 받고 열악한 한국 땅에 온 선교사들도 동일한 특성을 취하게 되었다. 그 결과 한국 교회 예배는 마치 성만찬 없는 예배가 정상적인 예배인 것처럼 취급되게 되었다. 성만찬은 괜히 예배만 길어지게 하는 시간만 잡아먹는 행사 정도로 인식하게 되는 결과를 낳았고,[30] 기형적인 예배가 정상인 것처럼 인식되고 말았다. 그러므로 성만찬의 회복과 예배에서 설교와 균형을 이루는 예배는 한국교회 예배 개혁의 중요한 한 장이라고 할 수 있을 것이다. 말씀과 성만찬은 상호 보완적이어야 하며, 균형을 이루는 예배가 되어야 한다는 점에서 "균형적 상보 관계"라는 특성을 가진다.[31] 성만찬은 말씀 사역을 풍부하게 하고 보호하는 역할을 할 뿐만 아니라, 구체화된 복음의 본질적인 요소이다. 그러므로 설교는 성만찬에 의해서 보완될 뿐만 아니라 완전케 하는 요소가 된다.[32] 우리는 여기에서 성만찬 시행에 있어서 성만찬이 간과되어서는 안 될 중요한 요소임을 기억해야 하지만 '얼마나 자주'에 중점을 두기보다는 '얼마나 의미 있게'라는 차원에 더 중점을 두어야 한다.[33]

다섯째로 삶의 예배와 증인의 삶으로 이어지는 예배이다. 예배는 전도가 아니다. 예배를 통해서 불신자를 전도하고, 그들이 복음을 듣게 하려는 구도자에 민감한 예배(Seeker-sensitive worship)는 한국 교회에도 큰 반향을 일으키고 있다. 잃어버린 영혼을 구원하는 일은 아무리 강조해도 지나침이 없지만 예배를 전도와 동일시해서는 안 된다. 전도는 불신자를

---

30 조기연, 『한국교회와 예배 갱신』 (서울: 대한기독교서회, 2004), 163-64.
31 김순환, 『21세기의 예배』 (서울: 대한기독교서회, 2003), 74.
32 Charles Rice, *The Embodied Worship: Preaching as Art and Liturgy* (Minneapolis: Fortress Press, 1991), 24-25.
33 김순환, 『21세기의 예배』, 50.

위한 것이지만 예배는 하나님을 위한 것이다. 어떻게 하면 현대인들에게 예배가 더 흥미진진하도록 만들 수 있을까? 우리의 예배가 교회 밖의 사람들에게 호소력이 있게 하려면 어떤 형식의 음악을 사용해야 할 것인가를 묻는 것은 예배와 전도를 혼동한 결과에서 나오고 있다. 이러한 혼동의 결과 교회의 예배는 "종교적 서비스를 제공하고 상품을 파는 노점상"으로 전락하게 되었다고 마르바 돈은 주장한다.[34] 그러므로 참된 교회가 된다는 것은 단순한 종교 구매자들의 집합이 아니라 우리를 불러 하나님의 백성으로 삼으신 하나님의 놀라운 소유가 되었음에 감격하며 그분 앞에 선다는 것을 의미하고, 이제 복음을 통해서 자유자가 된 사람들은 하나님을 영화롭게 하는 예배와 삶을 사는 존재들이다. 그래서 돈은 예배는 하나님이 마땅히 받으셔야 할 친밀하고 참여적인 행동이며, 예배와 전도를 혼동하는 것은 하나님이 마땅히 받으셔야 할 것을 빼앗는 행위로 규정한다. 초대교회의 예배는 모이는 것에서 만족하는 것이 아니라 이제 증언의 삶을 향해 흩어진다. 이제 복음을 통해 하나님의 다스리심을 선포하면서 세상을 섬기기 위해 나아간다.

마지막으로 회중의 참여와 역동성이 있는 예배가 되어야 한다. 초대교회가 회중들의 적극적인 참여가 있는 예배로 특징 지워진다면 중세교회는 예배 가운데서 회중의 소외를 자아낸다. 예배 언어도 자국어가 아니라 라틴어로 드려졌으며, 예배의 거의 모든 순서를 회중에게서 빼

---

34 Dawn, *A Royal Waste of Time*, 9장 참조.

앗아 사제에게 귀속시켰다.[35] 제2차 바티칸 공의회 이후 로마 가톨릭교회는 이러한 문제점들을 대폭 개선해 가고 있다. 그러나 개신교회의 예배는 여전히 회중들을 관람자로 만들고 있음을 부인하기 어렵다. 작금에 제시되는 현대적인 예배는 회중의 참여를 적극 고려하고 있지만 회중들을 관람자의 위치에 앉게 하였다는 사실도 지적사항으로 대두되고 있다. 그러므로 사역자는 어떻게 회중들로 하여금 적극적인 예배 참여자가 되게 할 것인지를 강구해야 한다. 회중의 적극적인 참여는 예배의 역동성(dynamic)을 가져온다. 현대적인 예배가 추구하는 것이 이러한 예배의 역동성이라면 전통적인 예배(traditional worship) 경향이 추구하는 예배의 본질 회복이라는 측면은 서로 분리되는 요소가 아니라 통전적으로 이해해야 할 요소이다.

VII. 갈보리교회 예배에 대한 현상적 고찰

한 교회의 예배와 예배 영성을 평가하는 것은 쉬운 작업이 아니다. 본인은 갈보리교회에 속해 있는 교인이거나 섬기는 교역자가 아니기 때문에 그 일은 더 불가능한 일로 보인다. 그래서 이러한 작업은 참여 관찰적인 방법을 통해 현상적 고찰을 할 수밖에 없는 한계를 가진다.

---

35 김순환, 『21세기 예배론』, 30.

현재 정기예배는 주일예배는 4부로 드려지고 있고, 영어예배와 젊은이 예배가 별도로 드려지고 있다. 교회학교 학생들을 위한 예배는 1부 장년예배 시간부터 이와 동일하게 교육부 예배가 드려지고 있고 지체장애우를 위한 사랑부예배는 3부 예배 시간과 동일한 시간에 드리고 있다. 주중에는 수요기도회가 오전과 저녁으로 드려지고 있으며, 월요일부터 토요일까지 새벽기도회가 드려지고 있다. 현재 주일예배에는 약 만여 명의 성도들이 예배에 참석하고 있다.

갈보리교회 예배는 전통적 예배 형태를 취하고 있으며 말씀 중심의 예배로 드려지고 있다. 성찬식의 경우는 연 4회 주일예배에서 가진다. 전체적으로 예배는 짜임새가 있고 무언사회로 진행되면서 전체 예배는 약 1시간 정도 소요된다. 대략적인 예배순서는 차임으로부터 시작하여 예배의 부름, 찬양대의 개회송, 영광송으로 1장(만복의 근원) 찬송이 드려지고, 인도자의 기원과 함께 신앙고백이 사도신경으로 드려진다. 그리고 경배의 찬송이 드려지며, 인도자가 대표하여 드리는 목회기도가 있고, 회중 찬송이 드려진 다음에 성경봉독이 주어진다. 그리고 찬양대가 실내악단과 함께 찬양을 올려드린 후에 대략 30분 정도의 설교가 주어지고, 설교 후 기도와 봉헌과 봉헌기도로 이어진다. 봉헌시간에는 특별 찬송이 주어지는 동안 봉헌이 이루어지고, 이어서 담임목사의 봉헌기도가 주어진다. 봉헌기도에는 간략한 교회소식이 주어지는데 주로 해외 선교소식이 주를 이룬다. 그 후에는 주기도 찬송이 드려지고 축도와 찬양대의 송영으로 예배가 마치는 구조로 매주 드려진다.

예배 인도는 주로 부목사들이 맡고 있으며, 목회기도와 성경봉독 등이 이루어짐으로 짜임새와 일관성 있게 드려지는 장점이 있다. 가운은 착용하지 않으면서도 목회자는 인도자와 설교자 모두 성직자 셔츠를 착용하고 있었고, 성찬 집례 시에는 붉은 색 스톨을 양복 위에 두르고 성찬을 집례하였다. 예배는 무언 사회로 진행되어 군더더기가 없고 물 흐르듯이 진행되는 장점이 있었으며, 시종 경건하고 엄숙한 분위기로 진행되었다.

교회 전반적인 사역과 관련해 볼 때 갈보리교회는 예배 중심의 교회이며, 그 예배의 영성을 가지고 섬김과 나눔의 선교적 사명 수행에 강조를 두는 교회이다. 예배 중심의 교회는 이제 선교적 교회(missional church)를 지향한다. 그래서 매주 예배 때마다 선교지의 소식과 기도제목, 선교와 관련한 담임목사의 사역이 소개되고 있으며, 종종 돕는 선교사들을 강단에 초청하여 선교 보고를 겸한 말씀을 청해 듣기도 한다. 2010년 7월 현재 갈보리교회는 47개국의 선교사와 현지 사역자를 돕는 사역을 감당하고 있고, 국내 협력선교지도 100여 곳에 이르고 있다. 여타의 교회와 같이 남녀 선교회가 운영되고 있으며, 해외선교회와 군선교를 담당하는 기드온 선교회 등의 6개의 목적별 선교회가 있고, 녹음봉사회, 점자 봉사회 등 9개의 특별 봉사회가 운영되어 선교와 봉사를 주도적으로 실천해가는 교회이다.

오늘날의 교회는 그들을 부르셔서 하나님의 교회를 이루게 하시는 분, 그 하나님 안에서(within), 그 하나님으로부터(from) 기인된 하나님의 일들이 성도들의 삶에서 중요한 일이 되고 있지 않다는 데서 가장 커다란 문제가 되고 있다. 만일 그렇게 된다면 아무리 아름다운 것들이 그 자리를 채우고 있다 할지라도 그곳에서 교회는 생명력을 얻을 수 없게 된다. 그러므로 올바른 교회에 대한 이해는 크래이그 다익스트라(Craig Dykstra)가 말한 대로, "상호 자멸의 상태(patterns of mutual self-destruction)"에 대한 인식으로부터 시작되어진다.[36] 우리의 이야기나 비전, 믿음의 언어들이 그 자멸의 상태를 달리 할 수 없으며, 세상의 어떤 것도 그러한 운명을 극복할 수 있을 것이라고 보장해 주지 못한다. 그러나 이런 운명 가운데 놓인 교회는 "예배 안에서 하나님의 백성들로서의 회중이 되며, 예배를 통하여 궁극적으로 망할 수밖에 없던 상호 자멸의 본질이 하나님이 관심하시는 구속의 대상이 된다."[37] 그러므로 예배는 교회가 그 본질을 넘어서게 하는 가장 중요한 일이 되며, 자신을 주목하는 것이 아니라 자신을 넘어 하나님을 가리켜야 하는 가장 중심적인 일이요, 사건이 된다.

이러한 점에서 예배는 교회를 새롭게 하며, 교회를 형성한다. 교회는 예배를 통해 교화되고 개발되어 간다. 만약 이런 일들이 예배 가운데서 일어나지 않는다면 다른 어느 곳에서도 일어나지 않게 된다.[38] 진정

---

36 Craig Dykstra, "The Formative Power of the Congregation," *Religious Education*, vol. 82, no. 4 (Fall 1987): 532.
37 위의 책, 540.
38 Karl Barth, *Church Dogmatics*, vol. IV/2 (London: T & T Clark, 2004), 638.

한 교회는 예배를 통하여 끊임없는 동력을 얻게 되며, 이러한 동력은 과거를 돌아보게 하고 현재를 바로 보게 하며, 미래를 창조하는 동력이 된다. 이러한 새로운 동력을 부여하는 교회의 예배는 교회를 형성하고, 교회의 신학을 형성해 간다. 이러한 점에서 에모리 대학의 교수인 단 샐리어즈는 기독교 공동체 속에서 계속해서 하나님을 예배하는 것은 "신학의 표현 양식"이라고 주장한다.[39] 다시 말해서 예배는 믿음의 고백과 형태를 결정짓는 요소가 된다는 말이다. 이렇듯 예배는 신학적인 행위이며, 초대교회 이래 예배는 신학을 형성해 왔고, 신학은 예배의 형성에 영향을 주어왔다. 이러한 신학은 교회를 형성하며 지배해 왔다.

이 점에서 개혁신학의 대가인 버지니아 유니온 신학대학의 교수였던 존 레이스(John H. Leith)도 말하기를, 개혁교회 전통에서 "예배는 신학적이고 윤리적인 확신들을 표현하며(express), 그러한 확신들을 형성한다(shape)"[40]고 주장한다. 여기서 현대 예배학의 중심 주제중의 하나인 lex orandi(기도의 원리), lex credendi(믿음의 원리)가 나온다. 즉 하나님을 어떻게 예배하고 섬기느냐 하는 "기도의 원리"는, 무엇을 믿고, 무엇을 고백할 것인지의 "믿음의 원리"를 지배한다.[41] 갈보리교회는 예배에

---

39 Saliers, 『거룩한 예배: 임재와 영광에로 나아감』, 15.
40 John H. Leith, *Introduction to the Reformed Tradition: A Way of Being the Christian Community, Revised Edition* (Atlanta: John Knox Press, 1981), 174.
41 이러한 예배와 신학의 관계성은 초대 교회로부터 "기도의 원리(lex orandi)는 믿음의 원리(lex credendi)이다"는 명제가 본래적인 공식 서술을 통해 표현되곤 했다. 즉 어떻게 예배하는가 하는 원리가 신학적 원리들(principles)을 결정짓는다는 것이다. 이에 대한 보다 자세한 설명은 Kevin W. Irwin, *Context and Text: Method in Liturgical Theology* (Collegeville: The Liturgical Press, 1994), Part I/ Chapter 1을 참조하라.

대한 뜨거운 관심(lex orandi)과 교회의 다이내믹 그리고 부흥(lex credendi)
은 상호 깊은 연관성을 가지고 있음을 발견하게 된다.

예배가 침체되는 순간 교회는 침체되며, 예배가 새로워지는 순간 교회는 새로워지고, 예배가 생동감이 넘치는 그 순간 교회는 생동감이 넘치게 된다는 확신은 갈보리교회의 목회자들과 성도들이 함께 공유하는 고백이요, 확신이다. 이렇듯 예배는 기독교 공동체의 삶에 있어서 그 중심(heart)에 속한 것이며,[42] 교회의 생명력(vitality)을 새롭게 하는 자리이다. 이렇듯 하나님의 교회가 가지는 사역 가운데 예배는 하나님을 섬기고 경배를 통해 영광을 돌린다는 점에서도 그렇고, 성도들을 교화시키며, 새롭게 한다는 점에서 가장 소중한 것이 된다. "전통과 형식에 매여 생기를 잃어버리고 경직된 하나님의 백성들을 소생시키는 것(revitalize)"[43]은 교회가 가지는 사명 중의 하나이다. 교회 설립 이후 갈보리교회는 이러한 사명을 충실하게 지켜온 예배 공동체였다.

VIII. 나가는 말

여기에서는 예배 신학적 차원을 제시하면서 한 교회의 예배흐름을

---

42 Leith, *Introduction to the Reformed Tradition*, 174.
43 Hans Küng, *The Church* (Garden City: A Division of Doubleday & Company, Inc., 1976), 22.

간략하게 살펴보았다. 20여년의 역사를 가진 교회로서 갈보리교회는 특별히 말씀 중심, 예배 중심, 선교 중심의 교회로 건실하게 성장해 온 교회이다. 현재는 특정 교단에 소속되지 않고 독립교회로 아름답게 성장해 온 교회이다.

언제나 부흥은 그냥 오지 않는다. 이는 사역자들과 하나님의 백성된 사람들의 열망과 치밀한 준비를 통해서 은혜로 주어지는 선물이다. 하나님의 약속이 성취되고, 그분의 진리의 말씀이 밝히 드러나며, 그분의 사랑과 능력이 풍성해지는 예배 부흥을 위해 우리가 절박한 마음을 가지고 이 일을 감당할 수 있어야 할 것이다. 예배 부흥에 온 마음을 두고 살아갈 때 이 시대의 도전을 넘어서서 각 교회들마다에서 영광스러운 예배들이 회복되게 될 것이다. 감격과 환희가 있는 예배, 죄 사함과 치유의 감격이 있는 예배, 어려운 여건 속에 서있어도 뜨거운 감사와 고백으로 가득한 예배, 하나님이 이 땅에 전하기를 원하시는 말씀을 목숨을 걸고 외치는 뜨거운 말씀과 응답이 있는 예배, 불의한 재물이 아니라 마음 깊은 감사로 드리는 순전한 예물 드림이 있는 예배, 하나님의 성품에 온전히 참여하고자 하는 열망으로 가득한 예배, 예배가 마치고 나면 성급히 뿔뿔이 흩어지는 콘서트 같은 예배가 아니라 하나님의 임재 앞에 자리를 뜨지 못하고 잠잠히 서있는 경외심에 감격하는 예배, 하나님의 거룩한 신비의 가장자리에서 춤추는 예배, 더 좋은 것을 드리기 위해 마음과 정성을 함께 모으는 집중점으로서의 예배가 우리 속에 새롭게 회복되기를 바라는 열망으로 예배를 준비하고, 기획하고, 전심으로 예배하자. 우리 속에서 계속해서 새롭게 예배가 드려져야 하며, 그러한 예배를 위한 노력이 계속되어야 할 것이다.

로버트 웨버는 예배를 새롭게 하려는 노력은 예배를 위한 시간(교회력)의 배려, 복음에 대한 분명한 이해, 그리스도의 몸의 회복에 대한 교회의 경험, 사회 속에 하나님 나라의 선포를 위한 공동체로서의 확장, 회중 서로 간의 돌봄의 사역을 포함해야 한다고 주장한다.[44] 오늘도 예배의 부흥을 간절히 기대하며, 예배를 위해 헌신된 예배자의 열망이 필요한 때이다. 무엇보다도 갈보리교회는 그런 예배의 부흥을 꿈꾸고 있으며, 그런 예배를 위해서 헌신된 교회이며, 예배 중심의 교회에서 이제 선교적 교회로 끊임없이 발전해가고 있는 교회이다. 본질적으로 기독교의 예배는 계시적 특성을 가지고 있다. 기독교의 예배는 예배에 참석한 예배자들과 그들이 나아가는 삶의 자리에서 만나는 사람들과 세상으로 하여금 살아계신 하나님을 보게 하는 계시적 특성을 지향해야 한다. 하나님의 영광을 예배자들도 보아야 하고, 이제 그것을 맛본 예배자들이 나아가는 곳에서 세상이 함께 볼 수 있어야 한다. 그러므로 예배는 본질적으로 하나님의 세계를 보고, 보여주는 것이며, 우리에게 다가오시는 하나님의 미래를 세상으로 하여금 보게 하는 것이다. 이런 점에서 단 샐리어즈가 예배는 "종말론적 예술"이라고 하면서 예배자들과 예배 사역자들에게 권면하는 소리를 들을 수 있어야 한다.

---

44 Webber, *Blended Worship*, 5장 참조.

우리가 말할 수 있는 것보다 훨씬 깊은 언어로 말하고 찬양하기, 우리가 알 수 있는 것보다 더 깊은 믿음으로 함께 떡을 떼며 성찬식에 참석하기, 몸과 발을 씻고 씻김으로 우리가 같아가는 경험의 세계를 초월하여 더 깊은 세계 속에 속하며 살기, 우리 귀로 창조의 영광에 관해 온전히 취할 수 있는 것보다 더한 것으로 소리를 내어 찬양하기, 우리의 모든 것을 잘 알고 계시는 분의 빛 안으로 삶의 모든 것(현세적인 것, 공포감을 유발하는 것, 기쁨의 사건 그리고 세상에 대한 희망)을 가져가기, 우리가 상상했던 것보다 훨씬 더 놀라운 치유와 소망을 받아들이기 위해 말씀과 성만찬의 자리로 기쁨과 가슴 아픈 사건들을 가지고 나아가기, 바로 '이것이' 예배 공동체로 변형을 경험하게 하는 예배 예술의 역할이다.[45]

---

[45] Saliers,「거룩한 예배: 임재와 영광에로 나아감」, 343-344.

〈참고문헌〉

Barth, Karl. *Church Dogmatics*, vol. IV/2. London: T&T Clark, 2004.

Brunner, Peter. *Worship in the Name of Jesus* .St. Louis: Concordia, 1968.

Byars, Ronald P. *The Future of Protestant Worship: Beyond the Worship Wars*, Louisville: WJKP, 2002.

Dawn, Marva J. *A Royal Waste of Time: The Splendor of Worshiping and Being Church for the World*. Grand Rapids: Eerdmans, 1999.

Dykstra, Craig. "The Formative Power of the Congregation," *Religious Education*, vol. 82, no. 4. (1987).

Graham, Billy. *Just as I Am*. New York: Harper Collins, 1997.

Hoon, Paul W. *The Integrity of Worship*. Nashville: Abingdon Press, 1971.

Leith, John H. *Introduction to the Reformed Tradition: A Way of Being the Christian Community*. Revised Edition , Atlanta: John Knox Press, 1981.

Postman, Neil. *Amusing Ourselves to Death: Public Discourse in the Age of Show Business*, New York: Penguin Books, 1985.

Rice, Charles. *The Embodied Worship: Preaching as Art and Liturgy*. Minneapolis: Fortress Press, 1991.

Segler, Franklin M. *Christian Worship: Its Theology and Practice*. Nashville: Broadman Press, 1967.

Von Allmen, Jean J. *Worship: Its Theology and Practice*. New York: Oxford University Press, 1965.

Wainwright, Geoffrey. *Doxology: The Praise of God in Worship, Doctrine, and Life-A Systematic Theology*, New York : Oxford University Press, 1980

Webber, Robert E. *Blended Worship: Achieving Substance and Relevance in Worship*. Peabody: Hendrickson Publishers, 2000.

Webber, Robert E. *Worship Is a Verb: Eight Principles for Transforming Worship*. Peabody: Hendrickson, 1992.

Webber, Robert E. *Worship: Journey into His Presence*. Mansfield: Kingdom Publishing, 1999.

김순환, 「21세기의 예배」 서울: 대한기독교서회, 2003.

김운용, 「설교의 새로운 패러다임」 서울: 장신대 출판부, 2004.

조기연, 「한국교회와 예배 갱신」 서울: 대한기독교서회, 2004.

http://www.mecca.org/~crights/dream.html

이필재 목사의 설교 열두 편

사도행전 29장을 쓰는 교회

사도행전 1:1-8, 28:30-31

¹데오빌로여 내가 먼저 쓴 글에는 무릇 예수께서 행하시며 가르치시기를 시작하심부터 ²그가 택하신 사도들에게 성령으로 명하시고 승천하신 날까지의 일을 기록하였노라 ³그가 고난 받으신 후에 또한 그들에게 확실한 많은 증거로 친히 살아 계심을 나타내사 사십 일 동안 그들에게 보이시며 하나님 나라의 일을 말씀하시니라 ⁴사도와 함께 모이사 그들에게 분부하여 이르시되 예루살렘을 떠나지 말고 내게서 들은 바 아버지께서 약속하신 것을 기다리라 ⁵요한은 물로 세례를 베풀었으나 너희는 몇 날이 못되어 성령으로 세례를 받으리라 하셨느니라 ⁶그들이 모였을 때에 예수께 여쭈어 이르되 주께서 이스라엘 나라를 회복하심이 이 때니이까 하니 ⁷이르시되 때와 시기는 아버지께서 자기의 권한에 두셨으니 너희가 알 바 아니요 ⁸오직 성령이 너희에게 임하시면 너희가 권능을 받고 예루살렘과 온 유대와 사마리아와 땅 끝까지 이르러 내 증인이 되리라 하시니라.

³⁰바울이 온 이태를 자기 셋집에 머물면서 자기에게 오는 사람을 다 영접하고 ³¹하나님의 나라를 전파하며 주 예수 그리스도에 관한 모든 것을 담대하게 거침없이 가르치더라

사도행전은 예수 그리스도의 구원 사역이 끝나는 것을 시작으로 하는 성경입니다. 오늘 말씀에 나타나 있듯이 예수님은 마지막 부탁을 제자들에게 남기시고 그 자리에서 하늘로 승천하셨습니다. 이로서 인간의 몸을 입으시고 세상에 오신 메시아이신 예수 그리스도는 지상 사역을 마무리 하신 것입니다. 사도행전은 이렇게 마무리하신 예수 그리스도의 뒤를 이어서 그의 제자들이 어떻게 자신들의 사명을 수행하여 갔는가에 대한 자세한 기록을 보여줍니다. 이 성경을 기록한 사람은 누가입니다. 이 사람은 12사도가 아니며 유대인도 아닙니다. 비유대인으로 할례도 받지 않은 이방 사람에 속합니다. 이 사람의 여러 가지 능력이 성경에 잘 나타났는데 직업이 의사입니다.

또 글을 쓰는 저술가이며 여행을 잘 가는 여행가이고 전도를 열심히 하는 전도자로 나타나고 있습니다. 유대 나라 북쪽 지역 안디옥 출신으로 알려져 있으며 바울 선생과 동시대 사람입니다. 지금 가까운 거리에 있는 유대 나라에 빈번히 왕래하면서 예수님에 대한 모든 정보를 수집해서 누가복음을 기록하는 훌륭한 성서 기자이며, 또 다시 사도행전을 기록한 업적이 있습니다. 바울 사도와 아주 긴밀한 협조자가 되었는데 바울의 건강을 위해서 일평생 그를 따라다니며 그의 건강을 돌보아 주었습니다. 2차, 3차 바울 전도 여행 때 바울과 동행했고, 바울이 마지막에 잡혀 로마로 호송될 때에도 함께 간 사람이 됩니다. 바울이 로마 감옥에 있을 때가 A.D. 57-62년 사이가 되므로 이 사도행전은 A.D. 59-64년 사이에 기록된 것으로 추정합니다. 사도행전은 제목대로 사도들의 전도 여행에서 일어난 모든 일을 기록하고 있습니다. 전체 내용으로는 바울 사도의 전도 행적이 제일 많고 그 다음에 베드로의 전도 행적, 그 다음에 다른 사도들의 업적이 나타나고 있습니다. 오늘 성경말씀 마지막에 바울 사도가 로마에서 활동한 것으로 끝났다고 기록하고 있습니다. 이로서 바울의 시대는 끝이 나고 그 다음의 사도행전이 바울 후대의 사람들에게 넘겨졌습니다. 사도행전은 28장으로 끝났는데 그 이후 지금까지 기독교 역사를 계속 기록했다면 아마 29,000장을 써도 모자랄 것입니다. 그래서 사도행전 이후 기독교 역사를 의미적으로 사도행전 29장이라고 말하는 것입니다. 그래서 금년의 표어를 "사도행전 29장을 쓰는 해"로 정했고 사도행전 29장은 지금 우리들이 써가고 있는 중입니다.

오늘 말씀에 주님은 사도행전 29장을 써나가야 할 제자들에게 사역의 원동력을 약속하셨습니다. 그 약속이 무엇인지는 요한복음 14장에 나옵니다. "보혜사 곧 아버지께서 내 이름으로 보내실 성령 그가 너희에게 모든 것을 가르치시고 내가 너희에게 말한 모든 것을 생각나게 하리라." 나를 대신해서 성령님께서 너희와 함께 계실 것이니 그와 함께 사도행전 29장의 역사를 성취해 가라는 말씀입니다. 오늘 말씀에 다시 한 번 이 말씀이 나옵니다. 8절에 "오직 성령이 너희에게 임하시면 너희가 권능을 받게 되고 예루살렘과 유대와 사마리아와 땅 끝까지 이르러 내 증인이 되리라 하시니라." 예수 그리스도의 승천 이후 지금까지 세상에 이루어진 모든 하나님의 구원 역사는 성령님의 역사로 해석을 합니다. 그러므로 지금 우리들은 성경에 나타난 성령님 사역을 잘 이해하여야 이 세대에 하나님께 훌륭하게 쓰임을 받을 수 있습니다. 본문에 "땅 끝까지 이르러 복음을 전하라" 했는데 성령 충만이 이루어져야 그런 일을 할 수 있는 것이고 영적으로 권능이 있는 사람이 되려면 성령을 통해서만 가능하다고 예수님이 말씀하셨기 때문입니다.

이제 우리 갈보리교회는 세계 선교의 방향과 기초는 확실하게 마련되었습니다. 이제 이대로 보완작업만 계속 잘 해나가면 된다고 생각합니다. 2010년 몇 가지 계획이 마련되어 있습니다. 먼저 우리 교회 자체 내의 계획입니다. 제일 큰 계획이 제5교육관을 신축하는 문제입니다. 교육관이 계속 모자란다는 것은 교회학교가 발전한다는 증거입니다. 해마다 교육관 하나씩 늘려야 되는 것이 얼마나 큰 축복인가 생각하고 일을 시작하려 합니다. 그 다음에는 젊은 엄마들이 영아부 신설해 달라고 요청하셨습니다. 왜냐하면 엄마들이 아기들을 다른 곳에 두고 다니기 힘이 드니까 영아부를 신설해 달라고 요청하신 것입니다. 영아부가 뭐냐 하면 어린 아기와 엄마가 함께 예배드리는 부서를 말합니다. 그러기 위해서는 영아부 전문 전도사가 오셔야 하고 예배실이 필요합니다. 그래서 올해는 영아부를 계획하고 있습니다.

그 다음에 우리가 살고 있는 이 분당 지역에 판교라고 하는 신도시가 입주를 시작하였기 때문에 거기에 대비해서 제8교구가 이미 신설되어서 오늘부터 활동합니다. 그 다음에 영어 학원 개원입니다. 그동안 갈보리 프리스쿨에서 이중 언어로 교육을 시켜왔습니다. 원어민 교사

6명이 미국에서 오셔서 열심히 영어를 가르치고 계신데 아마 주변의 유치원들이 민원을 넣은 것 같습니다. "유치원에서는 영어 교육을 하지 못하게 되어 있는데 갈보리교회가 영어 교육을 하고 있다." 그래서 이것을 어떻게 처리하면 좋을지 알아봤더니 영어 학원을 개원하면 아무 문제가 없다고 관계자들이 조언을 주셔서 금년도에 갈보리교회 영어 학원 개원을 이미 신청해 마무리 단계에 있습니다.

그 다음은 사회봉사 지원으로, 제가 미국에서는 이 분야에 크게 지원을 했었습니다. 소년소녀 가장 돕기라는 것이 있습니다. 부모님 없이 소년소녀가 가장인 아이들의 교육 문제를 돕는 일을 계획하고 있고, 장애인 형제들을 위한 협력을 지금보다 좀 더 강화하려고 계획하고 있습니다. 각 부서와 봉사회가 실시하고 있는 협력 선교는 현상대로 유지할 것이며, 세계 선교는 파송 선교사를 200명 더 추가하려고 계획하고 있습니다. 선교지 계획 건축 지원은 금년에 20교회 건축을 계획하고 있습니다.

이런 모든 계획을 훌륭하게 마감하려면 우리 갈보리교회 안에 성령님의 뜨거운 인도가 계실 때만 가능합니다. 지금까지 이루어진 일을 평가하면 별 차질 없이 순조로운 진행이 이루어졌다고 볼 수가 있겠습니다. 그래서 1월 한 달은 성령님 사역의 중요한 부분을 조명하면서 2010년 새 역사 진행에 하나님의 축복을 기대해 보고자 합니다. 사도행전은 성령 사역에 대해서 아주 잘 알려주는 성경입니다. 성령에 대해서 알고 싶으면 사도행전을 잘 보면 됩니다. 오늘 1장에서 제자들에게 성령 충만 받을 것을 예언하셨는데 2장에 가서 성령 충만함을 받습니다. 그 다음에는 성령 충만한 사람들이 무슨 일을 했으며 행한 일에 어떤 결과가 나타났는지 모두 나옵니다. 한 마디로 이렇게 말할 수 있습니다. "하나님의 일 할 사람은 성령 충만하지 않으면 절대로 못한다." 이런 결론이 나옵니다.

미국에서 아주 지독하게, 가장 마지막으로 저주하는 욕이 있습니다. 평소에는 잘 사용하지 않습니다. "너 성령 받지 못하고 목사 해 먹어라!" 이런 소리입니다. 이것은 아주 지독한 욕입니다. 하나님의 일 하는 사람은 목사이든 집사이든 성령의 흐름, 성령 역사의 영적 흐름이 있어야 하나님의 일을 할 수 있습니다. 그런데 우리가 다 성령 충만하기를 소원하는 데 하나님은 어떠실까요? 하나님도 마찬가지이십니다. 하나님도 하나님의 모든 자녀들이 성령 충만하기를 기다리고 계십니다.

그렇다면 하나님의 소원과 내 소원의 합의점이 이루어졌는데 왜 그런 일은 어려운 것일까요? 그 이유가 성경에 나옵니다. 우리 하나님의 모든 백성들이 그렇게 열심히 가고자 하는 성령 충만의 길을 나보다 더 열심히, 더 큰 실력을 가지고 무섭게 방해하는 악령의 역사가 있다는 것입니다. 이 악령의 역사가 얼마나 무서운지 우리가 성경에서 깨달아야 합니다. 이것들을 잘 몰라서 성령 충만의 길을 못 갑니다. 마태복음 4장을 보세요. 예수님이 사역하시기 전에 제일 먼저 하신 일이 광야에 나가셔서 40일 금식기도하셨다고 했습니다. 그러면 하나님의 아들이 40일 동안 금식 기도했다면 그 영적 권능이 얼마나 충만한지 악령은 예수님이 무서워서 쳐다보지도 못해야 됩니다. 그런데 마귀가 어떻게 합니까? 예수님 곁에 찰싹 달라붙어서 예수님의 기도가 끝나길 기다리고 있었습니다. 그리고 기도 끝난 예수님을 초장부터 망가뜨리기 시작합니다. 1대1 정면 승부를 하려고 예수님께 달려들었습니다. 이렇게 생각하십시오. "갈보리교회가 앞으로 세계 선교를 한다." 그 즉시로 마귀가 달라붙습니다. "너희들이 성공하나 실패하나 한번 내기하자. 내가 어떤 방법으로라도 그것을 실패하게 할 것이다."

오늘 제가 2010년 교회 계획을 발표했습니다. 저는 이것을 6개월 전부터 기도를 하고 결정한 것입니다. 하나님이 기뻐하실 것이라고 결정했습니다. 마귀는 오늘부터 방해 공격합니다. 예수님도 무서워하지 않고 덤벼드는 마귀가 이필재 목사를 무서워하겠습니까? 집사님, 권사님이 무서워서 도망가겠습니까? 왜 무서워하지 않는가? 성경에 보면 마귀는 기본적 실력이 있습니다. 마귀는 예수가 누구인지 정확히 알고 있습니다. 하나님의 아들이라고 믿고 있습니다. 그래서 달라붙은 겁니다.

성경에 마귀 들린 사람들의 이야기가 있는데 예수님 일행이 멀리서 지나갔다고 했습니다. 멀리서 지나가기 때문에 우리 육안의 눈으로 형체만 보이지 그 얼굴은 분별할 수 없습니다. 그런데 마귀 들린 사람은 예수가 지나갔다고 금방 알아봅니다. 보통 사람들은 전혀 할 수 없는 초능력적 능력이 있습니다. 그런데 예수님이 가까이 오시니까 예수님을 향해서 뭐라고 그럽니까? 신앙고백을 합니다. "지극히 높으신 하나님의 아들 예수여!" 이 말이 틀렸습니까? 정확합니다. 사실 이렇게 교회를 오래 다니면서도 세례 못 받는 사람들은 이 고백에 자신이 없는 겁니다. '예수가 있긴 있다는데, 뭐가 되긴 된다는데 뭔지 잘 모르겠다.' 몰라서, 그것이 안 믿어지기 때문에 세례를 못 받는 것입니다. 하지만 마귀는 정확하잖아요? "예수가 누구인가? 지극히 높으신 하나님의 아들이다." 그래서 마귀보다 못한 영적 실력을 가지고 항상 조롱만 당합니다. 그래서 성령 충만하라고 하는 것입니다.

마귀의 예수 능력 인정이 성경에 나옵니다. "너 40일 굶으니까 배고프지? 이 돌로 떡을 만들어 먹어!" 떡 만들 수 있는 능력을 인정했기 때문에 시키는 겁니다. "왜 이렇게 배고프게 앉아있어? 먹고 배고픈 사람에게 나누어 줘. 그게 세상 사람들이 제일 좋아하는 거야. 그러니 빨리 그렇게 해. 무슨 하나님의 뜻을 행하고 인간을 구원한다고 해? 그런 소리 하지 마!" 유혹하잖아요? 예수님을 유혹하는 데 갖다 대는 것이 무엇입니까? 바로 성경말씀입니다. 성경말씀을 모두 압니다. 시편 92편을 갖다 대면서 "성경에 봐. 네가 만약 뛰어내리면 저가 너를 위하여 사자들을 명하시리니 저가 손으로 너를 받들어서 발이 돌에 부딪히지 않게 하리라고 성경에 기록되어 있잖아? 너 하나님 아들이지? 뛰어내리면 너는 신비해서 온 세상 사람들에게 인기인이 되고 모든 사람들이 너를 좋아하게 될 거야. 그러면 얼마나 좋으냐? 그렇게 세상에서 행복하게 살아. 모두 할 수 있잖아?" 예수님도 1대1 정면 승부를 내려고 달려든 악령이기 때문에 누구도 무서워하지 않고 달라붙어서 나로 하여금 하나님의 일을 못하게 방해하는 영의 역사가 있습니다. "너는 나만큼도 모르면서 네가 목사라고, 집사라고 떠들고…. 야, 까불지 마!" 막 조롱하는 겁니다.

데살로니가서에 보면 사람의 구성에 대해서 영과 혼과 육체라는 말이 나오죠? 우리 육체는 혼의 지배 즉, 정신 지배로 되어 있습니다. 정신세계에서 시키는 일을 우리 육체가 움직여서 합니다. 머리가 명령하는 것을 다 순종하잖아요? 만약 어떤 사람이 상식 밖으로 이상하게 굴면서 폭력과 난동을 부리면 사람들이 뭐라고 합니까? "어휴! 저 사람은 이성을 잃었어. 혼이 나갔어." 이런 말을 쓰잖아요? 이성은 영의 지배 밑에 있습니다. 하나님의 모든 창조물 가운데, 모든 생명체 중에서 인간에게만 허락하신 축복이 있습니다. 인간은 영적 존재입니다. 하나님의 형상이란 말입니다. 다른 동물들도 나름대로 생각이 있고 판단을 내리고 생명이 있습니다. 하지만 영은 없습니다. 인간들을 위해서 하나님이 마음대로 사용하라고 해서 동물들은 잡아먹을 수 있지만 인간은 영이 있기 때문에 살인하면 안 됩니다. 인간은 하나님의 형상으로 영적 존재라서 이 영이 건강하지 못할 때 악령의 영향을 받도록 되어 있어서 세상 사람들은 딱 두 가지로 구분이 됩니다. 성령의 인도를 받는 하나님의 자녀, 하나님 믿고 사는 사람이든지 아니면 귀신을 믿든지 이 두 가지입니다. "나는 귀신도 안 믿는다." 그 사람 믿고 있는 거 있습니다. 거짓말 하는 겁니다. 가끔 가다가 할머니, 할아버지들이 이상한 말로 중얼중얼하면 뭐라고 하십니까? "저 할머니 망령이 들어갔다." 그럽니다. 악령이 하는 일이란 뭔가? 인간이 소유하고 있는 하나님의 영의 역사를 내 영 가운데서 빼내 버리는 것입니다. 그리고 자기 영을 집어넣습니다.

신,구약 성경의 대표적 사건 하나씩 보겠습니다. 구약의 사울 왕 사건입니다. 이스라엘 나라가 위기를 만났습니다. 강대국 블레셋이 골리앗 대장을 앞세워서 쳐들어왔잖아요? 이제 이스라엘 나라는 죽을 수밖에 없게 되었습니다. 그런데 이때 다윗이 큰 공헌을 했습니다. 다윗이 물맷돌 가지고 나가서 골리앗의 이마를 깨뜨려서 쓰러뜨리는 바람에 구원이 됐잖아요? 그러니까 다윗은 국민적 영웅이 되었습니다. "다윗 때문에 이 나라가 살았다." 그래서 국민들이 모두가 다윗을 영웅시하니까 사울은 시기하게 되었고 그 틈을 타서 사울에게 악령이 들어갔습니다. 국가적 일등공신을 죽여 버리라고 명령했습니다. 그래서 13년 동안 다윗 죽이기에 나선 겁니다. 훈련이 잘 된 3천명의 군사를 풀어서 무슨 수를 써서든지 다윗을 찾아 죽이라고 했습니다. 제사장들이 '다윗 구명 운동'을 펼쳤습니다. "어떻게 해서든지 다윗은 살려야 돼. 다윗은 이 나라의 희망이야." 제사장들이 나서서 다윗 구명 운동을 하다가 발각되었습니다. 사울 왕은 하나님의 제사장 85명을 끌어다 단 칼에 목을 쳐서 모두 죽여 버렸습니다. 사울이 어떻게 그렇게 악해졌습니까? "사울이 악신이 들린지라." 그때부터 악신이 시키는 대로 하는 겁니다.

2천 년 전 세계 역사에서 노예는 상품이었습니다. 노예를 돈 주고 사고팔았습니다. 내가 돈을 지불하고 산 노예는 죽여도 아무 죄가 안 되었습니다. 노예 문화는 근세기까지 나타나 미국 같이 잘 나가는 나라도 링컨 대통령의 흑인노예 해방 전쟁까지 노예는 상품이었습니다. 모두 시장에서 사고팔았습니다. 내가 돈 주고 산 노예는 내 맘대로 해도 괜찮았습니다. 링컨이 죽은 해가 1865년이니까 근년의 역사입니다. 그런데 2천 년 전의 노예는 사고 팔 뿐 아니라 죽여도 괜찮았습니다. 가룟 유다도 잘 압니다. 예수님을 돈 주고 팔았잖아요? 그래서 돈을 지불한 사람도 양심의 가책 없이 예수님을 노예이므로 끌고 가서 죽인 겁니다. 그러면 그 시절 문화를 그렇게 잘 아는 똑똑한 가룟 유다가 어찌 자기 선생님인 예수님을 죽는데 내어주는 인신매매를 하였는가? 성경에 나와 있습니다. 누가복음 22장 3절 "열 둘 중에 하나인 가룟인이라 불리는 유다에게 사탄이 들어가니" 사탄이 시키는 대로 하는 겁니다. 악령의 역사는 이처럼 무섭습니다.

그러면 어떻게 악령의 역사를 물리칠 수 있을 것인가? '성령 충만' 밖에는 길이 없습니다. 그래서 지금 주님은 제자들에게 "성령 충만을 기다리고 성령 충만을 받으면 너희는 권능이 있어지고 땅 끝까지 복음의 증거자가 될 것이다." 이렇게 말한 것입니다. 교회는 항상 성령 충만해야 됩니다. 그래야 악령의 역사를 물리치면서 모든 일을 해결해 나갈 수 있습니다. 이 문제가 실제로 얼마나 심각한지 성경에 보면 알게 됩니다. 먼저, 예수님 말씀 중심으로 보세요. 누가복음 8장 12절 "길가에 있다는 말은 말씀을 들은 자니 이에 마귀가 와서 그들로 믿어 구원을 얻지 못하게 하려고 말씀을 그 마음에서 빼앗는 것이요" 내 속에 들어있는 하나님의 말씀도 마귀가 뺏어갑니다. 예수님이

하신 말씀입니다. 요한복음 6장 70절 "예수께서 대답하시되 내가 너희 열둘을 택하지 아니하였느냐? 그러나 너희 중에 한 사람은 마귀이니라." 예수님의 직접 선택을 받은 12사도 중의 한 사람이 마귀가 됩니다. 누가복음 4장 5절 "또 마귀가 예수를 이끌고 올라가서 순식간에 천하만국을 보이며"라고 했습니다. 마귀가 예수도 끌고 다닙니다. 그러니 누구를 무서워하겠습니까? 에베소서 6장 11절 "마귀의 간계를 능히 대적하기 위하여 하나님의 전신 갑주를 입으라." 갑옷을 입지 않으면 집니다. 베드로전서 5장 8절 "근신하라 깨어라 너희 대적 마귀가 우는 사자 같이 두루 다니며 삼킬 자를 찾나니" 잡혀먹지 않도록 조심해야 합니다. 요한계시록 2장 10절 "마귀가 장차 너희 가운데에서 몇 사람을 옥에 던져 시험을 받게 하리니" 마틴 루터가 지은 찬송가를 우리가 날마다 부르죠? "이 땅의 마귀 들끓어 우리를 삼키려 하나" 온 세상에 마귀가 가득하다는 말입니다. "마귀들과 싸울지라 죄악 범한 형제여 담대하게 싸울지라 저기 악한 적병과" 특공대가 되어야 마귀 이깁니다. 갑옷을 입지 않으면 집니다.

한국에 있는지는 잘 모르겠으나 미국에는 사탄 숭배자들 모임이 있습니다. 이 사람들은 악령 숭배자들입니다. 왜 미국과 같은 기독교 국가에 그런 모임이 생겼나? 기독교 국가이기 때문에 생긴 것입니다. 마귀가 달라붙는단 말입니다. "어떻게 하면 기독교 국가인 미국을 쓰러뜨릴까?" 마귀가 하는 일은 한 가지입니다. 미국 내에 예수 그리스도의 복음이 전해지는 것을 방해하기 위해 이 사람들은 일 년 내내 사업 계획을 열심히 하고 기도도 열심히 합니다. "우리 사탄의 왕이시여! 우리의 전능자시여! 하나님의 사도인 ○○○를 쓰러뜨려 주소서." 이름을 대가면서 합니다. 이들은 누구누구 이름까지 불러 가면서 1년 목표로 삼습니다. 풀러 신학교 교회성장학 교수 와그너 박사가 경험한 것을 학생들에게 말해서 다 퍼졌잖아요? 올해 일 년 동안 미국에 제일 크게 예수 그리스도의 복음 전하는 누구누구 목사를 망가뜨리기 위해서 1년 내내 기도하라고 사탄의 왕이 공문을 내려 보냈습니다. 세상 정말 무섭습니다. 성령 충만하지 않으면 악령을 물리칠 수 없습니다.

그래서 예수님이 말씀하시는 겁니다. 지금 제자들의 마음은 불안합니다. 두 가지 불안중입니다. 하나는 지금까지 3년간 모든 선교활동은 예수님이 다 하셨잖아요? 자기들은 따라다니면서 보기만 했습니다. 그런데 예수님이 가신단 말입니다. "그러면 우리들은 어떡해요?" 큰일 났습니다. 불안했습니다. 예수님 가신 다음에는 뿔뿔이 흩어져서는 아무 것도 안 된다.' 이렇게 생각하고 있었습니다. 그래서 "예루살렘을 떠나지 마라. 여기 있어." 당부하는 겁니다. 또 하나의 걱정은 그들의 기대감이 완전 무너졌지요? 허탈감입니다. "주께서 이스라엘을 회복하심이 이때입니까?" 오늘 물었잖아요? "그런 것은 너희가 알바 아니다." 아는 것도 없습니다. 제자들은 더욱 불안해졌습니다. 얼마 전에 예수님의 가장 고난스럽고 중요했던 순간에 제자들이 모두 다 도망쳤던 사실을 자신들이 알고 있었기 때문에 예수님과 우리가 지금은 함께 있지만 예수님이 가시면 우리는 또 그렇게 된다고 인정하고 있는 것입니다. 그러면 무슨 방법이 있는가? 그래서 주님은 "오직" 이것 밖에 없는 겁니다. "성령이 너희에게 임하시면! 다른 방법은 없으니까 그런 줄 알고 그때까지 예루살렘에서 기다려." 그리고 가신 겁니다. "성령이 임하시면 내가 함께 있는 것이다. 너희는 능히 권능자가 될 것이며 내가 부탁한 이 모든 일을 할 수 있는 승리자가 될 것이다." 저희들이 보는 곳에서 가셨다고 하셨습니다. 그러면 어떻게 되는 겁니까? 이후의 책임은 이 사람들입니다. 제자들은 주님의 말씀대로 성령 충만의 은사를 힘입었습니다. 그래서 사도행전 28장까지의 역사를 잘 끝냈습니다. 하지만 지금은 어떻게 됩니까? 우리 책임입니다. 29장은 우리 책임입니다. 사도들도 모두 없고 예수님도 하늘나라 가시고 이제는 우리의 책임입니다. 방법은 뭐가 있죠? 똑같습니다. 성령 충만입니다. 세상의 모든 일을 보면 어떤 사람이 창조적이고 건설적인 일을 계획하고 만들려고 할 때 수없이 많은 반대에 부딪히고 비난을 받고 실패를 경험하고 때로는 좌절감에 빠집니다. 그런데 그 모든 일을 경험하면서 굳세게 어떤 일을 이루어 놓은 후에는 그가 비난을 받으면서 이루어놓은 혜택을 세상이 받도록 되어 있습니다. 그래서 토인비 박사가 "세상을 행복하게 만드는 것은 창조적 소수이다." 그렇게 말했잖아요?

개척자는 외롭습니다. 우리나라 선교 역사를 보세요. 20대 청년 언더우드나 아펜젤러가 당시 세계에서 가장 많이 번영해 나가는 미국의 문명권 아래서 20대의 젊은 나이를 정말 재미있게 살 수가 있는데 이 고난스러운 한반도를 찾아와 그들의 일생을 모두 이곳에 바쳤잖아요?

저 정동에다 집 한 채를 얻어서 벽을 헐어 교실을 세우고 학생을 모집해서 학교를 하나 세웠는데 네 사람이 들어왔습니다. 이경남, 고영필, 이종훈, 이인탁이 그들입니다. 그것이 대한민국 최초의 학교인 배재학당이었습니다. 그런데 지금 어떻게 됐습니까? 대한민국이 교육 강국이 되었잖아요? 오바마 대통령도 한국의 교육을 본받으라 했잖아요?

갑신정변 때 개혁파, 수구파 전쟁에서 칼에 찔려 쓰러진 명성왕후의 조카 민영익을 아무도 살리지 못했는데 의료 선교사 알렌이 들어가서 금방 살렸습니다. "누가 살렸지?" "알렌이라는 사람이 살렸습니다." "그가 누구야?" "선교사입니다." "데려와라." 고종황제가 "앞으로 이 나라에서 선교활동 금지하지 마라. 마음대로 해라." 그래서 선교의 문이 고종황제 때 열린 것입니다. "당신 내 조카 살리느라고 수고했어. 그 좋은 기술을 보급해 줘." 10만 냥의 돈을 주어서 광혜원이라는 우리나라 최초의 병원을 세웠습니다. 바로 세브란스 병원의 원조입니다. 그래서 대한민국이 지금 어떻게 되었습니까? 의료 강국이 되었습니다. 개척자는 힘이 들지만 혜택은 수없이 많이 줍니다. 그분들이 쓰는 사도행전 29장을 보세요. 지금도 사도행전 29장은 계속 써가야 합니다. 지금 갈보리교회는 세계 선교라고 하는 사도행전 29장을 지금 써가고 있는 중입니다. 지금은 어렵고 고난스러운 일이 많이 있습니다. 그러나 우리가 쓰고 있는 이 사도행전 29장을 통해서 온 세상이 역사가 지난 다음에는 수없이 많은 행복과 혜택자들이 생길 것입니다. 개척자는 힘들지만 혜택자는 많아지는 것입니다.

아프리카 스와질란드에서 끈질기게 요청이 들어오고 있습니다. "이 곳에 의과 대학이 하나도 없습니다." 최초로 우리 갈보리교회 선교사에 의해서 의과대학이 지금 세워지고 있는데 끈질기게 조르고 있습니다. "이사장은 갈보리교회가 해주십시오." 지금 그것 때문에 기도 많이 하고 있습니다. 세계 신학교 4군데와 의과대학까지 합치면 5군데 대학이 지금 갈보리교회 헌금으로 운영되고 있습니다. 힘들고 벅찬 일이지만 누군가는 해야 역사가 이루어집니다. 먼 훗날 그 나라 사도행전 기록에 갈보리교회가 나타나도록 누군가는 해야 합니다. 2010년이 저는 이제 시작이라고 생각하고 있습니다. 기초를 다 놓았습니다. 우리 모두 온 세상을 향하여 사도행전 29장의 저자로, 또 장본인으로 하나님이 쓰시는 행동하는 교회가 되기를 바랍니다. 비유대인으로 사도행전을 기록한 누가와 같이 우리 모두다 비유대인이지만, 12사도도 아니지만 2010년도 변함없는 하나님의 은총으로 선교 사역을 해나가는 갈보리교회 모든 가정에 하나님의 크신 축복과 임재가 나타나기를 주님의 이름으로 축원합니다.

거룩하신 아버지 하나님, 창조적인 소수는 언제나 최대 고난을 겪는데 그런 사람들 때문에 이 땅에 하나님의 나라는 확장되고 대한민국은 그런 사람들 때문에 오늘의 번영과 행복을 가져왔습니다. 이제는 이 나라 정부도 발표한 것과 같이 받는 나라가 아니라 주는 나라가 되었습니다. 줄 수 있는 나라로서 하나님의 축복 속에 2010년이 시작되게 하여 주시옵소서. 우리가 선교비를 보내고 있는 현장에 갈보리교회가 쓰는 사도행전 29장의 역사가 이 한해에 아주 빛난 역사로 나타나게 하여 주시고, 이를 위해서 수고하는 모든 가정마다 아버지의 약속이 넉넉히 드러나는 축복의 2010년을 약속해 주시옵소서. 예수 그리스도의 이름으로 기도드립니다. 아멘.

기독교와 여성

누가복음 8:1-3

¹그 후에 예수께서 각 성과 마을에 두루 다니시며 하나님의 나라를 선포하시며 그 복음을 전하실새 열두 제자가 함께 하였고 ²또한 악귀를 쫓아내심과 병 고침을 받은 어떤 여자들 곧 일곱 귀신이 나간 자 막달라인이라 하는 마리아와 ³헤롯의 청지기 구사의 아내 요안나와 수산나와 다른 여러 여자가 함께 하여 자기들의 소유로 그들을 섬기더라.

예수 그리스도께서는 하나님의 인류 구원을 위해 특별히 하신 일이 있습니다. 제자를 선택하신 것입니다. 최초로 제자 선택을 받은 사람이 오늘 말씀에 간략히 기록되어 있습니다. 1절에 "그 후에 예수 그리스도께서 각 성과 마을에 두루 다니시며 하나님의 나라를 선포하시며 그 복음을 전하실 새 열두 제자가 함께 하였고"라고 했습니다. 베드로, 안드레, 야고보, 요한, 빌립, 바돌로메, 도마와 마태, 알패오의 아들 야고보, 다대오, 시몬, 가룟 유다 이렇게 열두 사람이 제자 선택을 받았는데 이들을 가리켜 "사도라 칭하시니라"라고 말씀이 나와 있습니다.

마태복음 마지막을 보면 예수님이 하늘나라로 승천하시기 직전 선택하신 제자들에게 마지막 부탁을 하셨습니다. 제자들에게 또 제자를 삼으라고 부탁하셨습니다. "너희는 세상 모든 민족으로 제자를 삼아 아버지와 아들과 성령의 이름으로 세례를 주고 내가 너희에게 분부한 모든 것을 가르쳐 지키게 하라." 제자된 자들이 또 제자를 삼는 사역의 연결을 예수께서 말씀하셔서 그때부터 지금까지 제자 사역을 통한 2천 년 교회 확장이 이어져 온 것입니다. 이 제자들의 헌신적 사역을 우리는 절대로 무시하지 못합니다. 예수님의 열두 제자 중 열 명이 순교자입니다. 가룟 유다는 자살했고 요한은 100세가 넘도록 목회하다가 자연사 하였습니다. 오늘 말씀은 1~3절로 아주 짤막한데 바로 이 교회 공동체 원리를 나타내 주고 있는 중요한 부분이 됩니다.

주님의 제자 사역을 크게 두 가지로 표현을 하는데 보이는 제자(Visible disciple), 보이지 않는 제자(Invisible disciple) 이렇게 두 가지로 나눕니다. 하나는 사도직 제자가 있습니다. 예수님의 열두 제자가 바로 사도직 제자에 속합니다. 이 사람들은 하는 일의 성격이 아주 분명합니다. 이 사도직 제자들은 보일수록 효과가 크고 안보이면 큰일이 납니다. 그래서 잘 보이게 하는 것이 사도직 제자의 성격입니다.

오늘이 주일입니다. 만약 사도직 제자인 목사가 약속한 시간과 정해진 장소에 이렇게 틀림없이 나타나야지 그렇지 않으면 온갖 잡음이 생깁니다. "어디 아픈가? 사고가 났나? 죽었나?" 별 소리가 다 나옵니다. 그래서 이 사람들은 어떻게든지 잘 보이도록 합니다. 오늘도 어디서나 이 강대상이 잘 보이도록 합니다. 요즘 세련된 교회에 가보면 강대상도 유리판 하나로 만들어서 설교자의 다리까지 다 보이기 때문에 다리 장난도 못하게 만들어 놨습니다. 그것을 바디 랭귀지(Body language)라고 합니다. 전체가 다 보이게 하는 것입니다. 어떤 교회는 모두 유리 기둥으로 세워놨습니다. 어느 교회에 가니까 이 강대상이 얼마나 큰지 제가 부흥회 가서 "교회에 이렇게 강대상이 큰 줄 알았으면 바지는 안 입고 와도 괜찮을 뻔했습니다." 농담을 할 정도였습니다. 이 보이는 제자는 사회에서도 보일수록 전도가 되고, 약속한 시간에 틀림없이 잘 보이도록 되어야 합니다.

성경에 그 증거가 있습니다. 출애굽 한 이스라엘 백성은 한 사람의 얼굴을 보고 음성을 들으며 민족 이동을 했습니다. 바로 모세입니다. 모세는 하나님의 영적 음성을 듣고 민중 앞에 나타나 백성들에게 날마다 하나님 말씀을 전달했습니다.

홍해 그림을 보세요. 홍해를 만났을 때도 백성들은 밑에 있고 모세는 언덕 위에 지팡이를 들고 높이 서서 막 소리를 지르잖아요? "여러분, 가만히 있으세요. 동요하지 마세요. 가만히 있어서 하나님이 하시는 일을 보세요." 이 사람은 항상 민중 앞에 뚜렷하게 나타나서 말을 합니다. 그리고 날마다 아침이면 "오늘은 하나님께서 이 방향으로 우리를 인도하실 것이니까 내 말을 듣고 나를 따르시오." 그러면 백성들은 모세의 얼굴과 음성을 듣고 모세를 따라 민족 이동을 하잖아요? 자고 깨면 모세의 모습을 보기를 원했고 또 보여야 했습니다. 그런데 시내산 밑에 왔을 때 모세가 약간 방심을 합니다. 그동안 보여주신 하나님의 능력이 넉넉하다고 판단을 한 것 같습니다. 무엇보다도 홍해 사건이 있었잖아요? 하나님이 바다를 갈라주시고 우리가 무사히 다 건너오고 애굽의 병사들을 다 물에 빠져 죽은 것을 모두 목격했으니까 이제는 하나님의 살아 계심에 대해서 백성들이 넉넉히 믿음이 생겼다고 판단을 해서 모세는 민중을 떠납니다. 그리고 조용히 하나님과 둘이 만나 이야기 하려고 시내산으로 기도하러 들어갔습니다. 하지만 그 후로 어떻게 되었나요? 보여야 할 사도직 얼굴이 안보이니까 폭동이 일어났습니다. "이것은 틀림없이 모세가 죽은 거야." 40일 동안 모세가 보이지 않으니까 사람들이 무엇을 만들었습니까? 금품을 거두어서 송아지 한 마리를 만들어놓고 "이것이 우리를 인도할 신이야"라고 합니다. 모세가 안보이기 때문에 보이는 대상을 만들어놓은 겁니다.

더 심각한 일이 있습니다. 예수님과 제자들은 3년 동안 공동체 생활을 했습니다. 같이 자고 같이 먹고 같이 돌아다녔습니다. 항상 예수님을 볼 수 있었습니다. 그래서 사역을 훌륭하게 했습니다. 그러다가 예수님이 십자가에 돌아가셔서 예수님의 얼굴이 3일 동안 보이지 않게 되었습니다. 그 후로 어떻게 되었습니까? 제자들은 다 흩어져 버리고 말았습니다. 하나님은 영적 지도자를 세우시되 사도직 성격의 사역자들에게는 영적인 능력을 더하셔서 민중이 바라보게 하시고 인도하시는 힘을 주시는데, 이것이 열두 제자로부터 시작된 것입니다. 그런데 이 사람들만 가지고는 하나님의 역사는 이루어지지 않습니다. 그래서 이 사도들을 도와주는 또 한 팀의 제자가 생긴 것입니다. "악귀를 쫓아내심과 병 고침을 받은 어떤 여자들 곧 일곱 귀신이 나간 자 막달라인이라 하는 마리아와 헤롯의 청지기 구사의 아내 요안나와 수산나와 다른 여러 여자가 함께 하여 자기들의 소유로 그들을 섬기더라."

이 여 제자들, 즉 봉사적 제자 혹은 청지기적 제자들이 있음으로 사도들을 3년 동안 훌륭히 일을 할 수 있었습니다. 사도들은 돈이 없었습니다. 하지만 이 봉사적 제자들이 자기들의 소유, 자기들의 재산을 털어서 이들을 섬겨주었기 때문에 초기 기독교 역사는 예수님 시대부터 잘 이루어졌음을 오늘 성경말씀이 밝히고 있습니다. 그래서 이들의 사역 특징을 보이지 아니하는 제자, Invisible disciple로 부르는 것입니다. 일은 많이 했는데 흔적은 안 남습니다. 이것이 봉사적 제자들의 성격입니다.

성경에 보면 이 여자들 가운데 특징 있는 이름이 몇 사람 나옵니다.

예수님을 도와주었던 살로메 여인은 예수님을 위해 일한 것이 많은 여자입니다. 우선 예수님의 어머니 마리아의 동생입니다. 자기의 두 아들 야고보와 요한을 예수님의 제자로 만들었습니다. 또, 꽤 살만한 가정이었기 때문에 예수님의 일행을 위해 재정적 후원자 역할을 했습니다. 그래서 자기는 충분히 공로가 있기 때문에 마지막에는 예수님께 요청했잖아요? "임금님 되시면 내 두 아들 야고보와 요한을 하나는 좌편에 하나는 우편에 앉게 해주소서."

그 다음에 마르다와 마리아 자매는 베다니에 살고 있는 나사로의 동생들로 나타납니다. 예수님께서 이 베다니 마리아 집은 휴식처 같은 역할을 해서 제일 많이 그 집에 심방을 가셨습니다. 성경에 나옵니다. 마르다는 예수님만 오시면 얼마나 분주히 음식을 만들었는지, 이것을 본받아 교회에 가보면 식당 일을 전문적으로 하는 마르다 봉사회가 있는 것입니다. 교회는 밥 먹을 일이 많고 모임이 많습니다. 그러니 식당에서 밥 하는 사람들이 있어야 합니다. "마르다 봉사회에서 이것을 하자." 그래서 항상 부엌을 책임지고 수고하는 사람들이 있었습니다. 그런데 그의 동생 마리아는 예수님이 오셨을 때 300데나리온의 옥합을 깨뜨려서 예수님의 발에 부었다고 했습니다. 그 일을 할 때 가룟 유다가 불만을 토로했습니다. "이렇게 값진 향유를 300데나리온에 팔아 가난한 사람에게 주면 더 훌륭한 사역인데 발 한번 닦는데 이것을 허비하느냐?" 그러면 그 돈이 얼마나 되는가? 다른 계산은 우리가 할 필요가 없고 성경 자체에 계산 방법이 나옵니다. 어느 날 예수님은 집회를 하셨습니다. 사람들이 얼마나 많이 모였는지 남자만 5천 명이라고 했습니다. 여러분! 예수님 시대부터 지금까지 교회는 언제나 여인들이 많았습니다. 예수님 시대도 마찬가지였습니다. 아이들도 많았습니다. 그러니까 그 군중집회는 아무리 적게 계산을 해도 1만 명 이상의 대형 집회가 되어 버렸습니다.

저는 아프리카 홈버마운틴 집회를 하고 다시는 제가 이런 집회를 안 해야겠다고 생각한 적이 있습니다. 그 이유는 정리가 안 되기 때문입니다. 사람이 1만 명 정도가 모이는데, 체육관도 없고 그럴만한 집회 장소가 없어 산으로 데리고 올라갔습니다. 아주 높은 산인데 그곳으로 데리고 올라가면 집회할 만한 장소가 넓게 있어서 결국 홈버마운틴 산상 집회라고 해서 올라갔는데 사람들이 어찌나 많이 모이는지 제가 제일 많이 걱정한 것은 올라갈 때는 괜찮은데 내려갈 때 압사사고가 날 것 같았습니다. 제 주변으로 사람이 새까맣게 달라붙는데 감당을 못하겠는 겁니다. 사람이 1만 명이 모여서 이동을 해보세요. 그런데 거기에 교통경찰이 있습니까, 뭐가 있습니까? 한 발자국이라도 강사에게 가까이 오려고 아우성을 치니까 '어휴! 큰일 났다.' 사실 아프리카 집회는 사람들 몇 만 명 모아놓는 것은 쉽습니다. 선전만 하면 얼마든지 사람이 오도록 되어 있습니다. 올해도 현지에서 "금년에 10만 명 집회 안하시겠습니까?" 저한테 요청이 와 있습니다. 하지만 저는 못하겠습니다. 소그룹으로 하는 것이 훨씬 낫지 이 많은 군중이 모이면 압사 사고로 몇 명이라도 밟혀서 죽으면 어떡합니까? 그래서 저는 걱정이 되어서 아직도 대답을 안 하고 있습니다.

지금 예수님 주변에 사람들이 그렇게 많이 모여서 예수님의 설교를 듣고 있는데 설교자들의 가끔 실수할 때가 뭐냐하면 사람이 많이 모이면 괜히 흥분한다는 겁니다. 그래서 제일 큰 문제가 길게 말하는 것입니다. 제가 연합집회를 잘 환영하지 않는 이유가 있습니다. 저는 언제나 순서를 맡은 사람에게 말합니다. "기도할 사람, 설교할 사람 시간을 꼭 지켜주시기 바랍니다. 그래서 세련되게 딱 끝나야 그 다음에도 사람들이 많이 옵니다. 그냥 시간을 무한정 끌고 나가면 이것은 실패입니다. 그러니 지킬 수 있나요?" 하지만 시간을 잘 안 지킵니다. 어떤 목사는 축도 하러 나와서 15분 설교를 합니다. 전에도 부활절 연합예배 때 시간을 꼭 지키라고 말씀드리고 미리 시간을 정했습니다. 목사님 설교하시는데 10분 만에 종결짓는 듯 말씀을 하셔서 '저 목사님 정말 세련되셨다. 어떻게 저렇게 10분 만에 짤막하면서도 말할 것 다 말하시냐?' 그래서 '오늘 순서는 아주 잘 되겠다.' 생각했는데 "이제부터 예수 그리스도의 부활의 특징을 10가지로 말씀을 드리겠습니다." 두 시간 설교하셨습니다. 우리가 학생 시절에 많이 들었잖아요? 마지막으로 한마디 하고 30분 더 연설하는 교장 선생님을 우리가 너무나 미워했습니다. 예수님도 지금 하루 종일 사람이 많이 모이니까 열심히 설교하시는데 제자들이 약간 신경질적 반응을 보이는 겁니다. "이제 그만 돌려보내소서. 해가 저물어 가나이다. 배도 고픕니다." "그러면 너희들이 먹을 것을 좀 주면 될 거 아니냐?" "날은 저무는데 이 많은 사람에게 어떻게 먹을 것을 구해다 줍니까?" 빌립이 수학적 계산을 해냈습니다. "이 많은 사람을 먹이려면 200데나리온의 돈이 필요한데 돈이 한 푼도 없습니다." 그러면 계산이 나왔죠? '아! 200데나리온이면 1만 명 정도가 한 끼 먹을 수 있는 가격이다.' 우리가 이 예배 마치고 나가서 점심 먹으러 갈 때 햄버거, 설렁탕, 자장면 간단한 음식을 먹어도 5천 원은 듭니다. 그러면 5천 원씩 계산해서 1만 명이면 얼마입니까? 5천만 원이 200데나리온입니다. 금방 계산이 나옵니다.

그런데 지금 마리아의 옥합은 300데나리온입니다. 그래서 이것이 문제가 되었습니다. 그런데 마리아가 어떻게 했습니까? "예수님을 위해서 더 좋은 게 있으면 더 좋은 것을 드렸을 텐데 이것 밖에 없어서…." 마리아가 드리는 방법도 아까워서 한 방울씩 따른 것이 아닙니다. 옥합을 깨뜨려서 왈칵 쏟아서 예수님의 발을 씻었습니다. 이런 여 제자들이 예수님을 섬겼기 때문에 하나님의 사역이 이루어진 것입니다.

막달라 마리아는 막달라가 고향입니다. 그래서 막달라 마리아입니다. 아마 예수님께 가장 큰 관심과 사랑을 받은 사람은 이 막달라 마리아일 것입니다. 예수님도 말씀하셨습니다. "그의 많은 죄가 사함을 받았으니 사랑을 많이 받은 것이니라." 이 여자는 세계 어떤 신학자도 직업이 창녀였다고 똑같이 해석합니다. 그리고 일곱 귀신이 들렸다고 했습니다. 정신도 육체도 만신창이가 된 여자입니다. 그런데 그런 사람이 어떻게 예수님께 접근할 수 있었는가? 예수님의 이런 따뜻한 사랑을 어떻게 받을 수 있도록 다가왔는가? 방법이 있었답니다. "마리아 마리아" 공연을 보신 분은 '아! 그렇겠다.' 생각 되셨죠? 그게 뭐냐? 로마 정부에 고민이 생겼습니다. "로마 정부가 유대 나라에 와서 점령하고 있는데 갈릴리 지방에서 나사렛 예수 중심으로 한 이스라엘 민중의 심상치 않은 움직임이 예루살렘을 향하고 있다." 이것은 로마 정부가 지금 굉장히 신경 쓰는 일인데 예수님 주변에 사람이 모였다 하면 보통 1-2만 명씩 모여서 움직이는 겁니다. "이들이 빌라도 정부를 때려 부수고 민중봉기를 일으키면 큰일 난다." 이런 정치적 판단 때문에 예수님 중심의 민중 모임을 해체할 방안을 모색하던 중에 막달라 마리아를 이용했다고 이 작품에 나옵니다. 로마 정부의 실세가 막달라 마리아에게 가서 흥정을 합니다. 그리고 조건을 줍니다. "만약 네가 예수를 곤란에 빠트리면 로마 이민을 약속하고 모든 일평생의 책임을 로마 정부가 약속해 주겠다." 그 말을 듣고 마리아가 흥분을 합니다. 그때 유대 사람들은 로마 이민이 소원이었습니다. 그래서 마리아가 예수님께 접근했다고 작품에 나옵니다. 그런데 예수님을 만난 막달라 마리아는 어떻게 되었죠? 정반대가 되어 버렸습니다. 그는 예수님을 만나서 일평생 한 번도 받아보지 못한 인간 대우를 받았습니다. 그리고 일곱 귀신이 든 만신창이가 된 고칠 수 없는 병들을 예수님이 다 현장 치료해 주셨습니다. 막달라 마리아는 너무 흥분해서 그 순간부터 자기가 하던 일을 모두 끊어버리고 예수님의 제자가 된 것입니다. 이것을 보이지 않는 제자(Invisible disciple)라고 부르는 것입니다.

예수님이 십자가에 돌아가시게 되니까 제자들은 약간 비겁한 태도가 되었습니다. 마치 자기들은 예수와 아무 상관이 없었던 것 같이 발뺌을 하고 흩어져 버렸습니다. 그런데 막달라 마리아와 다른 여인들은 매우 과감한 반응으로 나타났습니다. 예수님의 무덤을 찾아가 시신 처리를 자기들이 하겠다고 합니다. 예수님이 금요일에 돌아가셨지만 토요일은 안식일이었기 때문에 그들은 꼼짝 못하고 있었습니다. 법이 못 다니게 했습니다. 그런데 안식 후 첫날 이른 새벽에 안식일이 해제되는 순간 그들은 뛰쳐나왔습니다. 그래서 향품을 가지고 무덤을 달려 나가는데 부활하신 예수님을 제일 먼저 만난 사람이 막달라 마리아이고 예수님이 다시 살아났다고 부활 설교를 제일 먼저 한 사람도 막달라 마리아입니다. 이런 일이 벌어진 것입니다.

그런데 예수 그리스도의 구원 사역에 동참한 여인들에게 수없이 많은 수난의 역사가 있었다는 것을 우리가 기억해야 됩니다. 예수님 당시도 그와 같았습니다. 이유가 있습니다. 인류의 역사는 남성 중심의 문화로 발전이 되었기 때문에 그렇습니다. 이것은 성경 자체도 그렇게 되어있습니다. 역사에 여인들이 당한 불이익적 대우는 세계가 공통입니다. 그러면 이 문제가 언제부터 해결되기 시작했는가? 그것이 기독교 역사입니다. 예수 그리스도는 인권 문제에 있어서 두 가지 공헌을 확실하게 하셨습니다. 하나는 어린이 인권 문제요, 하나는 여권신장의 문제였습니다. "어린아이가 내게 오는 것을 용납하고 금하지 말라. 만약 너희 중에 이 어린아이 하나를 실족케 하면 차라리 연자 맷돌을 목에 메고 바다에 빠져라." 극단적 선언을 하셨습니다. 그래서 어린이들의 인권을 회복시키셨죠?

　누가복음 7장에 보면 도저히 할 수 없는 일을 여권신장을 위해서 예수님이 행하셨습니다. 한 바리새인이 예수님을 자기 집에 초대했습니다. 유대인들의 문화는 손님을 초대하면 주인이 손님의 발을 씻어주던지 발 씻을 물을 갖다 주던지 해야 합니다. 바리새인은 그런 일을 갖추지 않았습니다. 그런데 그 자리에 초대되지 아니한 불청객 한 사람이 별안간 느닷없이 예수님 앞에 나타났습니다. 이 여자는 그 성경 말씀에 동네 여자라고 했으며 죄인이라고 했습니다.

　그가 어떻게 죄인인 줄 아는가? 창녀로 소문난 여자였기 때문에 누구든지 알고 있습니다. 유대 사회는 묻지도 않고 죄인으로 규정하는 몇 종류가 있습니다. 세리와 장애인, 창녀입니다. 예수님이 세리 삭개오 집에 들어가니까 "죄인의 집에 들어갔도다." 태어나면서부터 시각장애인이 된 사람보고 "이 사람의 죄입니까? 부모의 죄입니까?" 묻지도 않고 죄인으로 규정하고 맙니다. 창녀도 마찬가지입니다. 그런데 이 여자가 한 일이 좀 이상하고 요란스러웠죠? 옥합을 열어서 발에다 붓고 자기 머리카락으로 눈물을 떨어뜨리면서 예수님의 발을 씻고 만졌다고 했습니다. 바리새인은 불쾌했습니다. 이런 신분의 여자가 초대하지 않은 자리에 왔다는 그 자체도 불쾌하지만 창녀는 바리새인 집에 못 오도록 되어 있습니다. 그런데 바리새인은 이 사람을 책망한 것이 아니라 예수님을 비난하고 나섰습니다. "아니, 내가 사람을 잘못 봤나? 나는 예수가 선지자라고 해서 우리 집에 한번 초대했는데, 사실이 아닌가? 만약 이 사람이 선지자였다면 자기를 만지는 이 여자가 죄인인 것을 알았으리라." 예수님을 초대해놓고 이렇게 되었으니 그 자리가 어떻게 되었겠습니까? 아주 민망한 관계가 되어 버리고 말았습니다.

이때 예수님은 바리새인에게 대답하셨습니다. "맞다. 이 여자는 죄 많은 여자다. 그러나 너보다는 낫다. 왜냐? 너는 나를 너희 집에 선지자인지 아닌지를 테스트 하려고 나를 초대했냐? 너는 내게 발 씻을 물도 주지 아니하였으되 이 여인은 눈물로 내 발을 적셨고 머리카락으로 닦았으며 너는 나에게 입 맞추지 아니하였으되 그는 내가 들어올 때부터 내 발에 입 맞추기를 그치지 아니하였으며 너는 내 머리에 감람유도 붓지 아니하였으되 그는 향유를 내 발에 부었느니라." 이러한 예수님의 극단 선언에 의한 여권, 인권 회복 선언에 힘입어서 수많은 여인들은 예수님 주위에 몰려들게 되었고, 이것이 기독교의 역사 진리가 되어서 복음이 들어간 나라는 바로 어린이의 인권 문제와 여인들의 인권 문제를 회복시켰던 것입니다.

그런데 남성 위주 문화에서 남녀평등 문화가 되기까지는 오랜 시간이 걸렸다는 것을 우리가 인정해야 합니다. 로마 가톨릭교회는 아직도 여자 신부는 안 세웁니다. 앞으로 교황 가운데 여성 신부 허용 문제를 선포하는 교황은 세계 역사에 어떤 전환점을 만드는 유명한 교황이 될 것입니다. 이슬람의 여인은 또 어떠합니까? 노예나 마찬가지입니다. 그 뜨거운 사막에서 여인들이 눈만 내놓고 온통 뒤집어쓰고 다니는 것이 삶입니까? 이런 여인들의 인권을 예수 그리스도가 완전 자유하게 하셨습니다. 만약 이슬람 여자가 이슬람이이 아닌 사람을 사랑하게 되면 아버지가 끌어다가 목을 쳐버립니다. 이것을 명예 살인이라고 합니다. 그러면 그 여인들의 인권은 있는 것인가요, 없는 것인가요?

한국의 개신교회도 100년 이상 성차별한 죄가 있습니다. 여자 목사를 허용하지 않았습니다. 지금도 안하는 교단이 있습니다. 지금 세상에 많은 기독교인들은 막달라 마리아를 추하게 평가하는 사람은 없습니다. 마치 가장 거룩한 여자 같은 분위기로 존경 일변도의 설교를 하고 있습니다. 왜 그럴까? 예수님께서 그의 인권을 제자리로 회복시켜 주셨기 때문에 그런 것입니다. 우리 한국에 유난히도 여신도들이 많은 이유는 5천 년 긴 세월 속에 여인이 인간 대우 받은 일이 거의 없는 문화였습니다. 사실 옛날에 보세요. 여자 아이를 낳으면 갖다 버리지 않으면 다행인 대우를 받았잖아요? 그래서 주어다 길렀다는 말이 많이 유행했습니다. 100년 전만 해도 여자 아이를 낳으면 이름조차 지어주지 않아서 지금도 호적에 김간난이 박아기라는 이름의 사람이 많습니다. 기독교는 우리나라에 그런 문화를 개혁을 했기 때문에 이 나라의 수많은 여인들이 교회로 몰려 온 것입니다. 마치 노예에서 해방된 것과 같은 자유의 기쁨을 주님으로부터 선물 받았습니다. 기독교는 안방에 갇혀 있던 여인들을 사회로 다 이끌어냈습니다. 그래서 YWCA 운동을 일으켜 젊은 처녀들을 다 교육시켜 지도자로 배출시킴으로 김활란 총장, 이명신 총장 같은 인물들이 교회에서 다 배출되었고 정신여고, 이

화여대를 비롯한 여성교육 기관을 만들어서 사회에 여성 지도자들을 수없이 배출했기 때문에 우리나라 문화가 변하게 된 것입니다.

우리 대한민국의 기독교 교인들은 여성이 65퍼센트, 남성이 35퍼센트 정도로 계산이 됩니다. 절반 이상 여신도가 많은 것이죠? 한 가지 걱정이 있습니다. '이대로 가다가는 남자들이 역차별이 되어 남성 박해 시대가 오면 어떡하나?' 하는 생각도 있습니다. 이제 대한민국 사회는 여성이 하지 못하는 일은 없는 문화가 되었습니다. 여자가 대통령만 안 되었지 모든 일에 여성 참여가 이루어졌습니다. 어두운 긴 역사에서 활짝 열린 햇볕의 시대라고 말할 수 있습니다. 또 100년 동안이나 여성이 사도직을 허락하지 아니하던 대한민국의 모든 교회 문화는 이제 소수만 제외하고는 모두다 활짝 열렸습니다. 저는 바람이 있습니다. 우리 대한민국에서 대표적 역할의 어떤 대형교회가 자신들의 담임 목사를 여성 목사로 한다면 그 교회는 한국 교회에 전환점을 만드는 교회가 될 것이라고 생각됩니다. 이제 우리 문화는 남녀의 편견은 없어졌습니다. 이것이 아름다움으로 잘 발전되도록 우리가 노력하고 있습니다. 우리 갈보리교회도 예외가 아닙니다. 수없이 많은, 훨씬 더 많은 여성들의 헌신으로 말미암아 모든 문제를 해결해 가는 그런 여성 지도자들이 많은 것을 기쁘게 생각합니다. 앞으로 우리 사도직 제자들과 평신도 청지기 봉사자들이 함께 힘을 합쳐서 오늘 말씀과 같이 하나님의 인류 구원 역사에 우리 모두가 다 쓰임 받게 되기를 축원합니다.

하나님 아버지! 하나님 아버지는 주님의 몸으로 이 땅에 오셔서 인간 대우에서 벗어나 죄 많은 사람들, 천대받는 사람들, 여인들, 어린이들 모두다 인권 회복을 해주셨습니다. 기독교 복음이 들어가는 곳은 이 모든 문제가 다 해결되었는데 그 중에 우리 대한민국도 그 은총을 받았습니다. 지금까지도 훌륭한 사역을 해왔지만 앞으로도 하나님의 부르심을 받은 우리 모두가 다 사도직과 봉사직에 손을 잡고 순례자의 노래를 부르며 우리에게 주어진 21세기의 문화에서 하나님의 인류 구원의 역사를 훌륭하게 창조적으로 해나가는 우리 모두가 되게 하여 주시옵소서. 예수 그리스도의 이름으로 기도드립니다. 아멘.

거룩한 가치의 삶

마가복음 10:35-45

35세베대의 아들 야고보와 요한이 주께 나아와 여짜오되 선생님이여 무엇이든지 우리가 구하는 바를 우리에게 하여 주시기를 원하옵나이다 36이르시되 너희에게 무엇을 하여 주기를 원하느냐 37여짜오되 주의 영광중에서 우리를 하나는 주의 우편에, 하나는 좌편에 앉게 하여 주옵소서 38예수께서 이르시되 너희는 너희가 구하는 것을 알지 못하는도다 내가 마시는 잔을 너희가 마실 수 있으며 내가 받는 세례를 너희가 받을 수 있느냐 39그들이 말하되 할 수 있나이다 예수께서 이르시되 너희는 내가 마시는 잔을 마시며 내가 받는 세례를 받으려니와 40내 좌우편에 앉는 것은 내가 줄 것이 아니라 누구를 위하여 준비되었든지 그들이 얻을 것이니라 41열 제자가 듣고 야고보와 요한에 대하여 화를 내거늘 42예수께서 불러다가 이르시되 이방인의 집권자들이 그들을 임의로 주관하고 그 고관들이 그들에게 권세를 부리는 줄을 너희가 알거니와 43너희 중에는 그렇지 않을지니 너희 중에 누구든지 크고자 하는 자는 너희를 섬기는 자가 되고 44너희 중에 누구든지 으뜸이 되고자 하는 자는 모든 사람의 종이 되어야 하리라 45인자가 온 것은 섬김을 받으려 함이 아니라 도리어 섬기려 하고 자기 목숨을 많은 사람의 대속물로 주려 함이니라 금년 표어를 오늘 성경말씀 마가복음 10장 45절로 정합니다. 이 말씀은 주님의 제자로 살아가는 청지기 삶의 기본적 자세를 가르치고 있습니다. 먼저 오늘 말씀을 예수께서 하시게 된 배경 설명이 필요합니다. 이 말씀은 마태복음에도 기록되었습니다. 예수님의 사역이 거의 끝날 무렵에 일어난 일로 볼 수가 있습니다. 오늘 말씀에는 야고보와 요한이 직접 예수님께 요청한 것으로 기록되어 있지만 마태복음에는 이 두 사람을 그 어머니가 데리고 와서 예수님에게 요청한 것으로 나타나 있습니다. 여기에 나온 야고보와 요한은 형제입니다. 아버지는 세베대라고 오늘 말씀에 나타나 있고 어머니는 살로메입니다. 직업은 어부였는데 규모가 작지 않은 것으로 보입니다. 종을 두고 살았다고 했으니까 조금은 부유층에 속하는 그런 사람이었습니다. 예수님의 열두 제자 가운데 형제가 똑같이 제자가 된 사람은 베드로와 안드레가 있고 야고보와 요한이 있습니다. 야고보와 요한이 예수님께 요청하고 있는 이 대목 때문에 성경에 기록으로 남은 것입니다. 전체 내용을 보면 이 사건은 제자들의 관계가 나빠지게 되는 불쾌한 분위기를 만들게 되었고 결국 예수님이 이들의 요청을 무시하셨습니다. 또 요청과는 정 반대의 답변을 하신 것으로 오늘 말씀이 끝나고 있습니다.

41절 말씀을 보면 "열 제자가 듣고 야고보와 요한에 대하여 분히 여기거늘" 그러니까 야고보, 요한 대 열 제자의 분열이 생기고 말았습니다. 아마 예수님은 이때 순간적으로 썰렁해지는 분위기를 수습하셔야 되는 당황스러움이 있었을 것으로 판단됩니다. "선생님이여! 무엇이든지 우리의 구하는 것을 우리에게 하여 주시기를 원하옵나이다." "뭘 원하느냐?" "여짜오되 주의 영광중에서 우리를 하나는 주의 우편에, 하나는 좌편에 앉게 해주소서."

여기서 우리는 유대 민족의 메시아관에 대해 그들의 기대가 무엇인가를 생각할 필요가 있습니다. 왜 요한과 야고보가 이런 요청을 했는지 배경 설명이 필요합니다. 유대인들은 수백 년 동안 전해오는 메시아 탄생 예언을 갖고 살아온 민족입니다. 그러한 민족의 기대감을 더욱 간절하게 만든 이유가 있는데 정치적인 이유로 오랜 역사를 식민지 백성으로 살았다는 것입니다. 아브라함은 하나님의 선택받은 특별 권한이 있는 자이며 그 혈통적 후손들은 영광스러운 택한 백성의 아름다운 민족 열망이 가득한데, 지금의 나라와 민족 형편은 자존심이 상할 대로 상한 굴욕적 상황에 살고 있습니다. 로마 사람 빌라도가 와서 총독 정치를 합니다. 이때 유대 나라 사람들은 로마에게 아부하지 않으면 말할 수 없는 불이익을 당하고 심하면 생명까지 위협받았습니다. 그래서 그 모든 문제를 해결하는 시기가 언제이냐? 메시아 탄생이라고 믿고 기다려온 것입니다. 그런데 예수님의 제자들은 예수님을 3년 동안 따라다니면서 바로 이분이 메시아라고 충분히 믿게 되었던 것입니다.

그들이 직접 체험한 사건들이 그들의 믿음을 더욱 굳게 했습니다. 먹을 것이 없을 때, 보리떡 5개, 물고기 2마리로 1만 명 되는 사람들을 현장에서 배불리 먹여주는 기적 사건에 자신들이 동참했습니다. "이가 그다! 이는 메시아다. 하나님이다. 우리가 그렇게 오랫동안 민족 역사에 기다려왔던 메시아는 바로 이다! 이것 봐라. 지금 이런 일은 하나님이나 하지 않느냐?" 과학이나 의학의 힘으로 도저히 가능치 아니한 절대 불치의 환자들을 다 현장 치료하는 현장을 보고 뭐라고 합니까? "보라! 누가 이런 일을 하느냐? 하나님이나 할 수 있는 일을 지금 하지 않느냐? 이는 메시아다." 이렇게 믿게 되었습니다. 광풍이 몰아치는 바다를 자연의 힘을 초월하는 말씀 한마디로 다 평안케 하는 메시아의 능력을 보고 그들은 믿음이 아주 확실해졌습니다. 사람이 죽어 무덤에서 지금 썩어 부패해 냄새가 나는 지경에 있는 나사로를 말씀 한마디로 살려내는 이 엄연한 현장 사실 앞에 "이가 누구인가? 메시아이다. 우리 민족이 그렇게 오랫동안 기다렸던 메시아는 바로 이다."라고 제자들이 아주 확실한 믿음을 갖게 되었고 예수님의 설교를 들을 때마다 사람들이 놀랐는데 이런 말을 합니다. "이는 권세 있는 새 교훈이로다." 진리를 새롭게 깨닫게 됩니다. 제자들은 이제 예수님의 마지막 남은 일은 하나밖에 없다고 생각했습니다. 그게 뭐냐? '이 마귀 같은 로마를 때려 부수고 영광스러운 아브라함의 후손, 이스라엘 민족의 권위를 회복시키는 일이다. 그게 언제인가? 지금이다'라고 생각한 것입니다. 예수님이 예루살렘에 올라가실 때 예루살렘 군중들이 저마다 손에 종려나무 가지를 흔들면서 환영하는 소리로 뭐라고 말합니까? "찬송하리로다. 주의 이름으로 오시는 왕이여! 이제는 우리가 그렇게 오랫동안 기다렸던 메시아 왕께서 예루살렘에 올라오시니 이제는 우리의 고난이 다 끝났다." 그렇게 예수님을 왕이 되라고 환영한 것입니다. 마지막 예수님의 승천하시는 자리에서까지 예수님의 제자들은 그 생각을 버리지 못했습니다. "주께서 이스라엘을 회복하심이 이때입니까?" 이렇게 말하잖아요? 지금 야고보와 요한의 요청이 뭡니까? "남은 일은 이제 하나 밖에 없습니다. 빨리 왕으로 등극하셔서 저 로마를 내어 쫓고 아브라함의 권위를 회복시키는 일만 남았으니까 그 왕이 되실 시간이 가까웠습니다. 그래서 이 왕이 되실 때 충성한 우리 형제가 왕의 우편과 좌편에 앉는 출세의 영광스러운 자리를 미리 예약하는 겁니다." 확실한 공천을 해버리는 겁니다.

살로메와 두 아들이 이렇게 당돌하게 예수님 앞에 와서 다른 제자들을 무시할 만큼 행동한 것은 그들 나름대로의 판단 때문입니다. 이들은 예수님과 특별한 몇 가지 관계가 있어왔습니다. 예수님은 야고보, 요한의 가까운 친척, 이종사촌 형제입니다. 예수의 어머니 마리아와 야고보, 요한의 어머니 살로메는 자매지간입니다. 이들은 어려서부터 한 동네에서 같이 자랐습니다. 친분이 넉넉히 두텁습니다. 또, 살로메는 자신의 두 아들을 주님의 제자로 만든 공로가 있는데다가 예수님을 위해 돈을 제일 많이 쓴 사람입니다. 선교사 후원을 아주 많이 했습니다. 또 성경에도 기록되어 있습니다. 평소에 예수님은 열두 제자 가운데 요한을 제일 편애하셨습니다. 제일 사랑하셨습니다. 십자가에 달리실 때는 그 현장에 어머니 마리아와 살로메가 함께 있었다고 했습니다. 또, 예수님은 그 많은 제자 가운데 요한에게 어머니 마리아를 부탁하는 유언을 십자가에서 남기셨습니다. 아무리 계산을 해 봐도 야고보, 요한은 예수님 심중에 가장 큰 비중을 차지하고 있다는 확실한 판단 때문에 이렇게 말한 겁니다. 이러한 요청은 금방 다른 제자들에게 반감을 사게 했음이 말씀에 나타났습니다. 다른 제자들이 이를 보고 분히 여겼다는 반응은 다른 제자들도 그런 생각을 가지고 있었다는 증거가 됩니다. 제자들이 모두 이런 생각에 사로잡혀 있는 겁니다. 예수님의 대답! 제자들의 요청 배경을 설명하십니다. "이방인의 집권자들이 저희를 임의로 주관하고 그 대인들이 저희에게 권세를 부린 줄을 네가 알거니와" "이것 때문에 그렇지? 내 맘대로 권세를 부리고 살고 싶은 욕망 때문에 그런 거지?" 이렇게 예수님이 설명하고 계신 것입니다.

　우리 인류 역사에 어느 때나 있었던 가장 큰 민중의 관심! "누가 권력자가 되느냐? 그리고 그 주변에 누가 있느냐?" 이것이 항상 가장 큰 관심입니다. 왜 권력자가 되고 싶은가? 왜 그 주변에 있고 싶어 하는가? 마음대로 하고 싶은 겁니다. 누리고 싶은 겁니다. 오늘날은 인권의 민주화가 이루어져서 권력자도 마음대로 못합니다. 그러나 옛날의 임금님은 "짐은 곧 나라다."라고 했습니다. 임금이 말하는 것은 틀렸어도 법입니다. 사람을 죽이고 살리는 것을 자기 마음대로 합니다. 온 나라 백성은 임금님 하나의 행복을 위해 존재하는 문화입니다. 가끔 TV에서 평양 방송을 소개하는 때가 있습니다. 저는 그것을 볼 때마다 참 이상하다고 생각되는 것이 있습니다. 평양에는 아나운서가 그 여자 하나 밖에 없나봅니다. 십년이 지나도 그 여자만 계속 나와서 방송하는데 김정일에 대해 방송할 때는 얼마나 감동스런 음성으로 표현하는지 성령 충만한 여자 같습니다. 우리 하나님을 믿는 사람들도 하나님을 향해서 그렇게 감격스럽게 말하지는 않습니다. 그래서 세상 사람들은 이 권세를 부리는 삶을 매력 포인트로 생각하고 끊임없이 그 길을 가고 싶어 하는데, 지금 야고보와 요한도 똑같습니다. 그래서 예수님께 자리를 주문하는 겁니다. 예수님은 "너희 중에는 그렇지 아니하니 너희가 생각하는 길과 내가 생각하는 길은 정 반대의 길이다. 으뜸이 되고자 하느냐? 모든 사람의 종이 되어라. 섬김을 받으려 하느냐? 섬기는 자가 되라." 이렇게 답변하십니다.

우리가 청지기로 선서했는데 청지기란 말의 의미를 네 가지로 볼 수 있습니다. 첫째는 Guardian, 파수꾼입니다. 파수꾼이란 남이 잠들어 있는 시간에도 잠을 자지 않고 무엇인가를 보호하기 위해 경계를 서는 사람입니다. 하나님의 부르심을 받은 사역자들은 하나님의 교회 파수꾼으로 교회를 해치는 어떤 방해꾼이라도 대항하는 사람을 말합니다. 항상 보초를 서는 겁니다. '뭐가 잘못되지 않았나?' 권세자들이 물리적 힘을 동원해서 교회를 핍박할 때 파수꾼으로 나섰기 때문에 순교를 당한 겁니다. 그 다음에 둘째로는 Steward, 급사를 말합니다. 주인이 불편하지 않게 하려고 준비하고 있다가 주인이 필요를 말할 때 재빠르게 도와주는 도우미 역할을 하는 급사입니다. 청지기들은 하나님 교회의 급사 역할을 합니다. 옛날 우리나라 문화에 순장 제도라는 것이 있습니다. 24시간 임금님 곁에서 조용히 귀를 기울이고 있습니다. 임금님의 필요를 24시간 채워드려야 하는 사람들입니다. 그러다가 임금님이 죽잖아요? 그러면 같이 죽습니다. 산 사람을 같이 무덤에 묻는 게 순장 제도였습니다. 급사로 주님을 섬기는 사람은 이런 마음가짐을 가지고 주님을 위해 살아야 된다는 뜻입니다. 오늘 말씀을 보세요. 주님은 자신의 삶의 목표를 어떻게 정하시는가? "인자는 섬김을 받으려 함이 아니요 섬기려 하고 자기 목숨을 많은 사람의 대속물로 주려 함이니라." 주었잖아요? 그래서 우리를 섬겨주셨잖아요? 그래서 청지기들은 이러한 섬김을 주님으로부터 받은 은혜 때문에 나도 주님을 위해 섬기며 살겠다는 약속을 합니다. 그 다음에 세 번째는 Captain, 장, 책임자라는 의미가 있습니다. 어떤 공동체의 장이 된 사람을 책임자라고 말입니다. 교회에서 청지기들은 책임자 역할을 합니다. 교회가 어떤 사역을 목표로 정했으면 "저 책임은 나다." 뭐가 또 잘못 되었으면 "그 책임은 곧 나다." 이런 의미입니다. 우리 어느 단체나 교회를 보면 세 가지 사람이 있습니다. 방관자가 있고, 방해자가 있고, 책임자가 있습니다. 우리는 하나님의 교회에서 책임자가 되는 겁니다. 교회가 잘못되면 내 책임이고 교회가 필요로 하는 계획이 있으면 그것도 내 책임입니다. 이런 의미가 청지기입니다. 그 다음에는 Son, 아들 개념입니다. 청지기는 단순한 종개념을 넘어 아들의 위치를 말하는데 이것은 상속자라는 말입니다. 어떤 사업체의 일반 사원이 아닌 후계자입니다. 성도들은 하늘나라 기업의 상속적 권리를 누리게 된다는 것입니다. 이러한 영적 가치를 깨달을 때 우리는 바로 주님과 같이 이 땅 위에서 주님의 사역을 위해서 섬기는 인생으로 살게 됩니다.

이것을 세밀하게 분석해서 '디아코니아'라는 단어로 '시중을 든다'는 뜻입니다. 종이 주인의 필요에 따라서 항상 대기하고 있다가 주인의 요청이 있을 때는 그 필요 부분을 즉시 채워주는 것이 우리 봉사자들입니다. 그 다음에 '싸맨다'라는 뜻으로 마치 옷이 찢어져서 살결이 드러나 보이는 것을 잘 싸매어서 흉이 드러나지 않게 하는 역할입니다. 주님은 어떻게 하셨습니까? 우리의 모든 죄를 안보이게 다 싸매주셨잖아요? 그래서 우리도 형제들을 향해 그렇게 봉사해야 된다는 것입니다. 그 다음에 노 젓는 사공의 뜻이 있습니다. 내가 열심히 노를 저어서 배 안에 타고 있는 사람들이 안전하게 목적지까지 갈 수 있는데 가장 힘든 역할을 내가 하는 겁니다. 우리가 날마다 하는 일의 종류를 보면 생업이라는 것이 있고, 직업이라는 말이 있고, 천직이라는 말이 있습니다. 이 모든 것을 가리켜 일이라고 표현하는데 일 중에는 나 자신만을 위하는 일이 있고, 전혀 다른 사람을 위해 하는 일이 있습니다. 그 중에서 이웃을 향한 일을 봉사라고 합니다. 사실 사람이 다른 사람의 유익을 위해서 일한다는 것은 쉽지 않습니다. 쉽지 않기 때문에 가치가 있는 겁니다. 하나님을 위해 일한다는 것은 더욱 귀하기 때문에 거룩성이 부여되어서 하나님의 일을 성직이라고 하는 것입니다.

우리나라 평신도 봉사 역사를 살펴보면 1898년 2월 20일 평양의 널다리꼴교회에서 그 교회에 출석하는 이신행, 신반석, 박관선, 김성신 네 여신도가 모여 "우리 여자들이 교회에서 봉사할 것이 뭐 없을까?" 토론하다가 여신도들만의 모임을 만들게 되었는데 이것이 우리 대한민국 최초의 여선교회, 옛날에는 여전도회라고 봉사회를 조직해서 몇 가지 조건을 채택했습니다. 언제 봉사하느냐 하는 시간, 100년 전 한국의 여인들은 가정 밖의 일을 위해 시간을 낸다는 것이 매우 어려웠습니다. 그래서 그들은 새벽 시간과 일을 마친 저녁 시간을 이용해 교회 봉사하기로 했습니다. 그 다음으로 어떤 봉사가 필요한데 경비가 필요합니다. 그러니까 엽전 한 닢씩을 매월 회비로 네 사람이 내었습니다. "구체적으로 우리가 무엇을 봉사할 것인가? 고난당하는 신자를 심방하자." 환자 중심으로 누가 아프면 경비가 좀 필요하잖아요? "맛있는 음식이라도 사가지고 가서 위로하고 환자 중심으로 심방하기로 하자. 그리고 교회에 행사가 있을 때 우리들이 식사를 제공하자." 회비를 가지고 식사를 만들어 제공했습니다. 전도의 대상을 찾아 여인들의 안방을 통해 전도하는 일, 그 다음에 목회자의 목회에 필요한 부분을 채워드리는 일 이렇게 네 가지를 정해 열심히 하니까 교회가 생기가 나고 부흥이 되고 칭찬을 듣게 되고 사람들이 몰려오게 되었습니다. 교회가 이런 일을 하니까 이웃 교회들이 가만히 있을 리가 없습니다. 서로 더 잘하려고 노력해서 일 년 동안 회비가 수백 냥이 되었습니다. 그래서 교회 안에서 봉사하던 것을 교회 밖으로 영역을 확장시켰습니다. 어떻게 했느냐? 여신도 가운데 비교적 믿음이 좋고 대인관계를 잘하는 김성신, 고선중 두 사람을 전도부인이라는 이름을 주어 한 달에 교통비와 식사비로 30전씩 비용을 주면서 일을 시켰습니다. 그랬더니 그들이 숙천골, 갈산, 오리동, 송천 등을 다니며 전도활동을 전개했는데 이것이 대한민국 여전도사의 시초입니다.

1908년에는 각 교회마다 여선교회가 많이 부흥해 연합회를 조직했습니다. 이것이 평양성 장로교회 연합 부인 전도회라는 조직으로 최초의 연합회장에 이신애, 서기에 박진성이 선출되었습니다. 그때부터 지금까지 100년이 넘게 대한민국 교회의 여신도들이 아주 활발하게 봉사, 디아코니아를 함으로 말미암아 남을 섬기는 일에 몸과 마음을 다 바쳐 대한민국 교회는 이렇게 굉장한 부흥을 가져왔고 놀라운 하나님의 영적 축복을 받았습니다.

헬라시대와 로마시대 다른 사람을 위해 봉사하는 사람은 따로 정해져 있었습니다. 노예들이 했던 문화입니다. 남을 섬기는 인간이란 저주받은 인간이요 천한 인간이라고 규정하고 "너희들은 이런 것이나 하라"고 한 것입니다. 그런데 기독교인들이 노예들이나 하는 일을 자청해서 나서 전부 해버리니까 세상이 깜짝 놀라는 겁니다. "아니, 저 사람들은 노예들이나 하는 일을 맡아 저렇게 열심히 해? 뭐하는 사람들이야?" "예수 믿는 사람들이야." "그런데 왜 노예 일을 해?" "저 사람들은 저것을 즐거워해." 이렇게 해서 소문이 나 기독교가 발전했습니다. 봉사하는 사람은 곧 그리스도와 같은 의미를 부여하고 있는 것입니다. 기독교 진리는 봉사 문화를 통해 완전히 세상의 가치관을 뒤집어엎은 겁니다. 노예나 하던 일을 가장 거룩한 일이라고 합니다. 여러분, 로마 교황청이 왜 로마에 있습니까? 로마가 기독교를 국교로 선언을 하는 바람에 그렇게 됐잖아요? 로마가 기독교를 얼마나 탄압했습니까? 기독교인들을 원형 극장에 가두고 사자들 갖다가 풀어놓아서 다 뜯어 먹게 만들고, 네로 황제는 로마 성에다 불 질러 버리고 기독교인들이 했다고 누명을 씌워서 다 잡아 죽이고…. 그렇게 지독했던 로마가 어떻게 뒤집어져서 교황청이 생기는 전 세계 선교의 중심지가 되는 일이 어떻게 벌어진 겁니까?

로마에서는 군대들을 풀어 기독교인들을 탄압했습니다. 군인들이 칼을 들고 기독교인들 집에 들어가서 재산을 몰수하고 말을 안 들으면 죽이고 정부에서 하라는 거라며 기독교인들 잡아다 죽이는데 기독교인들 집에 들어가서 보니까 그 당시에 로마 군인들의 횡포가 얼마나 심했는지 성폭행 때문에 사생아들이 수없이 쏟아져 나왔습니다. 그 고아들을 아무도 돌보지 않습니다. 그런데 기독교인들이 "이 아이들을 책임질 사람이 아무도 없다. 우리가 봉사하자." 그래서 기독교인이라면 그 당시에 로마에서 고아들 하나, 둘씩은 다 데려다 길렀습니다. 그래서 군인들이 들이닥쳐서 그 기독교인들 핍박하려고 들어가 보니까 자기들이 뿌린 불의의 씨앗들을 그들이 다 보호하고 길러주고 있었습니다. 군인들이 마음이 변했습니다. '우리는 죄 짓고 기독교인들이 우리 죗값을 다 감당하고 있으니 왜 이렇게 거룩하게 사는 사람들을 왜 우리가 핍박하고 곤란하게 만들어야 되는가?' 그래서 군인들이 반감을 갖고 돌아섰습니다. "우리들은 이런 일을 할 수가 없습니다. 여러분, 크리스천 가정에 가보십시오. 우리가 저질러 생긴 모든 고아들을 그들이 지금 다 맡아 기르고 있는데 그렇게 선하게 사는 사람들을 왜 우리가 핍박해야 합니까? 우리 군인들 이런 일 못하겠습니다." 그래서 군인 세계에서부터 뒤집어지기 시작한 겁니다. 그렇게 군인들, 힘 있는 자들이 그렇게 나오니까 어떻게 됩니까? 로마가 뒤집혀 버린 겁니다. 그래서 313년에 콘스탄틴 대제가 국교 선언을 하고, 로마 교황청이 생긴 것입니다. 봉사하는 사람은 하나님의 사람입니다. 예수 그리스도가 세상에 오셔서 권세를 가지고 누리고 사람들을 임의로 주관하고 부리고 싶어 하는 그런 사람들을 향해 "너희는 그렇지 아니하니 우리는 십자가를 지고 그 반대의 길을 가기 위해서 있는 사람들이다"라고 말하고 있는 것입니다.

미국 호텔업계 최고 권위자 스타트라시는 13살에 밥을 얻어먹으려고 여관에 청소부로 취직했습니다. 거기서 일하다 보니까 여행자들의 필요가 뭔지 알게 되었습니다. 그래서 그것을 전부 목록을 적어 여행자들이 오면 그 필요를 서비스 하는 겁니다. 그게 소문이 났습니다. 그래서 손님들이 모두 조그만 호텔에 모이는 겁니다. "거기 가면 소년 하나가 있는데 이 소년이 얼마나 여행자들을 위해 봉사를 잘하는지 구두 닦는 것에서부터 전부 서비스해주며 하나도 불편한 거 없이 해준다." '내가 이 다음에 호텔 주인이 되면 이런 서비스 호텔을 하겠다.' 생각한 것이 1921년 미국에서 세계 최대인 7700개의 객실을 갖는 호텔 왕이 되었잖아요? 그는 한 권의 책을 세상에 남기고 죽었습니다. "Life is service! 인생은 봉사다." 이것이 가장 행복하고 하나님이 가장 기뻐하시는 일입니다. 봉사하면 망하느냐? 아닙니다. 그 반대입니다. 예배를 영어로 "worship(워십)"이라고 말하는데 'worship'이라고만 말하면 안 됩니다. 'worship service(워십 서비스)'라고 해야 합니다. 서비스 없이 예배가 안 됩니다. 서비스가 있을 때에만 예배입니다. 여러분, 교회에 왜 오셨습니까? 교회는 십자가를 지러 오는 겁니다. 섬김 받으러 오는 사람은 믿음이 없어서 그런 것입니다. 교회는 십자가를 지고 죽으러 오는데 이것이 그리스도의 정신입니다. 선진국은 봉사가 많은 나라이고 후진국은 왕이 많은 나라입니다. 하나님이 내게 건강을 주셨다면 무엇인가 봉사하라는 뜻입니다. 하나님이 내게 시간을 주셨다면 무엇인가 할 일이 있다는 뜻입니다. 하나님이 내게 물질을 주셨다면 어디엔가 쓰라는 뜻입니다. 내가 아직 젊었다면 하나님의 역사를 위해 열심히 헌신하라는 뜻이요, 나이가 많아 늙었다면 얼마 남지 않은 시간에 더하라는 뜻입니다. 봉사는 말짱 헛일이라고 말하는 사람들은 말짱 헛 사람들입니다. 봉사 같이 세상에 거룩한 삶이 없습니다. 우리는 이웃을 섬기기 위해 세상에 존재합니다. 돌려받지 아니한 봉사일수록 더 가치가 나타나는 겁니다.

예수님이 우리에게 십자가 위에서 들려준 두 마디 기억할 말이 있습니다. 하나는 "다 이루었다"입니다. "내가 온 인류를 섬기기 위해 세상에 왔는데 마지막에 하나있는 내 목숨까지 주면서 대속물로 주려 함이라. 끝났다. 더 이상 할 것이 없다." 마지막에 피 한 방울까지 인류를 위해서 다 봉사하셨습니다. 우리가 예수를 믿으면서 이것을 다 배우는 것 아닙니까? 두 번째 "내 영혼을 아버지 손에 부탁하나이다." 다 이룬 자는 찾아갈 곳이 아버지 품이지요? 오늘 주보에 보셨듯이 갈보리교회는 파송 선교사 34개국에 817명, 협력 선교사 128곳, 합계 945곳입니다. 섬김과 나눔입니다. 요즘에 선교지에서 저한테 계속 전화가 옵니다. 한결 같습니다. "환율 비상사태라서 IMF와 같이 선교비 다 끊어지는 줄 알고 우리가 마음을 졸였는데 갈보리교회에서 날짜도 어기지 않고 계속 보내주셔서 너무나도 감사합니다. 내년에도 그러실 거죠?" 섬김과 나눔! 남을 섬기는 것은 어떤 면에서 희생이죠? 그러면 나는 못살게 되는가? 아닙니다. 이것을 패러독스 진리라고 합니다. 주님이 우리에게 가르쳐주신 겁니다. 우리는 예수 그리스도에게서 그것을 지금 배우는 것입니다. 섬김은 가장 거룩한 삶의 가치관을 가지고 있습니다. 여러분, 우리 피차 섬기는 종으로 하나님이 주신 2009년 새 역사를 또다시 시작하고 우리 모두 주님을 본받읍시다.

하나님 아버지, 주님은 허영심에 가득 찬 야고보, 요한과 제자들에게 섬김의 진리를 가르치셨습니다. 우리 모두는 예수 그리스도가 가르쳐주신 진리에 귀를 기울이는데 오늘 2009년 새 역사의 첫 주일이 되었습니다. 이 1년을 새로운 마음을 가지고 섬김의 생활을 할 수 있는 청지기들이 되게 하여 주시옵소서. 이 섬김에 필요한 건강과 지혜, 가정의 평화와 때로는 물질과 시간을 주님이 허락해 주심으로 하나님의 역사에 동참하는 기쁨으로 이 1

년을 승리하는 아버지의 자녀들이 되게 하여 주시옵소서. 예수 그리스도의 이름으로 기도드립니다. 아멘.

졸면서 드린 예배

사도행전 20:7-12

7그 주간의 첫날에 우리가 떡을 떼려 하여 모였더니 바울이 이튿날 떠나고자 하여 그들에게 강론할새 말을 밤중까지 계속하매 8우리가 모인 윗다락에 등불을 많이 켰는데 9유두고라 하는 청년이 창에 걸터 앉아 있다가 깊이 졸더니 바울이 강론하기를 더 오래 하매 졸음을 이기지 못하여 삼 층에서 떨어지거늘 일으켜보니 죽었는지라 10바울이 내려가서 그 위에 엎드려 그 몸을 안고 말하되 떠들지 말라 생명이 그에게 있다 하고 11올라가 떡을 떼어 먹고 오랫동안 곧 날이 새기까지 이야기하고 떠나니라 12사람들이 살아난 청년을 데리고 가서 적지 않게 위로를 받았더라.

사람이 참기 어려운 것 가운데 하나가 졸린 것입니다. 얼마나 어려운가? 생명이 위험한줄 알면서도 좁니다. 여러분, 누구나 다 경험하셨을 겁니다. 졸음 운전하면 큰일 난다는 것을 알면서도 졸잖아요? 저는 운전하면서 꿈을 꾼 적도 있습니다. 생명이 위험하다는 것을 잘 알고 있는데도 어쩔 수 없을 때가 있습니다. 우리 대한민국의 교통법은 어떤지 모르겠습니다. 미국에서는 졸리면 길가에 차 세워놓고 차 안에서 자도록 되어 있습니다. 오히려 교통순경들이 잡아놓고 가지 말고 여기서 자라고 지켜줍니다. 물론 도로 사정에 따라 다르기는 해도 교통경찰들이 졸음 운전한다고 생각하면 금방 잡아서 당신의 생명만 위험한 게 아니라 다른 사람까지 위험하니까 우리가 여기서 지켜줄 때까지 자라고 못 가게 합니다. 그래서 자고 갑니다.

저는 예배 시간에 조는 사람을 책망해 본 적이 없습니다. 졸더라도 교회 나오는 것이 안 나온 것보다는 낫지 않습니까? 그런데 이상하게 이런 사람들이 있습니다. 설교 시작한지 5분 정도가 되면 꼭 졸기 시작해서 끝나기 5분 전에 깨어나는 사람이 있습니다. 그런 교인들에게 제가 도움 되는 방법을 가르쳐 드릴게요. 앞자리에 앉으시면 훨씬 낫습니다. 그래도 안 되면 성가대를 하세요. 그러면 도움이 됩니다. 시편에 보면 하나님이 사랑하시는 자에게는 잠을 준다고 하셨으니까 잠은 하나님의 축복의 일부분이라고 생각하니까 졸더라도 교회는 나오시기 바랍니다. 예배 시간에 교인들이 조는 것은 목사에게도 책임이 있습니다. 설교를 졸리게 하기 때문입니다. 자장가 같이 들리니까 조는 겁니다.

제가 계산해보니까 50년도 더 넘었습니다. 제 손 위에 동서되시는 분이 목사님이신데 저보다 11살 위십니다. 그분이 신학교 다닐 때가 50-55년 전 일인데 신학교 교실에서 경험하신 것을 저에게 이야기해 주셔서 기억나는 게 있습니다. 미국 선교사가 익숙지 않은 한국말로 강의를 하고 있는데 여름이라 학생들이 졸려서 꾸벅꾸벅 다 졸았답니다. 그런데 그 날의 강의는 사도행전에서 사도바울의 아시아 전도 여행을 열심히 강의하는데 다른 발음은 정확하지 않아도 사도바울이라는 단어는 똑똑히 말했는데 50년 전, 60년 전 한국사회는 무척 어려웠던 시절입니다. 그때는 쌀밥을 먹는 사람이 없었습니다. 다 보리밥을 먹었습니다. 이 보리밥은 건강에는 좋은데 가끔가다 방귀가 나와서 실례할 때가 많습니다. 가난한 신학생들이 꽁보리밥을 먹고 꾸벅꾸벅 졸다가 어떤 학생이 방귀를 끼니까 학생들이 참을 수가 있습니까? 그냥 "와!" 하고 폭소를 참지 못하고 터뜨려 버렸습니다. 그런데 사실 이런 일은 누구나 하는 일인데도 남이 하면 꼭 우습더라고요. 선교사가 화가 난 겁니다. 가뜩이나 학생들이 강의에 집중을 안 해서 마음이 상해 있는데 이런 일이 벌어지니까 책상을 치면서 "누가 했소?" 그러니까 꾸벅꾸벅 졸던 학생이 깜짝 놀라서 "네, 사도바울이요." "아니, 방귀를 사도 바울이 했소?" 그러니 얼마나 우스워요? 제 동서 목사님이 그 시절에 저에게 들려준 이야기입니다.

오늘 말씀은 유두고 청년이 예배 중 졸다가 창밖으로 떨어져 죽을

뻔 했지만 살아난 기록입니다. 이 사건을 이렇게 성경에 남긴 이유가 있습니다. 예배의 경건성을 위한 유익을 가르치려는 의도가 있고, 유두고의 사건은 영적으로 크리스첸의 위치에 큰 영향을 주는 말씀으로 조명이 되었습니다. 오늘 이 본문 말씀의 예배를 우리가 상상해 보면 설교자도 설교를 듣는 자도 모두 책임이 있다고 판단됩니다. 그 첫째 이유는 바울 사도께서 설교를 너무 길게 하셨습니다. 7절에 "바울이 이튿날 떠나고자 하여 저희에게 강론할 새 말을 밤중까지 계속 하며"라고 했습니다. 몇 시간을 계속 한 겁니다. 우리 교역자들의 교수법 가운데 사람들이 가만히 앉아서 어떤 일에 집중할 수 있는데 필요한 시간이 60분이라고 과학적으로 계산을 했습니다. 그래서 학교에서 그렇게 하는 겁니다. 또 모든 세상에서 뭘 하든지 모이면 그 정도로 시간을 맞춰서 하고 그 다음에 휴식을 취해야 그 다음에 할 수 있는 겁니다. 그래서 예배 시간도 그렇게 하는 것입니다. 아마 오늘 제가 3시간 이상 설교를 하면 다음 주 교회 출석에 영향이 있을 겁니다. 저도 평생 설교를 하면서 살아왔지만 분위기에 맞게 시간 조절을 하면서 설교를 잘 한다는 것은 그분의 실력입니다. 어렵습니다.

　학교 학생들이 제일 싫어하는 교장 선생님이 누군지 아십니까? 마지막으로 한마디 한다고 하면서 30분 이상 하는 사람이고 교인들이 제일 싫어하는 목사는 축도하러 나와서 설교 한번 더하는 목사입니다. 캘리포니아에서 한인교회 축구 시합이 열렸습니다. 아주 중요한 축구 시합입니다. 거기서 우수한 선수를 한국의 전국 체전에 보낼 선수로 선발하는 시합입니다. 수십 교회의 축구 잘하는 청년들을 다 모아서 거기서 우수 선수를 골라내는데 교회 청년들이 모였으니 예배드리고 한다고 협의회에서 나에게 설교를 하라는 겁니다. 축구 경기장에 가서 설교를 하게 됐습니다. 그래서 제가 우리 교회 청년들에게 물었습니다. "오늘 설교는 해야 되는데 어떻게 해야 축구 경기에 나온 청년들에게 은혜가 되겠느냐?" 이렇게 물었더니 청년들이 "목사님! 간단합니다. 짧게만 하시면 됩니다." "어느 정도로 짧게 해야 되는데?" "성경만 읽으십시오." 그런 적이 있습니다. 그리고 제가 부흥회 다니면서 제일 싫어하는 목사가 있습니다. 내가 설교 다 한 것을 다시 한 번 또 하는 목사입니다. 그러면 그날 부흥회 헛하는 겁니다. 교인들이 다 싫어하는데도 버릇인지 항상 그렇게 하는 목사가 있습니다.

오늘 말씀에 바울의 설교가 너무 길어 사고가 생겼는데 듣는 사람과 말하는 사람의 차이점이 있다는 것을 알아야 합니다. 그게 뭐냐? 말하는 사람은 시간 조절이 안 됩니다. 듣는 사람은 길고 짧은 것을 다 분간하면서 듣는데 말하는 사람은 조절이 안 되어 그 조절을 분위기에 맞게 잘하는 사람이 실력자입니다. 저는 신학교에 다닐 때 함석헌 선생님에게서 동양철학을 배웠습니다. 그분은 사상가라서 비판력이 날카롭잖아요? 그분에게 걸렸다 하면 대통령에서 목사까지 신랄하게 비판 대상이 됩니다. 그분이 강의 시간에 목사들을 얼마나 신랄하게 비판을 하시는지 그분의 강의를 듣다보면 목사가 될 마음이 다 없어져 버립니다. "나는 몰랐을 때 장로교회에 나갔었는데 지금은 장로교회 안 나가!" "그러면 예배를 어떻게 드리십니까?" "퀘이커 교도 예배 나간다." 퀘이커 교도들은 특정한 설교자가 없습니다. 그 시간에 모여 앉아서 찬송 부르다가 성령의 지시가 있는 사람이 5분 동안 말하고 그러는 것입니다. "내가 장로교회에 안 나가는 이유는 장로교 목사들이 설교를 너무 길게 한다. 설교 몇 마디 하면 되는 것 가지고 그렇게 길게 하니, 나는 그런 교회 안 나간다." 그렇게 비판하시거든요? 그런데 이 신학교에서는 강의 중간에 경건 예배를 전체가 모여 30분 동안 드리게 되어 있습니다. 설교는 교수님들이 돌아가면서 해야 되고 어떨 때는 우수 학생이 있으면 교무과에서 그 학생에게 설교 하라고 해서 예배를 드리는데 함석헌 선생님도 교수이시니까 설교하실 차례가 되었습니다. "와! 오늘은 함석헌 교수님 설교하실 차례니까 5분 안에 끝나겠구나." 이렇게 기대하고 모두 참석했는데 2시간 5분을 하셨습니다. 그 다음에는 학생들이 막 공격하는 겁니다. "어휴! 교수님! 함 교수님이 목사가 안 되신 것은 하나님 뜻입니다. 함 교수님 목사 되었다면 그렇게 짧게 하라고 하시면서 2시간 5분을 하셨으니 교회에서는 5시간 설교하시겠습니다." 그랬더니 시계를 보시면서 "어? 시간이 그렇게 됐어?" "이 다음부터 너무 목사들 비판하지 마세요. 왜냐하면 비판하기는 쉬워도 실제 해보면 어렵다는 것을 함 교수님 좀 아세요!" "그러게 말이야." 비판은 쉽습니다. 하지만 실제로 해보세요. 어렵습니다.

영적 의미로 오늘 말씀을 조명하면 유두고 청년이 예배에 임하는 태도가 매우 위험한 것임이 나타납니다. 지금 예배드리는 장소는 3층이라고 했습니다. 3층 꼭대기에 유두고가 앉아있는 자리는 창문에 걸터 앉았다고 했습니다. 우리 상식적으로 판단해도 3층 창문에 걸터앉은 자세는 이유가 어찌되었든 이해하기 힘든 일입니다. 유리창 닦기 위해서 일하는 사람들도 안전장치를 하고 일하는데 예배드리는 사람이 그런 태도로 예배를 드리다니 이것은 위험의 노출입니다. 예배는 절대 안전감이 필요한 겁니다. 우리 중에 한 사람만 이상하게 굴어도 이 예배는 다 망칩니다. 하나님의 자녀들은 영적으로 위험한 자리에 앉지 말아야 함이 이 말씀의 암시적 교훈입니다. 여러분 보십시오. 성경 제일 처음의 창세기 에덴동산에서 하나님의 자녀가 위치 설정을 어떻게 했나 하나님이 물으셨습니다. "아담아, 네가 어디 있느냐?" 어디 있는가 이것이 중요합니다.

"복 있는 사람은 악인의 꾀를 좇지 아니하고 죄인의 길에 서지 아니하며 오만한 자리에 앉지 아니하고" 오늘 성가대가 불렀잖아요? 유대 나라 사람들이 가장 즐겨 읽는 시편의 첫 머리에 이것부터 말했습니다. "너는 어디 앉아있는 거야? 네 위치는 어디야?" 앉아야 할 자리가 있고 앉지 말아야 할 자리가 있다는 것입니다. 위험한 자리에 앉지 말라는 것입니다. 우리나라 역사에도 맹자의 어머니, 정몽주의 어머니 모두 자기 아들이 앉는 자리 때문에 교육하신 분들로 유명합니다. "너는 학자 아니냐? 너 같은 학자요 선비가 왜 정치판에 뛰어들어서 온갖 위험스런 삶을 사느냐? 까마귀 싸움에서 백로야 가지 마라." 결국 갔기 때문에 끝났잖아요? 성경에도 많습니다. 삼손은 하나님의 종으로 이스라엘 과

도기 역사의 통치자로 선택된 사람입니다. 그런데 그 사람이 '들릴라'라고 하는 기생집에 자주 앉아 있다가 비참한 인생으로 몰락하고 맙니다. 신앙상 위험하다고 판단하는 자리는 피하는 것이 가장 훌륭한 방법이 됨을 이 말씀이 암시적으로 가르쳐주고 있습니다.

아프리카에 갔더니 원숭이가 얼마나 많은지 예배드리는 바로 옆 창문에 와서 먹을 것 없나 기웃거리면서 주변에 널려 있었습니다. 그런데 이 원숭이들이 머리가 참 영리하답니다. 사람을 닮아 영리한지 아마 동물 중에 제일 영리한 것이 원숭이라고 말하는데 이 원숭이를 어떻게 잡느냐 원숭이 잡는 방법이 있는데 그곳 사람들이 말하는 게 아주 재미있습니다. "원숭이 잡는 것 아주 쉽습니다." 원숭이 못 잡잖아요? 얼마나 날쌘지 나무를 훌훌 날아다니는데 어떻게 잡아요? 잡을 수 없습니다. 그런데 아주 쉬운 방법이 있답니다. 큼직한 항아리를 갖다 놓고 거기에 술을 부어놓으면 된답니다. 이 원숭이들도 사람을 닮아서 그런지 술을 좋아한답니다. 술 냄새가 나면 새까맣게 몰려옵니다. 그런데 머리가 영리하기 때문에 안답니다. '이 인간들이 우리를 잡기 위해서 수작을 부리는 것이다.' 알고 주변에 모여서 앉아있기만 하는데 이 냄새가 솔솔 올라오니까 처음에는 냄새들만 맡다가 그 중에 한 놈이 "도무지 안 되겠다." 이렇게 기웃거리며 돌아보다가 팔이 기니까 길게 팔을 내려서 맛을 보니까 맛이 기막힙니다. "에라, 모르겠다." 뛰어들어서 그냥 막 마시니까 다른 원숭이들도 뛰어 들어가서 서로 마시는데 이게 알코올이니까 원숭이도 취할 것 아닙니까? 그래서 거기서 곤드레만드레

되어서 한참 있다가 사람이 가서 들고 오면 된답니다. 아주 쉽답니다. 유두고의 이 사고는 예배 자리 선정의 처음부터 위험스런 선택이었습니다.

그 다음에는 말씀을 듣는 자세에 문제가 있습니다. 창가에 걸터앉은 그 자체가 겸손해 보이지 않습니다. 거기 걸터앉아 무슨 은혜를 받겠습니까? 같은 장소, 같은 시간에 같은 말씀을 들어도 자리에 따라 차이가 나는데 창문에 위험스럽게 걸터앉은 자세로 말씀의 은혜를 받겠습니까? 성경에 보세요. 말씀을 대하는 사람들의 자세가 나옵니다. 고넬료는 로마 군인의 백부장이라고 했습니다. 현역 군인입니다. 그런데 베드로를 청해 온 집안 식구들, 아는 사람들을 다 오라고 해서 베드로 앞에서 하는 말이 있습니다. 사도행전에 보면 "이제 우리는 주께서 당신에게 명하신 말씀을 듣고자 하여 하나님 앞에 있나이다." 베드로 앞에 있으면서 "하나님 앞에 있나이다."라고 했습니다. "당신은 자연인 베드로이지만 당신이 하는 말은 하나님의 말씀이니까 말씀인 하나님 앞에 우리가 있나이다." 그리고 설교를 듣더니 그 시간으로 다 성령의 충만함을 받아 세례 받았다고 그랬잖아요? 주님은 일에 분주한 마르다보다 말씀을 열심히 듣는 마리아를 칭찬하셨습니다.

여러분 해당되시는 분은 좀 죄송한 말인데 우리나라에 '치맛바람'이란 말이 있잖아요? 엄마들이 돈 써가면서 왜 자기 아이들을 교실 앞자리에 앉히려고 하는가 말입니다. 앞자리와 뒷자리의 학습 효과는 큰 차이가 있다는 것이 과학적으로 밝혀졌기 때문입니다. 그래서 서로 앞자리에 앉히려고 애쓰는 겁니다. 창문에 걸터앉으면 자연히 바깥세상이 시야에 들어오게 마련이고 그러면 마음도 집중력도 떨어지게 되어 있다고 합니다. 요한복음 4장에 보세요. "하나님은 영이시니 예배하는 자가 신령과 진정으로 예배할지니라." 하나님과 인간의 가장 훌륭한 만남이 이루어지는 방법은 예배입니다. 그래서 기독교는 예배의 모범을 그렇게 중요시합니다. 예배에 충실하지 않으면 교회는 오나마나 입니다. 기독교는 없어집니다. 왜 중세기에 교회들이 그렇게 내리막길을 걸었는가? 왜 교회들이 몰락했는가? 예배의 모범이 잘못되어져 있었기 때문입니다. 말씀 설교하는 시간을 거의 없애고 알아듣지 못하는 라틴어로 몇 마디하고 의식 중심의 예배 모범을 가졌다가 교인이 다 나가버렸습니다. 그래서 개신교가 종교개혁을 일으킨 것 아닙니까? 걸터앉은 자세로는 절대로 하나님을 만날 수가 없습니다. 따라서 우리 신앙생활을 생각해야 합니다. 우리 신앙생활이 하나의 문화생활을 즐기는 액세서리 정도로 걸터 앉아있으면 신앙생활의 향상도 없고, 신앙생활 하나마나입니다.

예수님의 말씀을 한번 기억해 봐요. 2000년 전 유대 나라는 생활환경이 얼마나 열악했는지 먹고 사는 문제가 너무나 열악해 사회 전체가 다 영양실조였습니다. 그러한 사회에 사는 사람들에게는 먹고 마시는 문제 해결이 곧 복음이요 구원이 됩니다. 먹고 생명을 유지하는 문제가 민주화보다도 더 앞선 가치가 있고 도덕 윤리보다도 앞서갑니다. 가장 심각한 가치관이 먹는 문제입니다. 그런데 그러한 군중들이 예수님에게 어떤 기대감을 가지고 찾아왔을 때 그들을 향해 예수님의 설교는 무엇이었습니까? "무엇을 먹을까, 무엇을 마실까, 무엇을 입을까 하지 말라!" "주여! 우리들의 최상의 가치관은 지금 그것입니다. 그 문제를 좀 해결해 주실 수 없겠습니까?" 무시해 버리셨습니다. "그러면 우리의 가치관이 뭡니까? 무엇을 위해서 살아야 합니까?" "너희는 그의 나라와 그 의를 먼저 구하라. 하나님을 섬기는 것을 먼저 하라. 그리하면 이 모든 것을 너희에게 더하여 주실 것이다." 이런 식으로 말씀하셨잖아요? 그런데 구약에 보면 더합니다. '하나님을 섬기는 것을 그럭저럭 걸터앉은 자세로, 하다 말면 그만두고….' 이렇게 합니까? 성경 말씀에 "너는 마음을 다하고 뜻을 다하고 목숨을 다하여 주 너희 하나님을 사랑하라." 이런 가치관을 구약에서 말씀했습니다. "그리하면 이 모든 것이 너희에게 돌아갈 것이다." 이것이 하나님을 섬기는 자세입니다. 중간에 걸터앉아서 이쪽저쪽 바라보는 것이 아닙니다. 전심전력, 죽기 아니면 살기로 하나님을 믿으라 이겁니다.

성경에 졸다가 인생이 크게 고난스러워진 사건이 있죠? 베드로, 야고보, 요한은 1시간의 졸음 때문에 예수님의 마지막 부탁인 함께 기도하는 일에 동참하지 못했다가 그날 밤에 베드로는 시험에 들잖아요? "나는 예수님을 모른다. 아무 상관이 없다." 세 번씩이나 부인하는 말을 합니다. 일평생 그의 가슴에 지워지지 않는 상처를 자기가 만들었잖아요? 기도했더라면 물리칠 수 있었을 텐데 말입니다. 미련한 다섯 처녀는 졸다가 신랑을 저버리고 말았다고 했습니다. 요한계시록의 사데

성은 졸다가 나라가 망했기 때문에 "너는 일깨워 그 남은 바 죽게 된 것을 굳게 하라."는 격언이 생겼습니다. 주님의 부탁 "깨어서 기도하라." 시편 121편에 "이스라엘을 지키시는 자는 졸지도 아니하고 주무시지도 아니하시리로다"라고 했습니다. 야고보서에 보면 중간에 걸터앉아서 신앙 생활하는 사람들에게 "바람에 밀려 요동하는 배와 같도다. 바람이 이쪽으로 불면 이쪽으로 갔다가 저쪽으로 불면 저쪽으로 밀려가는 이런 사람은 주께 얻기를 희망하지 말라." 결국 이 청년 때문에 예배는 중단되고 수라장이 되고 온 교회의 걱정거리가 되었습니다. 하나님의 은혜로 그의 생명은 소생하여서 다행히 마무리는 잘 지어졌습니다.

그런데 우리 하나님 믿고 사는 사람들은 하나님을 믿고 사는 이 일 때문에 다른 것을 다소 희생시켜야 하는 것이 있습니다. 하나님 믿고 사는 집이 내 인생의 최대의 가치관이요 마치 '나는 이것을 위해서 세상에 존재한다.'는 이런 마음으로 하나님을 섬기라는 겁니다. 그런데 이것저것 많이 있는 가운데 주일날도 '오늘 골프 치러 갈까, 어디 놀러 갈까? 에이, 그냥 교회 가자.' 그런 식으로 걸터앉아서 이쪽저쪽 그렇게 하지 말라는 겁니다. 이것은 우리 생활에 우선권이 있는 일입니다. 하나님 섬기고 나서 그 다음을 뭐든지 생각해야 합니다. 비겁한 크리스천이 있습니다. 상황에 따라서 예수님 믿는 것을 감추는 신자입니다. 이것은 걸터앉은 신앙입니다.

하나님 믿고 사는 것이 삶의 제일주의로 살라는 말은 손해가 나는가? 그 반대입니다. 절대 아닙니다. 사는 길입니다. "너는 살기 위하여 하나님께 충성하라." 여러분, 기독교 복음이 먼저 들어간 나라들은 왜 다 선진국이 되었습니까? 우리나라도 복음이 안 들어왔으면 어떻게 될 뻔 했습니까? 이 길은 인간들이 세상에서 가장 행복하게 살 수 있는 진리이기 때문에 "너희는 다른 것을 하기 전에 하나님 먼저 하라. 뭐든지 예배 먼저 드리고 물질도 하나님께 헌금 먼저 드리고 하나님 제일주의로 먼저 하라." 구약에 그렇게 많이 첫 번째 것을 하나님께 드리라는 말은 하나님을 먼저 생각하라 그런 이야기입니다. 예수 믿고 사는 것을 어디 가든지 밝히세요. "차든지 덥든지 하라. 미지근하면 내 입에서 내 치리라." 이렇게 하면 되겠습니까?

내가 간증할 것이 있는데 한때 우리나라 대학들이 '리서치 펠로우'라는 과목을 만들어서 사회인에게 대학원 공부하는 길을 열어준 적이 있습니다. 제가 청년 때 이런 것을 많이 했습니다. 사회로 출세한 사람들이 학창시절이 생각나 학원으로 돌아가 사람들이 학교로 많이 몰려들었는데 저도 전도사 시절에 야간으로 행정대학원에 가서 '성경만 공부하다가 세상에 대해 너무 어두울 수 있으니까 배워야 되겠다'고 생각해서 행정대학원에 다녔습니다. 그런데 한 반에 들어온 사람들이 "야! 우리 학창시절과 같이 되돌아가서 아주 재미있게 지내자." 그래서 모여서 자기소개를 했습니다. 쟁쟁한 사람들이 모였습니다. 보니까 나이가 제가 제일 어려요. 저는 20대 중반인데 다른 사람들은 40대들도 많이 왔고 50대들도 있고 자기소개를 하는데 청와대 누구, 법제처장, 기업 회장, 영화배우, 사장, 병원장, 유명 언론인 등 저마다 명함을 내놓고 자랑스럽게 소개를 하는데 제 차례가 되었습니다. "저는 교회 전도사입니다." 그리고 어울려서 공부를 했는데, 이분들이 공부를 하면 밤 9시에 그냥 집에 가지 않아요. 반드시 거치는 데가 있습니다. 술집에 가서 거기서 한바탕 재미나게 시간을 보내고 밤 11시쯤 되어 집에 갑니다. 저는 술과 아무 상관이 없으니까 안 갈 것 아닙니까? 그런데 그 중에 몇 사람이 기어코 저를 끌고 가는 겁니다. "전도사님! 전도사님이 우리같이 못된 사람들에게 와서 전도를 해야지! 살살 혼자 빠져나가면 돼? 전도사 가짜인가 봐. 전도사는 아무데서나 전도를 할 수 있어야지 동기생인데 우리라고 피해가면 돼? 빨리 와!" "제가 술을 못하니까 분위기 깰까봐 일부러 안가는 겁니다." "거기 다른 거 먹을 것도 많아. 가자!" 끝까지 끌고 들어갑니다. 가서 어떻게 하는지 압니까? "다들 조용히 해! 우리 비록 술 먹고 있지만 전도사님 축복 기도한 다음에 먹어!" 놀리는 것 같기도 하고 나이가 제일 어리니까 '에이 모르겠다. 기도하자. 기도는 아무데서나 할 수 있는 거지.' 그래서 이상한 데서 기도를 했습니다. 거기서 일하는 아가씨가 내 옆에 살짝 오더니 "전도사님! 저도 교회 나가요. 그런데 이런 데서 기도하는 전도사님 처음 봤어요." "나도 처음입니다." 이럭저럭 졸업 때가 되었잖아요? 보니까 나를 끌고 갔던 사람들이 교회 집사님들입니다. 숨기고 있었던 겁니다. 저한테 졸업 때 뭐라고 그러는지 아세요? "전도사님, 전도사님은 정말 전도사님입니다. 존경합니다. 나 교회 집사인데 목사가 된 다음에 우리 교회 와서 목회할 지도 모르는데 만날지도 몰라. 그때 이거 말 안하기요!"

우리 신앙생활은 걸터앉을 때 영적 추락사고, 위험 노출이 있습니다. 주님 앞으로 바짝 다가가서 '내 인생은 여기에다 생명을 걸어보자. 주님이 기뻐하실 수 있는 일에 열심을 두고서 거기에 충성을 해보자. 이것저것 해봐도 안 되니까 주님께 충성하자.' 손해가 나는지 한번 해보세요. 제일 첫째로 예배에 충실하세요. 주일 예배뿐만 아니고 '수요예배도 나가서 강해 설교를 들어야지.' 일주일에 한번이니까 아침, 저녁 가능한 시간에 나오셔서 수요 예배드리시고, '새벽기도 내가 한 번도 안 나갔는데 금년에는 일주일에 한번이라도 새벽기도회 나가보자.' 새벽기도회도 하시고 지역 식구들 모임에도 '아, 우리 교회 교인들이 누군지 서로 알고 지냈으면 좋겠다.' 한번 가보세요. 절대 손해 안 납니다. 예배드리기 위해 희생 부분은 하나님의 축복으로 채워집니다. 여러분, 2009년 하나님께서 우리에게 또 역사의 새 현장을 허락해주셨잖아요? 우리 모두 1년 동안 하나님께 영광을 돌립시다.

> 하나님 아버지, 오늘은 하나님의 말씀 가운데 예배 모범에 대한 말씀을 조명하였습니다. 우리가 이 세상에서 하나님 믿는 백성으로서 어떻게 살아가야 될 부분에 대해서 도움 되는 말씀을 저희가 깨닫고 하나님의 택한 백성으로 이 땅 위에서 주님이 기뻐하시는 훌륭한 삶을, 하나님께 영광 돌리는 삶을 살아가게 하여 주시옵소서. 예수 그리스도의 이름으로 기도드립니다. 아멘.

아시아 복음화를 위하여

사도행전 19:21-32

21이 일이 있은 후에 바울이 마게도냐와 아가야를 거쳐 예루살렘에 가기로 작정하여 이르되 내가 거기 갔다가 후에 로마도 보아야 하리라 하고 22자기를 돕는 사람 중에서 디모데와 에라스도 두 사람을 마게도냐로 보내고 자기는 아시아에 얼마 동안 더 있으니라 23그 때쯤 되어 이 도로 말미암아 적지 않은 소동이 있었으니 24즉 데메드리오라 하는 어떤 은장색이 은으로 아데미의 신상 모형을 만들어 직공들에게 적지 않은 벌이를 하게 하더니 25그가 그 직공들과 그러한 영업하는 자들을 모아 이르되 여러분도 알거니와 우리의 풍족한 생활이 이 생업에 있는데 26이 바울이 에베소뿐 아니라 거의 전 아시아를 통하여 수많은 사람을 권유하여 말하되 사람의 손으로 만든 것들은 신이 아니라 하니 이는 그대들도 보고 들은 것이라 27우리의 이 영업이 천하여질 위험이 있을 뿐 아니라 큰 여신 아데미의 신전도 무시 당하게 되고 온 아시아와 천하가 위하는 그의 위엄도 떨어질까 하노라 하더라 28그들이 이 말을 듣고 분노가 가득하여 외쳐 이르되 크다 에베소 사람의 아데미여 하니 29온 시내가 요란하여 바울과 같이 다니는 마게도냐 사람 가이오와 아리스다고를 붙들어 일제히 연극장으로 달려 들어가는지라 30바울이 백성 가운데로 들어가고자 하나 제자들이 말리고 [31]또 아시아 관리 중에 바울의 친구된 어떤 이들이 그에게 통지하여 연극장에 들어가지 말라 권하더라 [32]사람들이 외쳐 어떤 이는 이런 말을, 어떤 이는 저런 말을 하니 모인 무리가 분란하여 태반이나 어찌하여 모였는지 알지 못하더라.

오늘 성경말씀의 배경을 보면 바울 사도께서 아시아 전도 여행을 다니다가 일어난 한 소요사태를 그대로 기록하고 있습니다. 내용은 바울을 고소하는 말입니다. 웬 문제아가 하나 나타나서 아시아 전부를 혼란하게 만들고 있다는 것입니다. 그리고 바울이라고 하는 사람 때문에 우리가 여태까지 잘 믿고 있는 아데미 신의 권위를 손상시키고 있으니까 이 문제아를 없애야겠다고 바울의 선교 여행을 핍박하고 있는 내용으로 되어 있습니다. 그러니까 "아시아 전부를 통하여 허다한 사람을 권유하여 말하되 사람의 손으로 만든 것들은 신이 아니라 하니"라고 말하고 있습니다. "이 하나 때문에 아시아가 다 시끄럽다." 이런 말인 것입니다. 그런데 여기서 말하는 아시아는 지금 세계 지도의 아시아 전체를 말하는 것이 아니고 이 부분을 옛날에 소아시아라고 불렀습니다. 이스라엘 나라 주변의 여러 작은 나라들을 말하는 것입니다. 지금은 아시아라고 말하면 북부 아시아, 남부 아시아, 중앙아시아, 서남아시아, 극동 아시아, 동남아시아, 동북아시아 전체의 광범한 지역을 아시아라고 부르고 있습니다.

처음에 바울은 아시아 복음화를 목표로 했습니다. 열심히 선교를 하는데 사도행전 16장에 보면 "성령이 아시아에서 말씀을 전하지 못하게 하시거늘"이라고 나왔습니다. 그래서 바울을 유럽으로 인도하셨습니다. 그래서 아시아에서 유럽으로 넘어가 마게도냐 첫 성 빌립보에 가서 빌립보 교회를 세우는 것을 시작으로 유럽 전도를 했기 때문에 유럽이 먼저 복음화된 것입니다. 만약 그때 바울의 발걸음이 아시아로 향했다면 아시아가 유럽같이 되었을 것입니다. 우리 기독교 역사가 2천 년인데 유럽의 웬만한 나라들은 다 기독교 역사가 2천 년입니다. 우리나라는 2백 년이 조금 넘었습니다. 더군다나 개신교는 1백 년이 조금 넘는 역사를 가지고 있으니 얼마나 늦게 기독교 복음이 들어왔는가 우리가 역사적으로 평가할 수 있습니다. 그런데 지금은 세계가 변했습니다. 아시아가 세계무대에 서게 되었다는 것입니다.

과거에는 세계 모든 문제가 미국과 소련의 양극화였습니다. 이제는 소련의 자리에 중국이 들어왔습니다. 지금 중국은 세계 최대 외환 보유국이 되었고 세계 제2의 상품 수출국이 되었으며 과학 발전은 세계 3위를 차지하는 나라로 변했습니다. 이미 일본은 중국보다 앞서 오래전부터 세계 2위의 자리를 막강하게 확보하였습니다. 그 틈바구니에서 지난 몇 십 년 동안 대한민국의 위치는 대단히 성장해서 이제는 G20에 넉넉히 자리를 확보함으로 내년도 G20 회의는 한국에서 개최되는 것으로 발표되었습니다. 이렇게 아시아가 세계 중심에 서게 된 것은 기쁜 일입니다. 지리적으로 평가하면 예수님도 바울도 아시아인입니다.

그런데도 아시아의 복음화율은 아직도 아시아 전체 인구에 7퍼센트

미만이 될까 말까한 숫자입니다. 저는 바로 이 문제에 우리 대한민국 교회의 갈 길이 있다고 봅니다. 그러니까 아시아의 복음화를 위해서 노력할 나라가 아시아에서 대한민국 밖에 없습니다. 일본은 기독교 복음이 한국보다 훨씬 먼저 들어갔지만 일본 교회는 1퍼센트가 안 되는 교인 숫자가 됨으로 세계 선교에 기대할 것이 없습니다. 더구나 중국은 그동안 공산주의 이념에 의해서 기독교 박해 역사를 오랫동안 살았기 때문에 선교는 고사하고 그 나라 자체 교회 발전도 힘이 들었던 역사를 지금까지 살아왔습니다. 아시아는 세계 전체 인구의 60퍼센트를 차지하고 있습니다. 그런데도 한국을 제외하고는 선교를 할 수 있는 나라가 하나도 없다는 것이 현실입니다. 남부 아시아와 동남아, 일본까지 불교가 오랜 역사에 굳게 자리를 잡고 있습니다. 또 중국의 공자 사상이 유교라는 이름으로 종교화 되면서 한국 사회를 500년 이상이나 점령하였습니다. 서남아시아는 유대교가 기독교 복음의 확산을 방해해서 어려움을 겪어서 이 아시아는 아주 복음이 캄캄한 지역이 되어 버리고 말았습니다.

오늘 성경의 장소는 에베소 소아시아 지방인데 소아시아 복음의 확산이 어려워졌던 이유가 나타나고 있습니다. 세계에서 제일 신전이 많은 곳이었습니다. 지금 바울을 고소하는 이유가 아데미 여신의 권위를 손상시켰다는 것입니다. 사실 우리나라도 복음 전도에 가장 큰 걸림돌은 무당 종교였습니다. 5천년 역사에 가장 뿌리 깊이 박힌 민속 신앙이 무당 종교라서 누구든지 인생의 문제는 무당에 가서 물어봤습니다. 지금은 상황이 좀 달라졌지만 몇십 년 전만 해도 동네마다 무당이라는 사람이 있어서 모든 사람들이 인생의 문제를 무당에게 가서 점을 쳐서 인생의 갈 길을 정했었습니다. 무당의 능력은 궁중까지 세력을 뻗쳐서 궁중 무당이 있었습니다. 그래서 항상 궁중 무당이 점을 쳐서 국가의 갈 길의 방향을 제시했습니다. 이성계가 조선을 세우고 자기 후임 왕을 선택하는 과정을 보면 무당이 시키는 대로 합니다. 후처의 소생 막내를 내정했다가 이방원의 반란에 죽게 되는 역사를 봤습니다. 또, 아무리 교육을 많이 받고 사회적 엘리트가 되었어도 인생의 문제가 닥치면 무시 못 하고 무당을 찾아갑니다. 그래서 점을 쳐서 운명을 결정하는 그러한 문화가 아주 뿌리 깊이 박혀 있는 것이 대한민국이었습니다.

소아시아 지방에는 이 아데미 신전이 그런 영향을 끼치고 있었기 때문에 오늘 성경말씀이 쓰이게 된 것입니다. 아데미 신전이 얼마나 웅장했느냐 하면 솔로몬 성전의 34배입니다. 대리석 기둥 120개가 있고 길이가 425척이며 넓이가 120척, 높이가 60척입니다. 그리고 고대 미술의 정수를 모아서 조각과 벽화를 그려서 놀라우리만치 정교한 건축물입니다. 건축물이 너무나 웅장하고 섬세하게 잘 되어 있어서 세계 7대 불가사의 중에 하나가 되었습니다. 오늘 성경말씀에 바로 데메드리오라고 하는 사람이 직공들과 함께 아데미의 은감실을 만들어 돈을 많이 벌었다고 했습니다. 이게 무슨 소리인가? 아데미 신전의 모형을 조그맣게 만들어 파는 겁니다. 사람들이 집집마다 하나씩 사가지고 자기 집에 신으로 모셔두고 아데미 신을 섬기는 일을 했는데 바울이라고 하는 사람이 느닷없이 하나 나타나서 "이것은 다 불필요한 일이다. 이것은 다 어린아이 장난감이지 무슨 신이냐? 신은 오직 하나님 밖에 없고 그 하나님을 소개한 것이 예수 그리스도의 십자가 사건이다." 이런 일을 벌이니까 사람들이 바울의 말을 듣고 "우리가 여태까지 인생의 문제를 잘못 논했다. 아무것도 아닌 장난감을 가지고 우리가 복을 달라고 빌었다." 그래서 장사가 잘 안되고 아데미 신의 권위도 떨어지는 일이 생기게 되었습니다. 그러니까 그 사람들이 가만히 있겠습니까? 바울이 아시아를 다 뒤집어엎고 있으니까 바울을 아주 많이 핍박했습니다. 아시아에서 핍박을 당한 내용이 성경에 기록되어 있습니다. 바울이 얼마나 핍박을 많이 받았는지 사형선고를 받았다고 표현하고 있고 디모데에게 편지한 말 가운데 "아시아에 있는 모든 사람이 나를 버린 일을 네가 아나니"라고 기록한 것을 볼 수가 있습니다. 요한계시록 1장을 보면 사도요한이 하나님의 계시를 보고 기록을 해서 어디로 보내고 있습니까? 아시아에 있는 일곱 교회에 보냅니다. 또, 베드로전서 1장에 보면 베드로가 "비두니아와 아시아에 흩어진 나그네에게 보낸다"라고 편지를 보내는데 아시아에서 얼마나 박해가 심했는지 아시아의 복음의 역사가 캄캄하게 되어서 아시아는 지금 미신의 나라가 되고 유럽이 복음화가 된 것입니다. 여러분, 여행할 때 영적 싸움이 없습니까? 저는 동남아를 여행할 때 항상 영적 싸움을 합니다. 어디를 가나 우상이 가득하니까 영적 싸움을 하게 됩니다.

오늘 이 현실에 아시아 대륙은 어떤 문제를 가지고 있는가? 먼저 아시아 대륙의 많은 국가들은 지난 몇 십 년 동안에 겨우 독립을 한 약소국가입니다. 그래서 오랜 역사 동안 대부분 식민지로 살아온 것이 아시아입니다. 제2차 세계대전 이후에 25개의 나라가 독립했고, 나머지 나라는 그 이후에 독립했습니다. 그 전까지는 아시아의 나라들은 거의 다 식민지 삶을 살았던 것입니다. 물론 대한민국도 마찬가지입니다. 제2차 대전이 끝난 1940년대에 한국을 비롯한 12개 나라가 독립을 했고 50년대에 와서 말레이시아와 싱가포르, 60년대에 와서 쿠웨이트를 비롯해서 7개국이, 70년대에 들어서서 바레인을 비롯한 4개국이 독립을 했습니다. 그리고 근래에 인도네시아로부터 동티모르 등이 독립을 하였습니다. 모두가 식민 통치에서 살았습니다. 그러므로 복음의 확산이 아주 어려워졌습니다.

아시아는 일찍이 고대 3대 문명의 발상지였습니다. 메소포타미아 문명이라든가 중국 황하 강 지역의 문명이라든가 인도의 문명이 다 아시아권 아닙니까? 그런데 왜 유럽보다 발전이 늦어졌는가? 과학 기술의 발달과 동양인의 마음이 연결되지 못한 이유 때문에 과학에 뒤떨어진 불행한 역사를 지나간 세계 동안 살았던 것을 인정할 수밖에 없습니다. 아시아 국가들 가운데 일본이 가장 먼저 발전을 했는데 이유는 한 가지입니다. 서구의 과학 기술을 먼저 받아들였기 때문에 우리보다 앞서 선진국이 된 것입니다. 중국은 70년대에 와서 어쩔 수 없이 문호를 개방해서 급속하게 발전하고 있는 것입니다. 왜 아시아의 과학 기술 발달이 늦어졌는가? 우리 동양인의 지혜는 관찰과 분석에서 지식을 얻고

자 하는 과학적 사고가 아닙니다. 마음부터가 다릅니다. 명상에 의한 예지를 삶의 기초로 삶고 자연 속에서 호흡하며 마음의 세계에서 살기를 좋아했던 것이 우리 동양인의 마음입니다. 무엇을 개척해서 새롭게 만들고 파헤치고 이런 것을 싫어하고 그냥 자연에 순응하면서 생긴 그대로 살아가는 것이 동양인의 마음이었습니다.

서구 사람들이 도전적이고 진취적인데 비해서 동양인은 조금은 자연 순응적인 삶을 살아가는 사람들이었습니다. 사실 우리 동양인들은 달을 정복하지 않았으면 더 행복합니다. 이태백이 놀던 달을 그냥 두지 그래서 계수나무로 집을 짓고 천년만년 살고 문학의 세계에서 달을 그리워하면서 소원을 빌면서 달 속에 묻은 아름다운 정서를 가지고 있었는데 그것을 괜히 쑤셔놔서 돌멩이 몇 개 집어오고 그랬으니 동양인들은 솔직히 그런 것을 싫어하는 겁니다. 서구인들은 너무나 자랑스럽고 마음부터가 다릅니다. 서구인들은 무엇이나 새로운 것을 자꾸 만들려고 하는데 동양인은 될 수 있는 대로 그냥 두고 거기 순응해서 사는 법을 배웁니다. 마음 자체가 달랐습니다. 건강에 도움을 주는 서구인들이 만든 약이 과학적이라면 동양의학은 철학적입니다. 그래서 과학을 초월하는 우주의 이치를 기준으로 사람의 몸도 바라볼 수 있는, 인간의 몸도 한의학에서는 소우주로 봅니다. 우리 몸속에 우주의 신비 작용이 다 들어있어서 음양해석이라든가 하는 것으로 사람을 바라봅니다. '배부르게 먹고 잘사는 것보다 좀 배가 고파도 산 좋고 물 좋은 것을 그대로 두고 사는 것이 훨씬 더 좋지 않으냐?' 우리 동양인은 내부 구조가

편리한 것보다 터를 잘 잡아야 되고 죽어서 묻히는 묘지 자리에 관심이 더 많습니다.

우리 인간관계도 나 혼자를 분리시키는 것을 매우 두렵게 생각하는데 서구인들은 독립 정신이 강해서 아이들이 대학만 졸업하면 집안에서 독립시키기 위해 부모들이 자녀들을 내쫓습니다. 그래서 제가 미국에 가서 굉장히 창피당한 일이 한번 있는데 너는 몇 살 때 부모 집을 떠났느냐고 묻더라고요. 그래서 25살, 30살이라고 하면 깔깔대고 웃습니다. 그러니까 빨리 집을 나와서 독립해야 합니다. 이것이 서구인들의 삶의 모습입니다. 그런데 우리는 다르잖아요? 끝까지 함께 사는 것을 좋아하잖아요? 죽여라, 죽여라 하면서도 함께 사는 걸 좋아합니다. 자기 아내를 내 색시라고 하는 사람 한 사람도 없습니다. 자기 색시 누가 뺏어 갈까봐 내 색시, 내 색시 그러냐? 우리 집 사람이라고 해야 은혜스럽지 다른 말로 안합니다. 지나간 몇 십 년 동안 아시아의 문제는 자주독립의 문제였는데 이제는 그 문제는 거의 해결이 되었습니다. 지금은 뭐냐? 아시아가 기술 개발에 의한 근대화 작업이 가장 큰 문제가 되고 있습니다.

아시아교회협의회라고 있습니다. 거기서 협의한 내용을 제가 발표하겠습니다. 아시아를 어떻게 민주화하고 복음화 할 수 있는가에 대해서 협의한 내용입니다. 이렇게 나왔습니다. 아시아의 평화와 민주화를 위해서는 중국과 일본이 공헌해야 된다고 결정지었습니다. 이유는 이 두 나라가 아시아에서 가장 힘 있는 나라이기 때문에 그렇습니다. 이

두 나라에 정치 이념과 국가 방향에 의해서 아시아의 평화가 좌우됩니다. 또 일본은 과거 아시아의 평화를 가장 많이 깨뜨린 죄가 있기 때문에 이제는 아시아의 평화를 위해서 공헌해야 한다는 것입니다.

예를 든다면 과거 일본이 대한민국을 통째로 다 식민지화 했잖아요? 그런데 그것을 생각한다면 이제는 아시아 평화를 위해서 독도 같은 문제는 건드리지 말아야 아시아 평화가 이루어지지 나라 전체를 다 식민지화 한 그런 나라 사람들이 돌멩이 하나 자기 것이라고 자꾸 우겨대면 아시아 평화가 자꾸 깨지게 된다는 것입니다. 그러니까 일본은 앞으로 아시아 평화를 위해서 조금은 희생하면서 과거를 생각하면서 공헌해야 되고 가장 영향력을 많이 미칠 수 있는 나라가 중국인데 그 이유는 동남아시아에 화교들이 경제권을 다 잡고 있습니다. 중국을 어떻게 생각하느냐에 따라서 아시아의 평화는 크게 영향을 받도록 되어 있습니다.

아울러 아시아 평화에 최고 걸림돌이 지금 북한과 미얀마의 민주화 문제입니다. 이 두 나라가 언제 민주화가 되느냐? 이것이 아시아의 문제로 남아 있습니다. 그 다음에 일본에게 강력히 요청하였습니다. 아시아 평화 문제에 있어서 장애가 되는 몇 가지 큰 문제점에 있어서 일본의 인종 차별 문제! 그래서 "우리 재일 교포들의 지문날인을 없애라! 차별이다." 지문을 찍어서 "너는 조선 사람이다. 이렇게 완전 차별하는 것을 없애야 한다." 제가 미국에서 스티븐 야마고찌라고 하는 신학생과 회의를 한 적이 있었는데 프린스턴 신학교 학생이었습니다. 그런데 졸업을 앞두고 학교를 그만두고 일본으로 갔습니다. "왜 일본으로 가느냐?" "우리나라에서는 아주 나쁜 일을 행하기 때문에 이것을 막으러 간다." "무슨 나쁜 일을 하느냐?" "조선 사람들에 대해서 그렇게 죄를 많이 지었는데 이제는 지문을 찍어서 차별화 정책을 펴기 때문에 미약하지만 내가 가서 일본과 싸우기 위해 간다." 일본 사람입니다. 그런 친구를 알고 있습니다. 그 친구는 정말 그렇게 했습니다. 지금 그런 일에 대해서 앞장서서 "이것은 아시아 평화를 깨치는 일이다"라고 하고 있습니다.

조선 말엽에 쇄국 정책을 주창한 대원군과 서구 문명을 받아들여서 부강해 보려는 명성황후 사이에 치열한 대립에서 명성황후가 승리하지요? 그래서 일본과 수결을 하게 되는데 이때 일본이 침략성만 없었다면 우리나라도 일본 못지않게 잘 성장하였을 것입니다. 그러나 그러는 명성황후를 살해하고 마침내 우리를 식민지로 만들었기 때문에 우리는 발전하지 못했습니다. 다음에 아시아의 복음화는 한국이 수고해야 된다는 것입니다. 한국 교회가 지금 세계에서 가장 성장한 교회가 되었기 때문입니다. 20년 전만 해도 아시아 전체의 크리스천은 3,500만이었습니다. 지금 한국 한 나라에만도 1천만 명이 넘는 신도를 가지고 있습니다. 우리 한국 교회가 아시아의 선교를 책임질 때 문화권이 같기 때문에 동질감에서 얻을 수 있는 효과가 대단히 클 수가 있습니다. 그래서 이 아시아권에 미국 선교사나 영국 선교사는 잘 안 통합니다. 같은 아시아인끼리 전도가 잘 되고 있어서 한국 교회가 이렇게 선교사를 많이 파송하고 있는 것입니다. 우리 한국 국민이나 한국 교회가 아시아에 공헌할 수 있는 길은 바로 선교를 책임지는 일입니다. 절대 이질감이 없는 인종이기 때문에 그렇고, 또 한국 교회가 이만큼 부흥하고 나누어 줄 때가 되었으므로 이제부터 지금 하는 것보다 배나 더 아시아의 복음화를 위해 한국 교회가 노력해야 된다는 결론을 아시아교회협의회에서 회의 끝에 내렸습니다.

124년 전에 제물포에 선교사 두 사람이 왔죠? 언더우드와 아펜젤러입니다. 그 두 사람이 들어옴으로 우리 한국에 개신교의 역사는 이렇게 화려하게 빛이 났잖아요? 그러므로 아시아의 복음화를 굉장히 어렵게 생각하지 않습니다. 넉넉히 할 수 있습니다. 하나님의 역사는 작은 소수를 통해서 큰 열매를 맺는데 그것이 겨자씨 신학입니다. "눈에 보이지도 않지만 나중에는 커져서 새들이 깃드느니라"고 예수님이 설교하셨잖아요? 이제 한국 교회는 사명감이 투철한 목사들도 얼마든지 있습니다. 선교를 뒷받침할 만한 재정 능력도 한국 교회, 세계 교회에서 우수합니다. 구체적인 프로그램도 가지고 있습니다. 한 가지 문제가 있습니다. 협력할 만한 구체적인 리더가 부족하고 개체 교회들의 이해가 부족한 것입니다. 저는 하나님께서 지구를 둥글게 만드신 뜻이 있다고 생각합니다. 이것은 역사는 돌아간다는 증거입니다.

굶주림의 식민지 땅인 아시아는 이제 세계 중심에 서게 된 것입니다. 금번 G20에 참석하셨던 이명박 대통령이 강조하신 말 "대한민국은 세계 변방 국가였는데 이제는 중심에 자리 잡은 나라가 되었다." 세계 강대국 20개국 중에 넉넉한 자리를 차지했으니 그런 말해도 괜찮습니다. 아시아의 복음화는 이제 미국 교회 몫도 아닙니다. 영국 교회 역할도 아닙니다. 철저하게 한국 교회 몫이 되었습니다. 지금 하고 있는 선교 역할보다 10배나 더 많은 역할을 해야 아시아가 복음화 되어서 현재 7퍼센트 미만의 아시아 인구의 크리스천을 70퍼센트로 올릴 수 있는 그런 작업의 중심에 우리 한국 교회가 서 있는 것입니다.

우리 갈보리교회는 미션 패러다임을 좀 바꾸었지요? "현지인을 현지에!" 현지인을 교육시켜서 후원하는 것이 효과 면에서 또 경비 면에서 훨씬 유리함이 있기 때문에 열심히 행하고 있는 것입니다. 선교사 중에 아시아 15개국에 500명의 선교사를 이미 파송했습니다. 제가 생각할 때 이들만 잘 역할을 해도 10년만 지나도 놀라운 발전이 온다고 확신합니다.

성경에 보세요. 에디오피아 간다게 여왕의 국고를 맡은 내시가 예루살렘에 왔다가 돌아갈 때 빌립에게 길가에서 만나 성경말씀을 듣고 그 자리에서 세례를 받고 자기 나라 에디오피아로 돌아갔지요? 그 한 사람을 통해서 에디오피아가 기독교 국가가 되었습니다. 하나님의 역사는 이렇게 됩니다. 그러니까 어떤 면에서 생각하면 우리 갈보리교회 하나만 역할을 해도 세계 역사는 변할 수 있습니다. 왜? 바울 하나 때문에 유럽의 역사가 변했잖아요? 넉넉합니다. 그런 확신이 있기 때문에 우리는 이 작업을 조금은 힘겹지만 열심히 해나고 있는 것입니다. 우리 갈보리교회가 하고 있는 이런 일이 어느 때인가는 아시아를 변화시키고 세계를 복음화 하는 청사진들을 미리 써가면서 우리가 이런 일을 해 가고 있는 것입니다.

　우리가 역사에서 많은 말을 배웠죠? "꿈이 있는 자는 반드시 성취한다." 그렇습니다. 거룩한 꿈을 꾸고 그것을 실천해나가면 하나님께서는 그 꿈과 반드시 함께 하십니다. 마틴 루터 킹 목사가 미국인이나 흑인들에게 언제나 연설할 때 빼놓지 않는 단어 "I have a dream! 우리 흑인이 역사의 중심에 설 때가 있을 테니까 그 꿈을 가지고 절대로 좌절하지 말고 용기와 힘을 가지고 살자." 몇 십 년 전입니다. 오버마가 대통령이 되었잖아요? 여러분, 우리는 아시아의 복음화를 책임졌습니다. 이제는 아시아를 품고 세계를 품고 일해야 됩니다. 이것을 신학에서는 사도적 관찰, 영적 비전이라고 합니다. 왜 그러느냐? 이런 역사를 위해서 힘을 바치는 자와 하나님께서 함께 하셔서 그 나라를 부강하게 하셨습니다. 이런 책임이 하나님으로부터 하나의 축복 사인인 것을 사람들이 바라보지 못하기 때문에 못하는 겁니다. 그러므로 훌륭한 리더들이 우리나라에서 계속해서 많이 나와서 아시아의 복음화를 큰 교회에서 앞장서서 책임을 져 나갈 때 하나님은 이 나라에 복을 주시고 이런 일을 능히 해 나갈 수 있도록 역사의 과거, 영국이나 미국을 품으셨던 하나님의 역사의 손길이 이 나라에, 21세기에 함께 하신다는 확신을 가지고 일을 해나가고 있습니다. 여러분 하나님께서 우리에게 주신 이 사명을 먼 앞날을 미리 내다보면서 순례자의 노래를 부르면서 모두 다 함께 자유스럽게 갈 수 있는 우리 모두가 되어지기를 축원합니다.

하나님 아버지! 하나님께서는 오늘도 하나님의 소원인 인간 구원을 위해서 교회를 부르시고 일군을 부르고 계십니다. 거기에 부름을 받은 우리 갈보리교회 모든 교우들이 세계를 품고 선교를 열심히 하고 있는데 하나님께서는 이런 일을 하는 사람을 언제나 힘 있게 하셨고 축복을 내려 주셔서 그 상을 감당하게 하신 역사를 기억합니다. 21세기에 우리 대한민국 교회가 그렇게 되게 하시고 이 민족이 그런 역할의 중심에 설 수 있게 하여 주시옵소서. 우리 갈보리교회 온 교우들이 이 큰 사명을 바라보면서 이 사명을 잘 감당해나갈 힘과 능력의 청지기들이 되게 하여 주시옵소서. 예수 그리스도의 이름으로 기도드립니다. 아멘.

우리가 이제는 살리라

데살로니가전서 3:7-13

7이러므로 형제들아 우리가 모든 궁핍과 환난 가운데서 너희 믿음으로 말미암아 너희에게 위로를 받았노라 8그러므로 너희가 주 안에 굳게 선즉 우리가 이제는 살리라 9우리가 우리 하나님 앞에서 너희로 말미암아 모든 기쁨으로 기뻐하니 너희를 위하여 능히 어떠한 감사로 하나님께 보답할까 10주야로 심히 간구함은 너희 얼굴을 보고 너희 믿음이 부족한 것을 보충하게 하려 함이라 11하나님 우리 아버지와 우리 주 예수는 우리 길을 너희에게로 갈 수 있게 하시오며 12또 주께서 우리가 너희를 사랑함과 같이 너희도 피차간과 모든 사람에 대한 사랑이 더욱 많아 넘치게 하사 13너희 마음을 굳건하게 하시고 우리 주 예수께서 그의 모든 성도와 함께 강림하실 때에 하나님 우리 아버지 앞에서 거룩함에 흠이 없게 하시기를 원하노라.

전통적으로 11월은 교회에서 감사의 달로 지키고 있습니다. 특별히 물질로 하나님께 감사하는 추수 감사절을 언제나 11월에 갖고 있습니다. 유대인들은 쌀농사가 없기 때문에 보리 수확기에 추수 감사절을 지켰는데 맥추절이라고 합니다. 금년에도 하나님은 우리나라 땅에 넘치는 풍년을 주셨습니다. 대한민국 어디를 가보아도 논밭에 황금물결의 곡식이 넘치고 지금은 거의 추수가 끝나는 무렵입니다. 신문에서 정부가 고민을 하고 있다고 발표했습니다. 많은 곡식의 보관이 문제라고 합니다. 그러면 우리는 생각을 해야 합니다. 성경에 하나님이 네 창고가 넘치도록 부어 주리라 하신 말씀이 지금 우리 민족에게 이루어진 것입니다. 이렇게 주시는 데도 하나님의 은혜를 깨닫지 못하면 영혼이 막힌 사람입니다. "얼마나 더 해야 네가 하나님의 축복 손길을 알게 되겠느냐?" 이렇게 반문할 수가 있습니다.

먼저 오늘 말씀 배경을 설명하면 데살로니가라는 말은 알렉산더 대왕이 한참 세력을 확장할 때 그의 신복과 카산드로스 장군을 시켜서 이 도시를 점령하였습니다. 카산드로스 장군은 알렉산더 대왕 누이동생과 결혼을 했는데 도시를 점령한 후에 알렉산더 대왕의 누이이자 자신의 아내가 된 살로니카의 이름을 도시명으로 지었기 때문에 '데살로니가' 이렇게 된 겁니다. 이런 도시와 도로 이름을 유명인으로 짓는 문화는 세계 공통입니다. 미국에도 수도가 워싱턴입니다. 한국에도 충무로, 을지로, 퇴계로…. 이런 것이 있지 않습니까?

사도행전 17장을 보면 바울이 2차 전도 여행 때 이 도시를 찾아와서 모진 박해를 받으면서 열심히 전도를 하여 데살로니가 교회를 만들었습니다. 바울이 그곳을 떠난 이유는 너무 심한 박해 때문에 견딜 수가 없어 베뢰아 지방으로 쫓겨난 것을 성경에서 보게 됩니다. 시간이 얼마 지난 후 바울은 궁금해졌습니다. 그래서 디모데를 거기에 파송해 형편을 알아오라고 했는데 디모데가 뜻밖의 소식을 가져왔습니다. "데살로니가 교인들이 환난과 궁핍에도 굴하지 않고 아주 튼튼한 믿음으로 교회를 잘 섬기고 있습니다." 그래서 바울은 오늘 성경 말씀에 "우리가 이제는 살리라"라는 말은 "나는 이제 살만하게 되었다" 그 살만하게 되었다는 내용이 뭐냐? "데살로니가 교우들의 핍박 중에서 지키는 믿음 때문에 나는 살만 합니다." 이렇게 말하고 있는 것입니다.

데살로니가 교회의 고난이 두 가지 표현으로 나타났습니다. 하나는 환난이요 하나는 궁핍입니다. 환난 부분은 박해 부분입니다. 우리가 경험했지만 큰 권력이나 대다수 민중의 물리적 힘으로 어떤 특정한 사람들을 계속 괴롭히면 견딜 수 없도록 되어 있습니다. 그때는 예수 믿는 사람들을 집중 핍박하는 문화였기 때문에 죽을 각오가 아니면 예수 믿기도 힘들었습니다. 그런데 이 사람들이 잘 견디고 "죽이려면 죽여라" 하고서 교회를 지키고 있습니다. 이렇게 되니까 사회에서 활동도 제약을 많이 받아서 생활이 궁핍해졌습니다. 인간은 초기 역사에서부터 지금까지 변하지 않는 삶의 철학이 있습니다. 먹고 사는 물질 문제의 자유함을 추구해 왔습니다.

옛날 임금들은 자신의 재임기간 중에 국토를 확장시켜야 훌륭하다는 평가를 받았습니다. "땅을 넓혀 농사를 지어 식량을 많이 생산함으로 자국민의 생활을 조금이라도 안정되게 해야지 그렇지 않으면 훌륭하지 않다." 그래서 임금이 되는 사람마다 이 문제로 고민했고 끝없는 영토 확장의 전쟁을 그렇게 많이 했던 것입니다. 또 이 궁핍이라는 말은 인간 고난 중에 견디기 힘든 부분을 말합니다. 그런데 데살로니가 교우들에게 이 두 가지 고난이 함께 있었습니다. 이런 고난이 있는 사람들을 향해서 지금 바울은 뭐라고 말하느냐? "하나님 앞에서 너희를 인하여 너무 큰 기쁨이 내게 있으므로 어떠한 감사함으로 하나님께 내가 보답할꼬?" 너무 좋아서 "살맛난다" 그러고 있는 것입니다. "핍박을 받으면서 생활이 말로 다할 수 없이 궁핍한 가운데 있는 사람이 뭐가 그렇게 기뻐서 어떤 말로 하나님께 감사해야 될지 모르겠다"라는 것은 무슨 뜻인가? 바울의 목표는 "설사 굶어 죽는다고 하자. 영적으로 충만한 것이 인간 삶의 기본이니 핍박 중에서 믿음을 지키는 여러분을 바라보니 나는 살만합니다. 너무 기뻐서 어떻게 보답할지 모르는 감사를 가지고 있습니다." 이렇게 말하고 있는 것입니다. 그러면 우리가 바울의 이러한 모습을 보면서 풍성한 가을철에 우리 믿음도 그렇게 풍성하고 넉넉한 마음으로 살아야 되겠는데 왜 그런 것이 어려운가? 오늘 이 문제를 취급하고자 합니다.

인간이 불행해지는 원인 가운데서 제일 큰 몫을 차지하는 것이 하나 있습니다. 병리적 욕망이 있다는 것입니다. 이것은 절대 돌이킬 수 없는 운명적인 것인데 그 자체를 원망하는 마음이 있기 때문에 항상 불행한 마음으로 산다는 것입니다. 여기 지금 남자 교인과 여자 교인이 거의 절반씩 됩니다. 만약에 여자 신도들이 생각할 때 '왜 나는 여자인가? 남자로 태어났으면 얼마나 좋을까?' 바로 이것이 병리적 욕망이라는 것입니다. '왜 나는 이렇게 생겼을까? 왜 한국인이며 나는 왜 이 씨, 박 씨 가문이 되었는가?' 내 의사가 전혀 개입되지 않고 주어진 조건을 불평하는 것을 병리적 욕망이라고 합니다.

이 문제를 아주 훌륭하게 해결한 사람이 있죠? 마틴 루터 킹 목사입니다. "피부 색깔이 까만 것을 감사하게 생각하자. 얼마나 감사한 일이냐?" 그래서 "Black is beautiful. 이 문제는 평생 불평해도 아무 효과가 없다. 그렇다면 이것을 감사로 바꾸자." 병리적 불행에 빠져들면 정신적 결함이 생깁니다. 심각해지면 우울증이 됩니다. 해결이 안 됩니다. 이것을 우리 믿는 사람들은 영적으로 해결을 해야지 거기 빠져들면 평생 행복하지 않고 감사한 것이 없습니다.

저는 스칸디나비아에 처음 갔을 때 이런 감정을 잠시 가져본 기억이 있습니다. 스웨덴을 가니까 키 작은 사람이 한 명도 없습니다. 그 나라에 가보니까 나보다 작은 사람이 한 명도 없습니다. 보통 남자들은 90퍼센트 정도 사람들의 키가 190cm 이상입니다. 그러면 보는 사람마다 다 우러러 봐야 하고 위축감이 느껴지는 겁니다. 그때 저는 잠시 '하나님이 나는 만들다 마셨나?'라는 생각을 했는데 그런 키다리 친구 스웨덴 사람 한 명이 한국 여자와 결혼하기 때문에 주례를 했습니다. 그래서 아주 친해졌습니다. 이 친구가 어느 날 나에게 지독한 농담을 해서 잊혀지지 않습니다. 뭐라고 했느냐 하면 웃으면서 "너희 한국 사람들은 그렇게 작은데 사는 게 재미가 있느냐?"

만약 우리가 이런 병리적 욕망에 불행감에 사로잡히면 그 사람은 평생 불행하게 살아야 합니다. 바울은 지금 다른 사람들이 불행의 조건으로 생각하는 것을 기쁨으로 여기는 겁니다. 아니, 궁핍한 것을 좋아하는 사람이 어디 있습니까? 핍박받는 것을 좋아하는 사람이 어디 있습니까? "나는 이제 살만하다. 기쁘다." 그러고 있는 겁니다. 그래서 위대한 겁니다. 그 다음에는 자신의 불행 요인의 책임을 남에게 돌릴 때 나는 더 불행해집니다. '내가 못살고 가난한 것은 다른 사람들이 돈을 다 벌었기 때문이다.' 이렇게 생각하면 증오감정이 생깁니다. 돈 많은 사람들이 다 나쁜 사람처럼 생각됩니다. '누구에게나 기회는 오는데 아직 내게는 기회가 오지 않았을 뿐이다. 지금은 저 사람의 기회이지만 나에게 기회가 올 것이다.' 이런 희망을 가지고 사는 것이 행복입니다.

어느 지역 개척 교회 목사님 10명이 저를 만나자고 해서 만났습니다. "목사님! 우리들 밥도 좀 사주시고 우리들 개척교회, 상가교회 하느라 힘듭니다." "그래요? 만납시다." 이야기를 하는 중에 하나같이 똑같은 원망이 하나 있더라고요. 그게 뭐냐면 "우리 교회가 부흥이 안 된 첫째 이유가 우리 지역에 큰 교회가 하나 있는데 그 교회는 온갖 좋은 문화 프로그램을 만들어서 이 지역 사람들을 다 버스로 몰아가서 그 교회는 헌금도 많고 교인도 많고…. 그래서 우리 교회는 안 옵니다. 그 교회 때문에 우리 교회는 다 고생하고 교회 부흥이 안 됩니다. 우리는 그렇게 할 수도 없습니다." 이런 이야기를 하는 겁니다. 제가 농담으로 이런 말을 했습니다. "그러면 목회를 그만 두세요. 다른 사람 때문에 내가 불행하다고 판단한다면 이 세상에 그런 사람들이 언제나 주변에 있기 마련입니다. 그 교회도 나와 같은 과정을 통해서 저렇게 되었다고 생각해야지 당신들이 이곳에 교회 개척하러 오는 것을 기다리고 그 교회가 열심히 하지 말아야 합니까? 이것은 논리가 안서는 겁니다. 누구 때문이라고 생각하지 마세요. 나 때문이라고 생각하세요. 이런 사람이 발전합니다. 이웃을 원망의 대상으로 보기 시작하면 제일 큰 피해자는 내가 됩니다. 증오와 미움은 자기 발전에 절대 도움을 안 주기 때문입니다." 그래서 예수님은 이웃을 네 몸과 같이 사랑하라는 인간 관계성의 진리를 우리에게 주셨습니다.

여러분! 세상이 발전하는 것은 나보다 앞서가는 사람이 있어주기 때문에 발전하는 겁니다. 물론 나도 발전합니다. 마라톤도 혼자 뛰면 일등입니다. 그러나 기록은 안 나옵니다. 나보다 앞서가는 사람이 있어 줌으로 나도 따라서 발전하는 것이요 우리보다 앞서가는 나라 때문에 우리나라도 발전하는 것입니다. LA 야외 음악당에 세계 3대 테너가 왔을 때 저는 정말 그것만은 표 사가지고 현장에서 듣고 싶었습니다. 하지만 다 매진되어서 표를 살 길이 없었습니다. 그날 저녁은 대통령도 표 사가지고 들어와서 특별석이 아닌 일반석에서 관람했습니다. 다행히 TV로 보여주어서 관람했습니다. 플라시도 도밍고, 호세 카레라스, 루치아노 파바로티 세계에서 노래 제일 잘하는 사람들 세 사람이 와서 서로 경쟁적으로 노래하는데 그 사람들은 세계에서 1, 2인자를 다투면서 친구들이지만 라이벌 관계입니다.
 그날 공연이 그렇게 성황을 이루었던 것은 그 전에 어떤 사건 때문입니다. 그 중에 하나가 병들어서 누웠습니다. 재기 불능! 그러면 라이벌 관계인 다른 사람은 좋잖아요? 나보다 잘난 놈이 쓰러지니까요. 내가 제일 잘난 거잖아요? 아닙니다. 문병 가서 "네가 쓰러지면 어떻게 되는 거야? 나도 소멸되고 없어져. 내가 이만큼 발전한 것은 네가 항상 나를 이기려고 노력했기 때문에 나도 지지 않으려고 노력해서 너도 나도 이만큼 발전한 거야. 세계무대에 설 수 있었던 거야. 그런데 네가 일어나지 못하면 난 어떡하란 말이야? 빨리 일어나서 나를 이기려고 해! 나는 지지 않겠어. 우리 관계는 이런 관계야. 빨리 일어나." 그래서 다시 일어났습니다. 그 후의 공연이었기 때문에 그렇게 사람들이 그 소식을 듣고 몰려 온 겁니다. 네가 있으므로 내가 있고 내가 있으므로 네가 있는 관계! 경쟁자가 있어야 나도 발전합니다.
 대한민국 주변은 언제나 강대국입니다. 지금도 세계 4강이라고 하면 러시아, 중국, 일본이 들어가잖아요? 우리는 그 가운데 끼었잖아요? 그래서 어떻게 되었어요? 우리는 살아남기 위한 노력을 필사적으로 하여 지금은 비슷해졌습니다. 앞으로 러시아와 중국, 일본, 한국은 누가 앞서갈지 판도를 알 수 없게 되었잖아요? 사람은 신선한 충격을 받을 때 자신이 지니고 있는 능력을 발휘하도록 되어있습니다. 지구촌 행사 중에 제일 관심이 많고 규모가 큰 것이 올림픽입니다. 이것은 기록 경쟁입니다. 올림픽 갈 때마다 관계자들이 제일 기대하는 것은 신기록입니다. 올림픽 출전 선수들의 꿈은 하나입니다. 남이 세운 기록을 내가 깨는 것입니다. 그래서 기록 향상이 됨으로 재미있는 것입니다. 이웃은 나를 위해 존재하는 신선한 경쟁자들입니다. 그들이 있어줌으로 내가 있고 내가 있으므로 그들도 함께 있는 관계입니다. 그러니까 나는 나의 인생관을 어떻게 갖느냐에 따라서 삶이 행복해지고 불행해집니다. 저는 FTA 찬성자입니다. 그렇게 해보세요. 온 세계가 품질경쟁을 해서 얼마나 좋은 세상이 될는지 이것을 생각하면서 우리가 해야 합니다. 관계하지 않고 이것만 가지고 이대로 살자는 것은 세계관이 좁은 사람들의 생각입니다. "우리의 경쟁자 누구든지 좋아. 겁낼 거 아무것도 없어. 우리 대한민국 사람 머리가 얼마나 좋은데요. 겁낼 거 없습니다." 중남미 가서 과일가게 아저씨들 보면 항상 계산을 손가락으로 하더라고요. 선교팀이 가서 과일을 사려고 하면 간단한 것도 일마다 손가락으로 계산하고 있어요. 우리 대한민국 사람들은 얼마나 머리가 좋은데요. FTA 해도 괜찮아요. 충분히 이길 수 있습니다. 자신감 가지고 할 수 있습니다. 경쟁이 있으므로 발전합니다.

바울은 지금 뭐가 기쁜 것인가? 핍박받고 환난 받지만 기쁜 겁니다. 인생의 목표가 이것을 통해서 그들에게 이루어졌으므로 "우리가 이제는 살리라."라고 말합니다. 자연 환경, 생활 조건 너무 좋은 곳은 발전이 안 됩니다. 필요가 없어서 그렇습니다. 그러나 악조건인 사람들은 그 악조건을 이기기 위해서 경쟁합니다. 미국의 본토인은 아메리칸 인디언들입니다. 그 사람들은 이 세상에 있는 모든 인종 가운데 신체적으로 가장 우월한 종족입니다. 우리가 영화를 통해서 봤잖아요? 그 강인한 체력으로 웃통을 벗어던지고 지칠 줄 모르고 산촌을 넘나드는데 미국 정부의 인디언 보호 정책이라는 것이 나오면서부터 멸종됩니다. 돈을 벌지 않고 살기 때문입니다. 알코올 중독자, 마약 중독자가 되었고, 그것도 이제는 다 소멸되어 가고 있습니다. 조건이 너무 좋은 것 그렇게 찬성할 게 못됩니다. 기독교는 핍박의 역사 속에 살아왔지만 그곳에 하나님의 뜻이 계셨습니다. 그래서 굳건히 누구도 쓰러뜨릴 수 없는 영적 세력으로 이 세상을 정복했습니다. 바울은 지금 그것을 내다보며 기뻐하는 겁니다.

그 다음에는 사람들 가운데 이상한 사람이 있는데 상대적 불행을 만드는 사람입니다. 이 사람은 평생 감사, 행복이 없습니다. 습관적으로 남의 것만 부러워하는 사람이 있습니다. 자신이 지니고 있는 내용이 훨씬 좋은데도 그것을 보지 못하고 남을 항상 부러워합니다. 우리 목사들은 통계가 있습니다. 교인들을 봅니다. 내가 출석하는 교회가 아주 좋은 교회입니다. 그런데도 다른 교회만 늘 부러워하는 말을 늘 합니다. 그런데 그 사람은 그 교회에 가도 또 마찬가지입니다. 쉽게 말해서 다른 사람의 남편이나 부인을 부러워한들 내게 무슨 소용이 있겠어요? 그런데도 늘 부러워합니다. 다른 나라 부러워해봤자 내 행복에 도움이 되겠습니까? 다른 사람의 내용, 집이나 자동차 아무리 좋다한들 내 것만 하겠습니까? 공연히 상대적 불행을 만들고 불편해 합니다. 이런 사람은 평생 감사도 못하고 행복하지도 않습니다.

　우리 목회자들은 교인 통계가 있습니다. 가난한 사람들이 헌금 생활 더 잘 합니다. 왜 그런지 아세요? 가난한 교인들은 십일조 내나 안내나 마찬가지라고 생각합니다. '그래봤자 부자 되냐? 하나님께 할 거 하고 살지. 이래도 저래도 똑같아.' 그런데 부자는 무슨 계획이 항상 그렇게 많더라고요. 그 계획달성 때문에 헌금도 못하고 삽니다. 바울은 "나는 어떤 형편에든지 자족하기를 배웠노니 풍부에 처할 줄도 알고 비천에 처할 줄도 안다. 부자로 살아도 교만하지 않고 가난해도 비굴하지 않고 있는 대로 기뻐하며 살아가고" 그랬잖아요? 신라 시대 자비왕 시절에 백결 선생 유명하지요? 너무 가난해서 옷을 100군데 기어입어서 백결입니다. 음악인입니다. 거문고를 좋아합니다. 명절 때가 되었는데 집집마다 떡방아 찧는 소리가 쿵더쿵 쿵더쿵 들리는데 가난해서 아무것도 할 수 없는 부인이 화가 나서 "우리 집은 뭘 가지고 명절을 지내란 말이오?" "내가 떡방아 찧을 테니 거기 앉아요." 그리고는 낡은 거문고로 떡방아를 찧는 겁니다. "쿵쿵 쿵더쿵 쿵더쿵!" 그 음악을 후대에 대악, 방아타령이 된 겁니다. 백결 선생과 같이 가난하라는 뜻은 아닙니다. 가진 것으로 위로를 찾는 것이 행복입니다. 저는 지금 세상을 다닌 경험 때문에 확실히 평가할 수 있습니다. 대한민국이 세상에서 살기 제일 좋습니다. 조건이 여러 가지가 있습니다. 다녀보십시오. 교회는 갈보리교회가 제일 좋습니다. 내가 다녀보니까 온 세상 다 다녀보아도 인천공항만큼 좋은 공항이 없습니다. 음식 제일 맛있고, 사람들 제일 예쁘고, 천당 아래 분당 살고…. 가진 것으로 만족하세요. 그리고 가진 것으로 행복을 찾을 수 있는 영적 능력이 있어야 합니다.

그 다음에 과거를 그리워하면 현재는 불행해집니다. 이스라엘 백성들 보세요. 출애굽 할 때 "모세를 죽이고 애굽으로 돌아가자. 우리가 애굽에서는 편안한 잠을 잤고 자극성 있는 음식도 먹어봤고 가끔 고기도 먹었지 않느냐? 이 사막에서 날마다 만나만 먹고 우리를 묻을 곳이 없어서 데리고 나와서 죽이려 했느냐? 모세를 죽여 버리고 바로에게 돌아가서 사는 게 낫겠다." 그래서 하나님이 어떻게 하셨죠? 그 사람들을 다 죽여 버리셨습니다. "하나님의 역사 진행 앞에서 무슨 그런 불평이 많으냐?" 한 사람도 가나안 땅에 못 들어갔습니다. 바울 사도 보세요. "나는 뒤에 있는 것은 잊어버리고 앞에 있는 푯대를 향하여 하나님이 위에서 부르신 부름의 상을 위하여 쫓아가노라." 기독교는 미래 지향적입니다. 천국을 향해서 나아갑니다.

창세기 소돔과 고모라 성 심판 때 롯의 처는 어떻게 되었습니까? 뒤를 그리워하여 돌아보다가 소금기둥이 되었습니다. 뒤돌아보지 말라고 했는데도 돌아보다가 그렇게 되었습니다. 미국에 이민 와서 최고 성공한 민족이 아일랜드 사람들입니다. 그 사람들은 자기들이 타고 온 배를 내리자마자 불을 질러 버렸습니다. "돌아갈 생각하지 마. 과거는 잊어버려." 그래서 그 민족 가운데 대통령이 제일 많이 나왔고 재벌이 제일 많이 나왔습니다. 최고로 성공했습니다. 지금 위치에서 좋은 것을 발견하지 못하면 어떤 형편이 와도 소용이 없다는 인식부터 할 때 행복과 감사는 시작됩니다. 우리는 이 달에 또 추수감사절을 지키게 되는데 최초의 추수감사절 예배는 감사할 조건이 없는 사람들이 드렸기 때문에 하나님의 축복을 받은 겁니다. 그들의 조건은 하나 밖에 없었습니다. "핍박 없는 예배! 그 나라와 그 의를 먼저 구하라." 이것 하나만을 실천했던 것입니다. 그리고 그들이 농사지어서 빈약한 식물이지만 겨울을 날 수 있는 옥수수와 감자가 주어진 것에 대해서 감사하면서 물질 감사 드렸기 때문에 하나님의 축복을 받은 겁니다.

감사 생활은 믿음에 달려 있는 것이지 소유의 많고 적음에 절대 달려있지 않습니다. 분명한 게 있습니다. 감사 생활을 훌륭하게 실천해 나가면 감사 조건이 점점 더 많아집니다. GNP 1만 달러가 될 때까지 유럽의 그 많은 교회가 하나님을 열심히 믿었습니다. 세계 선교도 많이 했고, 교회 건축도 아름답게 했습니다. 2만 달러가 되니까 교회 성장이 멈추었고 2만 달러 넘어가니까 교인이 줄기 시작해서 3만 달러가 되니까 오늘날과 같이 저렇게 교회가 텅텅 비었습니다. 영국에 갔을 때 그 나라 목사가 저한테 한 말을 영원히 잊지 못합니다. "유럽의 교회는 지금 세일 중이다. 대한민국 교회는 어떻게 해서 그렇게 부흥하느냐? 이 런던만 해도 지난 1년 동안에 세일 시장에 나와 있는 교회가 700개나 된다. 다 망했다. 당신이 한국 목사이기 때문에 내가 이렇게 일부러 찾아와서 말한다." 하나님께 감사하지 않으면 마귀에게 감사하게 됩니다. 오늘 말씀에 바울이 신나서 하는 말 "우리가 이제는 살리라. 살만하다." 무엇이 그렇게 살만한가? 데살로니가 교인들이 핍박에 무릎 꿇지 아니하고 영적 힘이 강해졌다는 소식을 듣고 "나는 살만하다." 이렇게 말했습니다. 여러분, 지금 큰 성공을 자랑한다 하여도 영적 상태가 불안하면 그 사람의 성공은 불안한 겁니다. 반대로 지금 비천한 상태이어도 영적 상태가 훌륭하면 그는 기대가 됩니다.

LA에서 목회할 때 권사님 한 분이 늘 제 심방을 따라다니셨습니다. 그 권사님은 부자이십니다. 잘 사셨습니다. 아들은 더 부자입니다. 기업체 사장입니다. 그런데 이 권사님은 LA에 살고 아들은 텍사스에 삽니다. 너무 잘 사시는 데도 아들이 돈을 잘 버니까 한 달에 수천 달러씩 송금해 주고 풍족하게 사셨습니다. 그런데 저한테 기도 부탁하셨습니다. "목사님, 큰일 났습니다." "돈 많은데 뭐가 큰일인가요?" "우리 아들이 주일학교 잘 다녔고 고등부에서도 회장했고 신앙생활을 참 잘했는데 사장 돼서 돈 많이 벌면서 교회 안 나갑니다. 한 달에 한번 교회 나갈까 말까 이 모양으로 사니 엄마의 마음에 이것이 늘 걱정이 되니까 우리 아들을 위해서 기도를 부탁드립니다." 그래서 저는 모르는 사람을 위해서 기도를 해주었습니다.

어느 날 전화가 와서 "목사님! 오늘 심방 안 나가십니까?" "오늘은 없습니다." "오늘은 우리 집 좀 심방 와주세요." "무슨 일 있나요?" "급한 일이 있습니다." "그래요?" 항상 같이 심방 다니는 권사님이시니까 갔습니다. 예배드릴 새도 없이 뭐가 그리 좋은지 싱글벙글 웃으시며 편지 한 장을 내 앞에 내놓으시며 "읽어보세요." "이게 뭐예요?" "아, 읽어보세요." 내용은 이겁니다. 아들이 어머니에게 편지 보낸 건데 "전화로 말쏨드리기가 좀 민망해서 편지로 씁니다. 어머니! 앞으로 1~2년 동안 어머니에게 보내드렸던 생활비를 제가 못 보내드리겠습니다. 이유는 제가 나가는 이 이민 교회가 건축을 한다고 목사님이 발표를 하셨는데 아무리 둘러봐도 헌금을 좀 할만한 사람이 교회에 저 밖에 없습니다. 그래서 목사님과 약속했습니다. 건축비 50퍼센트를 제가 담당하기로 했습니다. 그래서 제 생활비도 좀 줄였고, 사업도 좀 줄이고, 어머니 생활비도 1년 후에는 제가 더 많이 보내드릴 테니 당분간 못 보내드리고 총력을 이 교회 건축에 제가 힘을 기울이도록 했으니 용서해 주십시오." 이런 편지였습니다. 어머니가 이 편지를 받고 "그러면 그렇지, 우리 아들이!" 자랑하시면서 보여주시는 겁니다. 그래서 당장 전화하셨다는 겁니다. "앞으로 내 생활비 일절 보내지 마라. 나는 네가 안 보내도 넉넉히 먹고 살 수 있다. 하나님께 다 드려라." "어머니, 감사합니다." "우리 아들 영적으로 충만해졌습니다." 성경에 보세요. "내가 내 자녀들이 진리 안에서 행한다함을 듣는 것보다 더 즐거움이 없도다." 영적으로 풍성해진 데살로니가교회에 대한 소식을 듣고 바울이 너무나 기뻐서 "우리가 이제는 살리라. 살만하다." 이렇게 말하는 겁니다. 이 풍성한 가을철에 우리 믿음도 하나님을 향해서 그렇게 풍성하여 지시기를 축원합니다.

하나님 아버지, 하나님은 금년에도 대한민국 땅에 식량을 쌓을 곳이 없을 정도로 부어주셨습니다. 하나님의 은혜를 생각할 수 있는 국민이 되게 하여 주시옵소서. 이렇게 크게 부어주시는데도 보지 못하는 영혼을 열어주시고 볼 수 있게 하여 주시옵소서. 그리고 하나님께도 풍성하게 감사생활 할 수 있는 믿음을 주시옵소서. 우리 먹고 사는 것 모두다 하나님 손에 달린 것을 깨달아 알 수 있게 하여 주시옵소서. 예수 그리스도의 이름으로 기도드립니다. 아멘.

첫 번 성탄

누가복음 2:8-20

⁸그 지역에 목자들이 밤에 밖에서 자기 양 떼를 지키더니 ⁹주의 사자가 곁에 서고 주의 영광이 그들을 두루 비추매 크게 무서워하는지라 ¹⁰천사가 이르되 무서워하지 말라 보라 내가 온 백성에게 미칠 큰 기쁨의 좋은 소식을 너희에게 전하노라 ¹¹오늘 다윗의 동네에 너희를 위하여 구주가 나셨으니 곧 그리스도 주시니라 ¹²너희가 가서 강보에 싸여 구유에 뉘어 있는 아기를 보리니 이것이 너희에게 표적이니라 하더니 ¹³홀연히 수많은 천군이 그 천사들과 함께 하나님을 찬송하여 이르되 ¹⁴지극히 높은 곳에서는 하나님께 영광이요 땅에서는 하나님이 기뻐하신 사람들 중에 평화로다 하니라 ¹⁵천사들이 떠나 하늘로 올라가니 목자가 서로 말하되 이제 베들레헴으로 가서 주께서 우리에게 알리신 바 이 이루어진 일을 보자 하고 ¹⁶빨리 가서 마리아와 요셉과 구유에 누인 아기를 찾아서 ¹⁷보고 천사가 자기들에게 이 아기에 대하여 말한 것을 전하니 ¹⁸듣는 자가 다 목자들이 그들에게 말한 것들을 놀랍게 여기되 ¹⁹마리아는 이 모든 말을 마음에 새기어 생각하니라 ²⁰목자들은 자기들에게 이르던 바와 같이 듣고 본 그 모든 것으로 인하여 하나님께 영광을 돌리고 찬송하며 돌아가니라.

크리스마스가 되기 전 4주간을 대강절이라고 합니다. 예수님 오시는 것을 기다리는 절기입니다. 이런 행사가 생긴 이유는 성경에 예수님의 탄생을 몇 종류의 사람들에게 미리 알려주셨는데 요셉, 마리아, 목동, 동방박사 이런 사람들이 미리 전해 들었습니다. 그래서 그것을 기념하여서 우리도 미리 알고 탄생하시는 주님을 뜻있게 맞이하자는 뜻에서 교회가 정한 교회 전통이라고 볼 수 있습니다. 오늘 말씀은 최초로 소식을 들은 사람들이 나타나는데 양치는 목동들이었음이 조명되어 있습니다. 먼저 목동들의 삶의 모습을 현실적으로 평가해 볼 필요가 있는데 우리 한반도는 기후 조건이나 자연 조건이 유목민일 필요 없는 나라입니다. 5천 년의 역사를 가지고 있지만 유목민 역사는 가지고 있지 않습니다. 있어야 아주 소수입니다. 한반도는 전체가 다 목장이라서 양떼나 소떼를 이리 저리 몰고 다닐 필요가 없습니다. 어디를 가나 풀밭이 있고 어디를 가나 물이 있습니다. 그래서 집집마다 목장이고 누구나 다 목동입니다.

지금의 농사는 기계화되었기 때문에 소가 일하지 않습니다. 몇십 년 전만 해도 대한민국의 농가는 집집마다 소를 길러야 농사를 지었습니다. 그래서 한국의 농가는 어느 집이나 소, 돼지, 개, 닭…. 이런 것들은 기본적으로 누구든지 사육해 본 경험이 있을 것입니다. 소떼를 몰고 다니는 광경도 못 봤고, 양떼를 몰고 다니는 광경도 없습니다. 있다면 한 곳에 울타리를 치고 그곳에서만 방목하는 정도의 목장이 있을 뿐입니다. 가까운 몽골만 가 봐도 온 나라에 유목민이 양떼를 몰고 돌아다니는 모습을 흔하게 발견하게 되고, 아프리카의 여러 나라에서도 그런 광경을 볼 수가 있습니다. 호주나 미국 같은 나라는 끝없는 소떼를 카우보이들이 몰고 다니는 광경을 볼 수가 있습니다.

유대 나라 목동들은 불쌍한 목동들입니다. 차별대우를 받았습니다. 왜냐하면 그 직업이 너무나 고달프고 어쩔 수 없이 떠돌이 생활을 해야 하는 사람들이라서 사회인 중에서도 제일 하층 계급의 사람으로 취급받았습니다. 이들은 정착을 못하기 때문에 계획된 생활을 살 수가 없습니다. 그때그때 필요를 간간히 해결하는 사람입니다. 제일 심각한 것은 자녀들의 교육 문제입니다. 1년 내내 이동하는 생활이기 때문에 학교에 보내지 못하는 경우가 매우 많습니다. 주택도 없이 텐트 하나 가지고 이리 저리 옮겨 다니고 살고 있기 때문에 위생시설도 전혀 안되어 있습니다. 편안히 잠을 자고 편안히 먹는 입장도 아닙니다. 부엌이 없는데 어디서 무엇을 만들 수 있겠습니까? 밀가루를 반죽해서 간단히 구워먹는 정도의 식생활을 해결하고 의복은 말할 수 없이 남루하고 제가 볼 때 머리는 일 년에 한번이나 감는지 마는지 무슨 거지 떼 같이 시커멓게 지내면서 세수는 일 년에 한번 하는지…. 이런 정도로 불쌍해 보이는 사람입니다.

이런 사람에게 제일 고통스러운 것이 있습니다. 그것이 뭐냐면 하나는 짐승들이 나타나서 양을 잡아먹는 것입니다. 양은 방어무기가 없는 짐승입니다. 잡아먹기 제일 좋습니다. 도망도 못가는 짐승이 양입니다. 잡아먹히면 그대로 잡아먹히며 가만히 있습니다. 또 하나는 양 도

둑놈들이 그렇게 많다고 합니다. 오늘 8절 말씀에 "그 지역에 목자들이 밖에서 밤에 자기 양떼를 지키더니"라고 했는데 밤잠도 못자고 지켜야 됩니다. 낮에도 못자고 밤에도 못자고 사람이 도저히 견딜 수 없는 고난스러운 생활을 합니다. 최하의 말단 계급 사람들이 갖는 직업이라고 볼 수 있는데 그 숫자가 꽤 많은 편입니다. 더군다나 그들은 직업이 이렇다 보니까 인격대우를 받지 못합니다. 법적증인의 자격을 박탈당하고 살았습니다. 항상 떠돌이 생활을 하니까 말을 듣고도 어디론가 사라져 버리니까 "저 사람들은 증인으로 못 세운다"며 취급도 안합니다.

그러면 왜 천사들은 그 많은 사람들 가운데 구주 탄생의 기쁜 소식을 이 사람들에게 제일 먼저 알려준 것인가? 바로 이것이 예수 그리스도 탄생의 성격입니다. 예수 그리스도는 낮고 천한 사람들을 먼저 찾으셨습니다. 어떤 면에서 다른 사람들에게는 감추시고 목자들에게만 나타나셨습니다. 세상이 모두 잠들어 있는 시간에, 목자들만 깨어있는 시간에 천사의 소식이 들려왔습니다. 그 당시 절대 영향력을 가지고 있는 사람들이 얼마든지 있습니다. 절대 권력자 헤롯이 궁중에 살았고 절대 권위의 종교 지도자들이 예루살렘에 가득하게 살았고, 더군다나 세계 최고의 물리적 힘을 가지고 있는 로마가 정복자로 자리 잡고 있었습니다. 만약 그런 사람들에게 나타나셨다면 효과 면에서는 더 기대할만 했을 것입니다.

그런데 예루살렘에서 8킬로미터 산 너머에 있는 버려진 땅 베들레헴에는 아무 실력자도 없습니다. 이 지역은 지금까지도 버려진 땅입니다. 그래서 이스라엘 정부는 베들레헴을 팔레스타인 정부에 오래 전에 내어준 상태입니다. "여기는 너희가 갖던지 말든지…." 그래서 제가 베들레헴에 갔을 때 저녁때가 되었습니다. 우리 일행이 화장실에 가고 싶어서 찾아보니까 없어서 길가에 무슨 건물에 들어가서 볼일을 좀 보자고 들어갔습니다. 그런데 군인 한 사람이 당황하면서 총을 빼들면서 우리에게 막 뭐라고 그러는데 우리가 아랍 말을 알아들을 수가 있어야지요. 영어로 대답했더니 그 사람이 또 못 알아듣는 겁니다. 그래서 약간의 실랑이가 벌어졌습니다. 통역하는 안내자가 무슨 일이 벌어졌나 하고 급하게 뛰어왔습니다. "너희들 도대체 여기 왜 들어왔느냐?" 이렇게 묻는 겁니다. "화장실에 가고 싶어서, 오줌이 마려워서 들어왔다." 그 사람이 혀를 차면서 "여기가 어딘 줄 알고 그런 일을 하러 들어왔느냐?" "어딥니까?" "아랍파트 정부의 베들레헴 본부이다." 허름합니다. 그래서 보니까 아랍파트 사진도 걸려있고 팔레스타인 정부의 깃발도 걸려있는데 그런 곳을 모르고 우리가 들어가려고 했으니 얼마나 당황했겠어요? 안내자가 얘기를 잘 해줘서 간신히 볼 일을 보고 나왔습니다. 막 퉁명스럽게 "다시는 오지 마시오." "오라고 해도 안 옵니다." 그런 경험이 있습니다.

베들레헴은 예수님 때문에 지금 관광지가 되어서 지금 어느 정도 발전했습니다. 2천 년 전 베들레헴은 버려진 땅이었습니다. 다만 거기가 이름 있는 다윗의 고향이기 때문에 목동들이 거처지로 살고 있었습니다. 그래서 예수님은 바로 그곳을 탄생 장소로 정하시고 그곳 사람들에게 소식을 먼저 전하시는 것으로 탄생하신 겁니다. 예수님 자신이 자신을 소개하실 때 마태복음 11장에 말씀하셨습니다. "내가 누구냐? 내가 하는 일은 맹인이 보며 못 걷는 사람이 걸으며 나병환자가 깨끗함을 받으며 듣지 못하는 자가 들으며 죽은 자가 살아나며 가난한 자에게 복음이 전파된다 하라." 예수님 주변에 있는 사람들은 다 어떻게 보면 장애인들만 모인 것 같습니다. "내가 그런 사람이다." 날 때부터 맹인 된 사람을 보고 제자들이 물었잖아요? "이 사람이 이렇게 된 거 죗값인데 부모의 죄입니까, 자신의 죄입니까?" 그 의식은 일단 저주하고 하는 말입니다. 그래서 이 장애인들은 저주의 대상이라고 규정하는 것이 유대 사회입니다. 예수님은 "둘 다 아니다. 하나님의 일을 위해서 준비된 사람이다." 이렇게 답변을 하셨잖아요? 그러니까 예수님 주변에는 인간으로서 존경을 받지 못하는 사람으로 가득 차 있음이 탄생 때부터 나타나는 겁니다. 왜 그렇게 하셨는가? 바로 이것이 예수 그리스도의 사역의 특성으로 나타나 있습니다. 성경에 보시면 예수님을 가리켜 뭐라고 그럽니까? "세리와 죄인의 친구로다." 그러니까 예수님의 구원 특성은 "누구든지 내게로 오라"입니다. 만약 예수 그리스도께서 당시 로마 황제의 아들이나 헤롯 대왕의 아들로 이 세상에 태어났다고 합시다. 누가 그에게 갈 수 있겠습니까? 그 나라의 최고 실력자들만 그에게 다가갈 수 있습니다. 만약 당대 최고 재벌의 아들로 태어났다면 누가 친구가 되겠습니까? 가난한 사람들에게는 영원히 친구가 되지 못할 것입니다. 우리 세상에서도 사람이 너무 세련되어 보이면 다른 사람이 접근을 못합니다. 다가갈 수 있는 틈이 없어 보이니까 아예 포기합니다. 또, 말도 서로 편안하게 해야 친구가 되지 너무 야무지게 말한다든지 너무 권위를 주어서 말한다든지 하면 친구가 안 됩니다. "안녕하세요?" 그러면 "반갑습니다." 그래야 대화가 되지 반갑게 인사를 하는데 "예!" 이런다든지 그러면 대화가 안 됩니다.

요즘은 주택 문화가 너무 화려해졌습니다. 고급 주택에 가면 화장실인지 미술관인지 분간이 안 될 정도로 해놨습니다. 그런데 그런 곳에 들어가면 화장이 잘 안됩니다. 업무가 잘 안되고 너무 조심스러워집니다. 예수 그리스도는 탄생부터 누구나 편안히 다가갈 수 있는 자리를 만들어주셨습니다. 이 세상에서 예수님이 사역하신 특성은 낮고 천한 자리를 먼저 찾아주신 것이 아주 확실하게 나타나지 않습니까?

어느 나라 길 이름을 위대했던 지도자 이름으로 붙이는 것이 문화라고 생각합니다. 어느 나라나 있습니다. 그 이유는 그가 간 길을 우리도 가자는 뜻입니다. 충무로는 충무공이 가셨던 길을 가라는 뜻이고 퇴계로는 퇴계 선생이 가셨던 길을 가라는 뜻이고 원효로는 원효의 정신을 본받으라는 뜻으로 지은 겁니다. 링컨 블르바드는 링컨을 생각하는 마음으로 이 길을 가고 조지 워싱턴 브리지는 워싱턴의 정신을 기억하면서 이 다리를 건너가라고 그렇게 지은 겁니다.

크리스마스! 성경에 나타난 예수 그리스도의 정신을 기리라는 뜻으로 해마다 우리가 맞이하는 겁니다. "누구든지 내게로 오라." 낮은 곳으로 임하신 예수 그리스도! 예수님이 마지막에 십자가를 지고 비아돌로

로사 언덕길을 오르신 것은 "누구든지 나를 따라오려거든 이렇게 십자가를 지고 나를 따르라." 그래서 예수님은 아예 처음부터 누구나 다가올 수 있는 낮은 자리를 만드신 것입니다. 보세요. 예수님은 동양 사람으로 오셔서 모습이 서양인인지라 동서양 누구도 예수님께 다가갈 수 있고 만왕의 왕이지만 서민으로 오셔서 왕족이나 서민이나 구별 없이 갈 수 있고 온 세상을 소유하신 부유하신 주님이시지만 가난한 자로 오셨기 때문에 부자도, 가난한 자도 누구도 갈 수 있고 남자로 오셨지만 여인들과 사역하셨기 때문에 남자, 여자 구별이 없고, 하나님이지만 인간으로 오셨기 때문에 하나님도 인간도 다 환영하고, 높은 자리에 계셨으나 낮고 천한 자리에 오셨기 때문에 높은 자도, 낮은 자도 부담이 없이 다 올 수 있습니다. "내게로 오는 자는 내가 결코 내어 쫓지 아니할 것이요 마지막 날에 구원하리라. 누구든지 올 수 있지 않느냐?"

이제 목동들은 이 소식을 듣자마자 첫 번 크리스마스 행사를 위해서 예수님께 달려갔다고 오늘 15절에서 20절에 나와 있습니다. "목자들이 서로 말하되 베들레헴으로 서로 가자. 천사가 우리에게 일러준 대로 아기께 경배하러 가자." 그러면서 목동들이 최초의 성탄 축하 경배를 드렸습니다. 이 사건은 예수 그리스도의 구원의 보편주의가 나타나고 있습니다. 가장 낮은 취급을 받는 사람들에게 구원의 소식이 나타났기 때문에 이 소식은 누구에게나 주어지는 은혜의 문이 열렸습니다. 구원의 보편성! 확실한 예측이 하나 있을 수가 있죠? 최고의 권력자들이나 최고의 종교 지도자들에게 이 소식이 먼저 갔다면 유대인의 문화가 천

연 문화입니다. 절대 하층 계급 사람들에게는 그 혜택을 주지 않는 문화입니다. 하나님이 구원의 은혜를 유대인들에게 주신 것은 나눠주라는 뜻인데 안 나눠주지요? 남에게 안줍니다. 제사장들은 하나님께 속죄 제사를 드리는 전문 성직자들입니다. 예루살렘에 가보세요. 예배드리는 문제도 이방인의 뜰이라는 것이 성경에도 나옵니다. 하나님께 예배드리고 제사 드리는 데 "너희들은 들어오지 마라." 제사장들이 칼을 차고 이방인을 색출해서 "이방의 뜰, 저 바깥에 가서 예배를 드리던지 말든지 너희들 마음대로 해라." 못 들어오게 합니다. 목자들이 먼저 예수님을 보고 경배 드렸기 때문에 누구도 차별받지 못하고 다가올 수 있지 만약 권세자들에게 갔다면 그들만이 권위에서 나오는 혜택이 되어버리고 맙니다.

다른 더 큰 이유가 있습니다. 성경을 보면 성탄을 축하한 동방박사들이 나옵니다. 이 사람들은 비유대인입니다. 완전 이방인으로서 절대 하나님의 은혜 안에 들어올 수 없는 사람들입니다. 유대 나라는 너무나 많은 외부의 침략을 당한 고난의 역사를 가지고 있는 나라입니다. 앗시리아 제국이 번성할 때는 앗시리아 제국의 식민지였고, 바벨론 번성기에는 바벨론의 식민지, 이집트가 점령하고, 터키가 지배했고, 로마, 영국, 나폴레옹, 알렉산더 할 것 없이 역사 무대에 일어섰던 사람들이 안 거친 적이 없습니다. 동방박사들은 페르시아 사람입니다. 페르시아가 또 이 나라를 지배한 것이 성경에 잘 나와 있습니다. 유대인들의 생각에 페르시아인들은 원수요, 마귀라고 생각합니다. 지금 이스라엘에 가시면 예수님 탄생하신 자리에 예배당이 있습니다. 그런데 페르시아 사람들은 구약시대에서부터 신약시대에 이르기까지 유대 땅을 얼마나 침략했는지 모릅니다. 그런데 페르시아 군대의 특성! 점령하는 지역에 다 불을 질러 버립니다. 항상 불을 질러 폐허로 만들어 버리면서 침략하는 게 페르시아 군대의 전법입니다. 바로 아기 예수 탄생한 그 건물 앞에 왔을 때 유대 청년들이 막았습니다. "여보시오! 이 건물은 옛날 예수 그리스도가 탄생하실 때 당신네 나라 사람들이 먼 길을 찾아서 바로 예배드린, 예수님께 경배 드린 건물인데 불 지르겠소?" 그래서 군대가 에워싸고 그 건물을 보호해 주었기 때문에 그 건물은 불에 안 탄 겁니다.

그 당시 최고 지성인으로 존경받던 미셸 트루니에는 그의 저서 『동방박사와 헤롯 대왕』이라는 책에서 여기서 나온 동방박사라고 하는 사람은 사실 페르시아 부족들의 왕이었다고 발표를 해서 세계 기독교계의 관심을 불러일으킨 바가 있습니다. 그런데 왕을 왜 숨겼는가? 자신들이 경배하러 가는 아기 예수가 왕이시기 때문에 자기들의 신분을 낮추어서 왕이라고 표현할 수 없어 그냥 박사들이라고 했다는 겁니다. 그래서 페르시아의 역사를 연구해서 그 동방박사들의 이름을 밝혀내는데 성공을 하고 그 사람들이 누구였느냐? 그 나라의 부족들 왕이었다는 겁니다. '가스파르, 멜쉬오르, 발타자르, 타오르'라는 사람들이었다는 겁니다. 그러면 분명한 것은 페르시아의 왕이든 박사이든 그들이 자기들 나라로부터 베들레헴 나라로 와서 아기 예수의 탄생을 축하했는데 왜 하나님은 이렇게 하셨는가? 바로 이것이 예수 그리스도의 구원의 보편주의가 탄생 때부터 나타난 것입니다. 만왕의 왕이요 만주의 주님이 되시는 예수 그리스도는 유대인만을 구원하기 위해서 오시는 주가 아니라는 것을 만국에 선포하기 위해서 동방박사들이 페르시아로부터 아기 예수께 첫 번째 경배자로 왔던 것입니다.

또 다른 사건이 나타납니다. 아기 예수가 탄생하자마자 유대 나라에서는 헤롯이 죽이려고 했습니다. 그런데 애굽으로 피난을 가서 애굽은 아기 예수를 살려주는 장소로 나타났습니다. 바로 이러한 사건들이 복음서의 구원의 보편주의를 나타내고 있는 것입니다. 예수는 탄생 때부터 구원의 보편주의를 선언하시며 마지막에는 땅 끝까지 이르러 이 복음을 전하라 만국 복음을 선언하셨습니다. 이것이 탄생 때부터 나타납니다. 그래서 지금 온 세상에 미칠 기쁨의 좋은 소식이 유대인만을 위한 소식이 절대 아님을 탄생 때부터 선포하고 있는 것을 기억해야 됩니다. 크리스마스는 그래서 인류의 축제요 지구촌 행사가 되었습니다. 싫어하는 사람이 없습니다. 보십시오. 크리스마스트리는 교회보다도 호텔이나 백화점 이런 곳이 더 화려하게 합니다.

우리 갈보리교회는 참 주변이 아름답잖아요? 또 이 앞의 정원 나무도 아름답게 소나무, 상록수가 잘 키워져 있어서 '이것을 잘 꾸미면 정말 아름다운 크리스마스 장식이 되겠다.' 언제부터 생각했습니다. "금년에 한번 우리가 그렇게 꾸미자." 그런데 우리들 손으로 하면 잘못될 수가 있으니까 전문 업체에 한번 맡겨서 금년에는 아름다운 성탄 트리를 만들어보자고 계획해서 알아봤습니다. 전문업체가 와서 조사를 해 보더니만 돈을 얼마를 달라느냐? 5천만 원을 달라고 합니다. '그거 가지면 교회 5개를 짓겠다.' 제가 생각했습니다. 그래서 그만 두고 150만 원어치 재료를 사다가 우리 직원들이 안과 밖에 이렇게 소박하게 만들었습니다. 백화점, 호텔들은 한 달 동안 전기비만 들여도 몇 억이 나오는 그런 성탄 트리를 다 밝히고 있는데 저는 괜찮다고 보는 사람입니다. 얼마든지 하라고요. 크리스마스 불을 밝히지 못하는 나라가 불행한 나라입니다. 예수의 복음은 만국 선언입니다. 어디에서나 크리스마스 불빛이 되어야 합니다. 구원의 보편주의가 탄생 때부터 이루어지는 하나의 선물인 것을 우리가 기억해야 합니다. 인간 대접에서 밀려난 베들레헴의 목자들은 가장 훌륭한 하나님의 인격 대우를 받아서 최초로 크리스마스 축하 예배를 드렸습니다. 예수님의 구원의 이 보편주의는 그의 사역에서 더 확실하게 나타납니다.

"수고하고 무거운 짐 진 자들아. 다 내게로 오라. 누구든지 오라. 내가 너희를 쉬게 하리라. 질병의 무거운 짐 진 자여. 내게로 오라." 그래서 환자 치유 사역을 예수님이 그렇게 많이 하신 것입니다. "걱정 근심의 무거운 짐 진 자여. 내게로 오라." 그래서 예수님이 "마음 근심하지 말라. 하나님을 믿으니 또 나를 믿으라." 평안을 주셨고, "생활고에 시달리는 무거운 짐 진 자여 내게로 오라." 예수님이 "그 나라와 그 의를 먼저 구하면 이 모든 것을 더하여 주실 것이다. 죄 짐을 지고 무거워 하는 자여. 내게로 오라. 너희 죄가 주홍 같을 지라도 흰 눈 같이 되리라.

외로움에 무거운 짐 진 자여 내게로 오라. 내가 세상 끝날 까지 너와 항상 함께 있으리라. 오라. 오라. 방황치 말고 오라. 죄 있는 자들도 다 내게로 오라. 주 예수 앞에 오라. 목자도 오고 왕도 오고 부한 자도 오고 가난한 자도 오라. 남자도 오고 여자도 오고 어른들도 오고 아이들도 오라. 누구든지 오라." 그래서 온 세상에 미칠 기쁜 소식이 크리스마스입니다.

그러면 그 많은 지역 가운데 왜 베들레헴인가? 베들레헴에서 메시아가 탄생할 거라고 구약에 나타나 있기 때문입니다. BC 740년에서 710년까지 유대 나라는 미가 선지자의 활동 시기였습니다. 미가서에 베들레헴에서 예수님이 나실 것이라고 5장 2절에 나타나 있기 때문입니다. 마태복음 2장에 보면 동방박사들이 유대 땅에 와서 헤롯에게 물었잖아요? 헤롯은 알고 있을 거라고 생각했기 때문에 "메시아가 어디에서 나겠느냐"고 물으니 "나도 모르겠다." 제사장, 서기관들을 다 불러서 "이 사람들이 메시아가 났다고 그런다. 어디서 나겠느뇨?" "베들레헴입니다." "왜 베들레헴이냐?" "베들레헴에 예언되어져 있습니다." 확실하잖아요? 그러니까 예수 그리스도는 탄생 때부터 부활 때까지 일생의 모든 사역이 구약에 예언되어져 있는 대로 탄생하시고 사시고 죽으시고 부활하셨습니다.

예수님이 말씀하셨습니다. "인자는 비록 된 대로 가거니와 아버지가 나에게 정해놓으신 이 길을 가거니와" 그래서 구원의 주님이요 그래서 그의 탄생을 온 세상이 기뻐하는데 고난당하는 사람에게 더 큰 소식입니다. 이번 성탄절에도 전 세계 기독교 복음이 들어간 나라들은 다 죄수 석방의 순서를 갖습니다. 특사령이라는 것을 통치자가 내려서 갇힌 자를 해방하고 포로를 자유케 하신 예수 그리스도의 정신을 본받아서 죄는 지었지만 주님의 은혜로 다 풀어줍니다. 어느 나라나 복음이 들어간 나라는 다 그렇게 합니다.

지금은 대강절 행사가 많이 없어졌습니다. 미국과 독일에서는 대강절 행사를 가정마다 재미나게 했습니다. 집안에다 식탁 옆에 꽃 장식을 합니다. 그리고 네 개 초를 꽂아놓고 매주일 초 하나씩 불을 붙여서 크리스마스 때까지 네 개의 불을 밝히는 겁니다. 빛이 되신 예수 그리스도를 상징하는 겁니다. 가정에서 하는 겁니다. 그리고 아이들을 위해서 집안에 구유 하나를 모형으로 만들어 놓습니다. 아이들에게 말합니다. "아기 예수님이 좋아할 만한 것을 너희들의 아이디어로 장식하라." 그러면 아이들이 생각합니다. '아기 예수님이 뭘 좋아할까? 구유이니까 어떤 아이들은 밀짚을 깨끗하게 깔기도 하고 "예수님이 오시는데 밀짚을 갖다놓으면 어떻게 하냐?" 고급 카펫을 갖다가 깔기도 하고 아이들이 하는 겁니다. "유모차가 필요할 거다." 유모차를 갖다 놓기도 합니다. 우유병, 맛있는 과자 등 아이들 아이디어로 잔뜩 쌓아놓는 겁니다. 12월 24일 저녁까지 계속합니다. 25일 새벽이 되면 커다란 아기 인형을 준비해서 아기 예수를 갖다 놓고 아빠, 엄마들이 아이들을 깨워서 아기 예수 탄생 찬송을 부르면서 예배를 드립니다. 이것이 대강절입니다. 그때 부르는 찬송이 오늘 성가대가 송영으로 불러준 겁니다. "곧 오소서 임마누엘 오 구하소서. 이스라엘 그 포로생활 고달파 메시아 기다립니다. 기뻐하라 이스라엘 곧 오시리라 임마누엘" 찬송을 부르면서 크리스마스 아침을 맞이하는 대강절입니다.

금년 성탄에서는 특별 기도제목이 하나 생겨서 마음이 아프게 기도하고 있습니다. "하나님이여! 2009년 성탄절에는 북한 땅에 탄생하소서. 북한 주민들이 세상에서 제일 불쌍합니다. 시장 경제가 허락하지 않는 그 땅에서 먹고 살려고 굶주리면서 골목을 다니면서 물품을 하나씩을 구해서 팔면서 죽을힘을 다해서 살아남기 위해서 푼푼히 모은 서민들의 주머니를 이 추운 겨울에 화폐 개혁이라는 이름으로 휴지 조각을 다 만들어 버렸으니 이 세상에 가장 추악한 정치 제도들을 가지고 민초들을 죽이는 저 북한 땅에 주님이시여! 찾아가 주소서. 거기 탄생하소서." 저는 저런 정부는 하루속히 무너져야, 없어져야 된다고 생각합니다. 북한 주민들은 몇 사람의 정치에 수없이 희생당하며 살고 있는 참으로 불쌍한 사람들입니다.

우리 기독교 진리와 다른 종교의 절대 차이! 세상의 종교는 내 노력으로 신을 찾아가는 자력 종교입니다. 기독교의 진리는 아닙니다. 하나님이 나를 찾아오신 겁니다. 에덴동산에서부터 "아담아, 네가 어디 있느냐?" 찾아와 주시는 하나님! 그래서 주님은 마침내 인류를 찾아 구원하시기 위해서 예수 그리스도로 이 세상에 찾아오셨고 한국에 찾아오셨고 갈보리교회에 찾아오셨고 나에게도 찾아오셨습니다. 한 마리의 양이 길을 잃어버렸을 때 예수님이 어떻게 하셨습니까? 예수님 사역의 특성! 잃어버린 양을 향하여 찾아가시는 예수님의 모습이잖아요? 하나님이 우리를 찾아오셨습니다. 2009년 성탄절에도 주님은 분명히 나를 찾아오십니다. 찾아오셨을 때 우리가 부르는 찬송이 "기쁘다 구주 오셨네. 만백성 맞으라." 영접하는 대강절! 그래서 이런 순서가 있는 겁니다. 모두 주님을 맞이하는 대강절이 되시기를 축원합니다.

하나님 아버지여! 주님은 언제는 우리를 찾으셨습니다. 마지막에는 하나님 자신이 인간의 모습으로 인간의 자리로 찾아오셔서 우리의 손을 붙잡고 천국을 향하고 계십니다. 이 대강절 기간 동안에 찾아오시는 주님을 생각하면서 마음의 문을 열고 주님을 영접하는 아버지의 귀한 자녀들이 되게 하여 주시옵소서. 특별히 북한 땅을 자유하게 하옵소서. 저 불쌍한 형제들에게 예수 그리스도의 구원의 빛이 속히 비춰지는 은혜의 역사가 나타나는 성탄절이 되게 하여 주시옵소서. 예수 그리스도의 이름으로 기도드립니다. 아멘.

청년의 때

전도서 12:1-2

¹너는 청년의 때에 너의 창조주를 기억하라 곧 곤고한 날이 이르기 전에, 나는 아무 낙이 없다고 할 해들이 가깝기 전에 ²해와 빛과 달과 별들이 어둡기 전에, 비 뒤에 구름이 다시 일어나기 전에 그리하라.

전도서를 읽다보면 허무주의 혹은 염세주의에 빠질 위험이 있습니다. 모든 것이 헛되다는 강조를 계속하고 있습니다. 한두 마디도 아니고 "헛되고 헛되니 모든 것이 헛되도다. 인간이 해 아래에 하는 것 다 헛된 것이다. 바람을 잡으려는 것이로다."라고 말하고 있는 것을 보게 됩니다. 모든 것이 다 헛되다면 우리의 삶에 의욕이 사라지고 '헛된 일을 뭐 하러 해야 하나?'라는 생각을 가지게 될 것입니다. 그래서 성경은 지혜와 영적 능력의 해석이 필요하다는 것입니다. 전도서야 말로 인생의 참 진리를 우리에게 전해주고 있는데, 나의 인생을 참으로 고귀한 가치로 인도하는 영적인 깊은 뜻이 있음을 우리가 발견하게 됩니다.

전도서가 헛되다고 강조한 것은 이 세상에 속한 영광과 부귀, 명예를 말하는 것입니다. 먼저 이 전도서를 남긴 사람이 누구인가를 알 필요가 있습니다. 1장 1절에 나타나 있습니다. "다윗의 아들 예루살렘의 왕 전도자의 말씀이라." 하며 전도서가 시작되었으니 다윗의 아들 예루살렘의 왕이라면 한 사람 밖에 없습니다. 솔로몬입니다. 솔로몬이 누린 영광은 얼마나 화려했는지 지금도 부귀영화의 대명사로 온 세계가 쓰고 있으며 예수님도 인정하셨습니다. "들의 백합화를 보라 솔로몬의 입은 옷이 이 꽃 하나만 같지 못하였느니라"고 솔로몬이 입은 옷의 화려함을 우회적으로 인정하신 예수님의 말씀을 볼 수 있습니다. 그는 아버지 다윗의 40년 왕권 통치 하에서 태어났습니다. 천하의 권세자인 아버지 밑에서 왕세자로 책봉 되어서 어린 시절부터 청년시절까지 온갖 부귀영화를 한 몸에 누리고 살았습니다. 아버지가 천하의 성군으로 추앙을 받으면서 40년 왕권을 누리는 동안 가장 큰 사랑을 받던 아들인 솔로몬은 얼마나 좋은 시간을 보내었는지 우리가 충분히 짐작할 수 있을 것입니다. 또한 아버지가 죽은 다음에는 왕위를 물려받아 가장 호화로운 시절을 살았던 왕이었습니다. 더군다나 솔로몬은 부귀영화 면에서는 아버지보다도 훨씬 좋은 면들을 가지고 있었음이 성경에 조명되어 있습니다. 솔로몬 궁정은 그 당시 가장 화려한 왕궁이었고 솔로몬의 향락은 세계 제일로 보입니다. 그러면 그렇게 좋은 것만 누리던 사람이 왜 마지막에 와서 "헛되도다"의 철학을 이렇게 발표했는가? 바로 이것이 전도서의 가치입니다.

이 세상에서 제일 좋다는 것을 다 가져본 사람이 그것을 헛된 것으로 결론한 영적 가치! 그가 젊어서 누려보았던 것들의 모든 내용이 자신의 고백으로 성경에 잘 나타나 있습니다. 전도서 2장 10절에 보면 "무엇이든지 내 눈이 원하는 것을 내가 금하지 아니하며 무엇이든지 내 마음이 즐거워하는 것을 내가 막지 아니하였으니"라고 했습니다. 하고 싶은 대로 다 했다는 말입니다. 옛날 임금들은 자신의 말과 행동이 곧 법입니다. "짐은 곧 나라다"라는 말이 있습니다. 왕은 미운 사람을 죽여도 죄가 안 되었습니다. 그 다음에 구체적으로 말합니다. 2장 4절 이하에 보면 "나의 사업을 크게 하였노라. 내가 나를 위하여 집을 지으며 포도원을 심으며 여러 동산과 과원을 만들고 그 가운데 각종 과목을 심었으며 수목을 기르는 삼림에 물주기 위하여 못을 팠으며 소와 양떼의 소유를 많게 하였으며 은금과 노래하는 남녀와 처와 첩들을 많이 두었노라." 자기 입으로 다 고백한 것입니다.

솔로몬은 성전 건축, 지혜의 왕, 일천번제 모두가 장점인데, 한 가지 사생활만 좋지 않았습니다. 열왕기상 11장에 보면 "후비가 700이요 빈장이 300이라" 이런 말이 나와 있잖아요? 한 나라 안에 예쁜 여자들은 다 데려다가 천 명이나 첩으로 삼아놓고 그것도 만족하지 않아서 외국에서 왕비를 데려왔습니다. 애굽 바로왕의 딸을 비롯해서 "모압과 암몬과 에돔과 시돈과 헷 족속의 여인들이라." 적어도 6개국에서 미인을 데려왔고 인간으로서는 더 이상의 향락이 없을 만큼의 생활을 40년이나 유지했습니다. 시바 여왕이 찾아왔을 때도 그녀를 첩으로 삼아 아기 낳고 할 것은 다했습니다. 그런데 그렇게 좋은 것을 누렸으면서도 "좋았다"하지 않고 "모든 것이 다 헛되도다"라고 자기 입으로 고백하고 이런 글을 영원히 세상에 남기고 말았습니다.

전도서 12장 마지막에 오면 인생에 있어서 헛되지 않은 것이 무엇인가? 오늘 그가 말씀하고 있습니다. 방탕했던 자신의 과거사를 회상하며 "너는 청년의 때 창조자를 기억하라." 쉽게 말해서 "늙기 전에 그렇게 하라"라는 말을 남기고 있습니다. 이 전도서의 마지막 말씀 13절에 "일의 결국을 다 들었으니 하나님을 경외하고 그 명령을 지킬지어다. 이것이 사람의 본분이니라. 하나님은 모든 행위와 모든 은밀한 일을 선악 간에 심판하시리라." 이렇게 다 누린 사람이 늙어 철이 난 소리를 솔로몬의 마지막 고백으로 들을 수 있습니다.

우리 인간에게 주어진 하나님의 많은 축복 가운데 제일 좋은 것이 있습니다. 시간적 축복입니다. 젊음의 시간이라는 것입니다. 이것을 사람들은 어떤 것과도 바꿀 수 없는 인생 최대의 가치로 생각하고 젊음을 좋아합니다. 그래서 우리 문화를 보면 모든 사람들이 아주 처절할 만큼 노력을 열심히 하는데 그게 뭐냐? 어떻게 하면 오랫동안 젊음을 유지할 수 있을까? 이에 따라서 문화가 생겼습니다. 무슨 음식을 먹으면 젊음이 유지될까? 무슨 약을 먹어야 젊어질까? 어떤 화장품을 써야 젊어 보일까? 무슨 노력을 하면 젊음이 유지될까? 어떤 사람들은 성형수술을 하기도 합니다. 젊음에 대한 그리움 때문에 그렇습니다. 사람들이 제일 듣기 싫은 소리가 뭔지 아십니까? "왜 그렇게 늙었느냐?"입니다. 제일 듣기 좋은 소리는 "더 젊어졌습니다"입니다. 솔로몬의 고백을 우리가 진실로 받아들인다면 젊은 청년, 청소년들에게 집중적 신앙 교육이 필요하다는 판단이 서게 됩니다. 그래서 교회에서도 청년 문화의 절대적 이해가 필요합니다.

근래 미국에서 이런 일이 일어났습니다. 교회가 부흥이 안 됩니다. 목사님이 굉장히 실의에 빠졌습니다. 그래서 고민을 하는 겁니다. '이러다가는 교회가 없어지겠다.' 목사님이 불평도 했습니다. '이 나라는 기독교 국가이며 청교도들의 후손이고 하나님이 복 주셔서 다 잘 살고 있는데 마땅히 교회에 나와서 예배드려야 될 사람들이 왜 교회를 오지 않는 걸까? 교회가 부흥되어야 되는데 점점 교인이 줄고 텅텅 비다니…' 어느 날 목사님은 청년들과 이야기를 했습니다. 너희들 생각에는 왜 사람들이 교회를 떠난다고 생각하느냐? 그랬더니 청년들의 대답이 "목사님 같이 하면 교인들이 다 떠날 수밖에 없어요"라고 말했다고 합니다. "그러면 어떻게 해야 교인들, 특히 너희들 같은 청년들이 교회에 오겠느냐?" "목사님! 그 어떻게 하는 것을 목사님이 하려고 하지 마시고 우리들에게 맡기세요?" "그래? 그러면 너희들이 하고 싶은 대로 한번 해봐라!" "정말이죠? 목사님 뭐라고 그러지 마세요?"

그래서 그 교회는 어른들이 그렇게 반대했던 청년 문화를 도입을 했습니다. 청년들이 하고 싶은 프로그램을 마음대로 막 한 겁니다. 두 가지 반응이 생겼습니다. 청년들이 점점 몰려와 교회가 나날이 부흥하는데, 노인들은 교회가 망했다며 떠나는 겁니다. 윌로우크릭 교회, 새들백 교회가 이런 교회입니다. 그 교회 목사들을 보면 저처럼 이렇게 정장을 하고 있지 않습니다. 청년들과 똑같이 청바지에 티셔츠 입고 설교합니다. 그런데 이상한 게 있습니다. 우리들도 다 청년 시절을 지내왔건만 왜 그런지 기성세대가 되면 청소년 문화에 대해서 반감이 생기고, 자라는 청소년들은 기성세대에 반감이 생겨 이러한 문화 갈등이 서구 사회나 동양이나 똑같다는 겁니다. 어떻게 이러한 문화 갈등을 줄이느냐? 생각해 보세요. 교회에서 경로잔치를 합니다. 노인들을 다 오시라고 해서 즐겁게 고전무용도 하고 도라지 타령 노래도 불러줍니다. 그러면 좋아서 박수를 칩니다. 그러면 청년 문화에서는 도라지 타령, 고전무용이 무슨 재미가 있겠습니까? 디스코 음악 같은 팝송을 틀어야 좋아합니다. 그러면 왜 그건 되고 이건 안 되느냐 말입니다. 청년들이 이렇게 질문하는 겁니다. 여러분, 넷킹콜이라고 미국에 유명한 가수가 있었습니다. 청년들 수만 명이 모여 그가 노래를 부르면 열광하고 그러다가 절정에 올랐을 때 넷킹콜의 마지막 노래는 주기도문입니다. 그래서 그 열광하는 시민들을 향해서 자기가 두 손을 모으고 하늘을 쳐다보면서 이 주기도문 노래를 부르면 그 열광하던 사람들이 다 고요히 넷킹콜의 모습을 그대로 따라하면서 다 같이 이 찬송을 부르고 눈물을 흘립니다. 그래서 이 가수가 미국의 크리스천들에게 많은 사랑을 받았습니다.

우리 모두는 청년의 시기를 거쳤지만 이상하게 청소년 문화와의 갈등은 항상 있습니다. 저는 전도사 사역 하면서 제일 힘들었던 일이 중고등학생들을 지도하는데 이 학생들의 가치관과 교회 어른들의 가치관의 중간에서 아주 애먹었습니다. 제가 경험했기 때문에 지금 저는 중고등부, 대학, 청년부 프로그램에 대해서 간섭하지 않습니다. 다소 마음에 안 들어도 간섭하지 않습니다. 시행착오가 있더라도 그대로 하라고 하고 있습니다. 청소년들은 기본적인 생각이 있습니다. 우리들도 그래 왔습니다. 그게 뭐냐면 무조건 좋든 싫든 기성세대 문화의 반대로 가고 싶다는 충동이 청소년들의 기본적 생각입니다. 그것을 너무 마음 상하게 생각하지 말고 차분하게 접근하면서 인정을 해 주어야 합니다.

한때 우리 한국 사회는 장발족 단속을 심하게 했습니다. 그때는 경찰들이 가위를 갖고 다니다가 길거리에서 장발한 사람을 보면 그냥 잡아서 싹둑 잘라버렸습니다. 그때 잘린 사람 한번 손들어 보세요. 많이 잘렸습니다. 그 다음에 젊은 여성들은 미니스커트! 경찰관들이 무릎

위로 올라간 치마를 입은 여성을 보면 "너 이리 와!" 그 다리에 대고 몇 센티미터까지 괜찮다고 자로 쟀습니다. 그러면 어떻게 해야 되겠습니까? 방법이 있습니다. 저 같은 목사는 평생 헤어스타일이 똑같잖습니까? 어디를 가든지 이발사 한 사람 정해놓고 그 사람에게 항상 똑같이 자르라고 합니다. 여러분이 6년이나 저를 보시지만 다른 스타일을 한 번도 안합니다. 항상 반듯하고 단정하게 이렇게 해야 됩니다.

그런데 요즘의 청년들 보세요. 자다 깬 머리라는 게 있습니다. 이것이 태풍에 맞았는지 사방으로 뻗치고 어수선하게 하고 예배드리니 그 꼴을 보기 싫잖아요? 그러면 청년들에게 "야! 머리가 그게 뭐냐? 단정하게 빗어라!" 절대로 안 빗게 되어 있습니다. 말 안 듣습니다. 그런데 방법이 있습니다. 50-60대 사람이 만약 장발을 하고 다니면 청년들은 그 꼴이 보기 싫어 짧게 깎습니다. 할머니들이 초미니스커트를 입고 한 번 다녀보세요. 젊은 여성들은 그 꼴이 보기 싫어서 발목도 안보이게 길게 입고 다닙니다. 언제나 반대로 나갑니다. 청소년 문화의 힘이라는 것을 심리학적으로 알아야 합니다. 저 같은 사람이 교회 청년들의 머리를 단정하게 만들려면 방법이 있습니다. 내가 자다 깬 머리를 해버리면 되는 겁니다. 이렇게 해버리면 청년들은 이 꼴이 보기 싫어서라도 단정하게 하고 다닙니다. 이것이 청년 심리입니다. 반대로 가고 싶은 심리적 충동이 언제나 있음을 보고 청소년들을 봐야지 "나 같이 해라" 하면 안 됩니다.

한국 자녀교육문화센터에서 설문 조사해서 발표한 것이 있죠? 아이들이 부모로부터 제일 듣기 싫은 말 일곱 가지가 나왔습니다. 첫째, "내가 어쩌다 너 같은 녀석을 낳았을까?" 두 번째 "너는 왜 아무개처럼 못하느냐?" "누굴 닮아 이 모양이냐?" "네가 하는 짓이 다 그렇지." "이거 모두 너를 위해 하는 일이다." 그 다음에 "내가 어렸을 때는 얼마나 배고팠는지 아느냐?" 마지막에는 "나가 죽어라." 이렇게 일곱 가지가 나왔습니다. 지금 우등생, 모범생이 영원하지 않고 지금 문제아가 영원한 문제아가 아닙니다. 다만 청소년들은 민감한 반응을 일으키기 때문에 신선한 충격의 불만 던져주면 변화될 수 있습니다. 그렇기 때문에 청소년 사역을 교회가 끈질기게 붙잡고 늘어지는 겁니다. "이때만 거치면 된다!"

그러면 어떤 모양으로 우리가 신선한 충격을 줄 수 있겠는가? 방법론이 문제입니다. 권위주의는 안 통합니다. 아이들이 알 것은 다 압니다. 그래서 내가 내 삶에서 말없이 보여주면 그것이 충격이 됩니다. '아! 아버지, 어머니가 저렇게 사시는구나!' 보세요. "공부해라, 공부해라!" 그러시죠? 엄마, 아빠는 하루 종일 TV만 보면서…. TV도 요즘엔 이상한 프로그램이 아주 많더라고요. 그런 것만 즐기면서 "공부 좀 해라!" 안 통합니다. 엄마, 아빠는 항상 "TV는 나의 목자시니 내게 부족함이 없으리로다. 그가 나를 편안한 소파에 눕게 하시며 잔잔한 잠자리로 인도하시는도. 세상이 흉악하고 요동할지라도 해 받음을 두려워하지 않음은 TV가 나와 함께 하심이로다. 케이블TV와 리모컨이 나를 안위하시나이다. 그가 내 머리에 폭력과 범죄의 기름으로 바르시니 내

욕심이 넘치나이다. 내 평생에 TV 프로그램이 정녕 나를 따르리니 내가 TV 있는 집에 영원히 거하리로다."

　유대인의 자녀 교육 철학 세 가지! 어린이 소유권! 하나님의 자녀다. 제일 좋은 교과서! 성경이다. 가장 훌륭한 교육자! 어머니, 아버지다. 이것 세 가지로 성공했잖아요? 성경에 보세요. "내 아들아 네 아비의 훈계를 들으며 네 어미의 법을 떠나지 말라. 내 아들아 나의 법을 잊어버리지 말고 네 마음 판에 새기고 나의 명령을 지키라. 아들들아 아비의 훈계를 들으며 명철을 얻기에 주의하라." 여기 "선생들아, 목사들아, 전도사들아!" 그런 말이 있습니까? "목사의 말을 잘 들으라. 전도사의 말을 잘 들으라." 그런 말이 있습니까? 없습니다. "아비의 말을 잘 들으라. 어미의 법을 떠나지 말라." 왜 그럽니까? 가장 좋은 교사는 아버지, 어머니이기 때문입니다. 아버지, 어머니의 교육에서 떠난 자는 목사도 책임질 수 없고 선생님 말도 안 듣습니다. 이렇게 되어 있습니다. 여러분, 서울대학교를 수석으로 입학한 어떤 학생을 인터뷰한 신문기사를 보신 적이 있습니까? "어떻게 공부했는지 말해라." "네! 우리 엄마가 나에게 큰 힘을 주셨습니다." 어머니에게 물었습니다. "어떻게 큰 힘을 주셨습니까?" "나는 아무것도 안했는데요?" "아니, 아들이 지금 어머니한테 고맙다고 하잖아요?" "밤늦게까지 공부하는 아들이 너무나도 애처로워서 저도 자지 않고 그 옆에서 공부를 했습니다." "무슨 공부를 하셨습니까?" "저는 성경만 계속 봤습니다." 그러니까 아들이 보니까 엄마도 계속 책을 보고 있는 겁니다. 그래서 자기는 엄마에게 지지 않기 위해서

"엄마가 나를 이렇게 후원하고 있다. 거기에 내가 힘을 얻고 공부를 해서 이렇게 수석입학이 되었습니다." 그렇게 신문에 발표했잖아요?

제가 오래 전 예루살렘에 갔을 때 아침에 일어나 문을 열고 나가는데 바로 제 옆방에 어떤 여인이 잠옷 바람으로 문을 붙잡고 울고 있습니다. 저는 속으로 생각했습니다. '저 여자는 잠자다 쫓겨났나? 잠옷 바람으로 저렇게 우냐?' 얼마쯤 가니까 또 우는 사람이 있습니다. '이런 이상한 사람이 있네?' 그 이튿날 아침에 보니까 더 많아요. '이상하다. 왜 문을 붙잡고 우는 사람들이 많은가?' 한 안내원이 나에게 설명했습니다. "목사님이 예루살렘에 처음 오셔서 보시기 때문에 이상하게 생각하시는 겁니다. 이런 일이 많습니다. 어디를 가나 그렇습니다." "저게 뭐요?" "그가 손으로 붙잡고 있는 그 문을 한번 보세요. 조그만 혹이 하나 있습니다. 그 속에 신명기 성경말씀이 들어있는 겁니다. '네 마음을 다하고 성품을 다해 주 너의 하나님을 사랑하고'라는 말이 들어있습니다. 성경에 보세요. '네 집 문설주 바깥문에 기록하라.'라고 하지 않았습니까? 너희 자녀에게 가르치되 집에 앉았을 때, 길에 행할 때, 누웠을 때, 일어났을 때 이 말씀을 강론하고, 그래서 일어나자마자 그 말씀 붙잡고 자녀를 위해서 기도하는 겁니다." 그래서 보니까 호텔에 전부 방마다 그것이 붙었습니다. 신앙교육은 집입니다. 가정에서 못하면 교회도, 학교도 책임 못 집니다. "그것을 너희 자녀에게 가르치며" 그래서 이 신앙교육은 Education이 아닙니다. Discipline입니다. 미국에 유명한 종교 심리학자 스펜서 박사는 그가 기록한 것, 조사한 것이 많아 설교자들에게 아주 좋은 재료를 줍니다. 연령별로 어느 때에 가장 많이 기독교에 입문했는가? 1,000명을 조사했는데 548명 20세 이전에 즉, 50퍼센트 이상이 20세입니다. 337명이 20~30세, 96명이 30~40세, 15명이 40~50세, 4명이 50세 이후로 나타났습니다. 그래서 교회는 이 통계를 기초로 청소년 사역을 그렇게 열심히 하는 겁니다.

저는 오늘 아침에 교회에 오다가 제 편지함을 보고 '아! 우리나라도 이제 선진국이 되었구나.' 희망을 가졌습니다. 메일이 하나 왔기에 가져가서 펴봤더니 제가 세금을 너무 많이 내었다고 돌려주겠다고 내일부터 아무 때나 와서 가져가라는 그런 통지를 받았습니다. 미국에서는 해마다 있는 일이니까 이상하지 않은데 대한민국에서는 처음입니다. '이야! 대한민국도 이제 선진국이 되었다. 너무 많이 낸 세금을 환급해서 도로 돌려주겠다고 하니 대한민국도 이제부터 선진국 대열에 드는구나!' 돌려주는 세금! 그래서 돈이 생겼습니다. 저는 이것을 어떻게 쓸까 기도 중입니다. 4,650원입니다.

대한민국은 그래도 이렇게 되었는데 북한은 어떻게 되었습니까? 지난 주일에 신문에 통계가 나왔지요? 유엔 세계식량기구에서 북한에 가서 조사하고 와서 이런 발표를 했습니다. "이대로 가면 2~3년 내에 630만 명이 기아상태로 굶어죽게 된다." 여러분, 유엔이 조사한 것은 정확합니다. 믿으세요. 일부러 북한이 나쁘다고 말하기 위해서 그러는 것이 아니고 실제입니다. 그런데 "630만 명 중에서 400만의 어린이가 기아상태이다. 이들을 그냥 두면 신체가 비정상인 사람이 될 것이고 아니면 죽는다. 매우 시급하게 북한에 식량 보내는 것을 유엔이 해야 된다." 그러면 무슨 이유입니까? 우리 같은 한반도 내에서, 같은 땅덩어리 안에서, 같은 문화, 같은 인종이 왜 이렇게 되었습니까? 뭐가 달라서? 성경에 보세요. 예수와 복음을 내쫓는 나라는 그렇게 됩니다. 북한이 사는 길이 있다면 저는 목사로서 "빨리 복음을 받아들이라. 빨리 선교사를 받아들이고 복음을 확산시켜라. 그러면 북한이 사는 길이다." 이것을 주장하는 겁니다. 국가의 장래를 걱정한다면 지금의 청소년 문화를 기독교 진리로 만드는데 최선을 다해야 됩니다. 신앙 하나만 철저하게 심어준다면 그들의 장래는 보장받습니다. 권위주의는 안 통합니다. 이제는 내 삶을 통해서 보여주는 길 밖에 없습니다.

그래서 청소년 신앙 문화 형성에 아낌없이 투자하고, 오늘 저녁 시청 앞 광장의 전도 집회도 청소년들에게 필요한 프로그램이라면 우리가 좀 투자를 해서 열심히 하자는 겁니다. 그래서 사랑의교회와 갈보리교회가 집중적으로 후원하고, 나서서 봉사도 하고 수백 명의 간식준비, 기도회 등 일주일 동안 수백 명이 움직여서 오늘 저녁 집회를 하게 되었습니다. 우리 자녀를 위한 기도! 여러분, 중학교 때 배운 노래를 기억하십니까? "♬ 아득한 산골짝 작은 집에 아련히 등잔불 흐를 때 그리운 내 아들 돌아올 날 늙으신 어머니 기도해!" 방탕해 나간 아들의 귀가를 위해서 늙으신 어머니가 오두막집에서 기도하는 모습을 그린 노래가 온 세상의 애창곡이 되었잖아요? 아버지, 어머니의 사랑의 기도가 있는 사람은 반드시 제자리로 돌아옵니다. 신앙 밖에는 젊은이들을 창조적으로 인도할 길은 이 문화권 안에는 없다는 것입니다. 왜냐하면 문명과 지식이 높아질수록 타락 문화는 점점 더 커져가기 때문입니다. 제 주변에는 이런 의사가 한 사람이 있습니다. 중환자를 치료할 때는 엄마에게 전화를 합니다. "엄마, 내가 중환자를 맡았는데 너무 겁나! 생명이 달린 문제야. 엄마! 이 사람 이름이 ×××인데 기도 좀 해줘! 그래야 내가 수술을 하겠어." 그리고 더 불안하면 마지막에 저한테 전화를 합니다. "목사님! 이 환자 이름이 ×××입니다. 죄송합니다. 기도 한마디만 해주세요. 그래야 제가 수술하겠습니다." 오늘 저녁 우리 대한민국 중심지에서 드리는 청소년 전도 집회가 전국에 확산되어 장래 이 나라와 이 나라의 교회를 이끌어갈 주역 탄생의 영적 기회가 되어지기를 축원합니다.

하나님 아버지, 감사합니다. 저희들 오늘도 주님 앞으로 인도하여 주셨습니다. 오늘 저녁 이 나라 청소년들의 장래를 염려하여서 교회가 영적 청소년 전도 집회를 마련하였사오니 이것을 통해서 하나님의 놀라운 역사가 영적으로 모든 청소년들에게 주어짐으로 말미암아 이들이 장래 이 나라의 주역이 되고, 이 나라 교회의 주인이 될 수 있는 하나님의 큰 축복의 역사가 나타나는 그런 모임이 되게 하시옵소서. 사랑의교회와 그리고 갈보리교회가 이 일을 위해서 앞장을 섰사오니 저희들의 봉사에도 조금도 실수가 없이 하나님의 뜻만 이루어지게 하여 주옵소서. 예수 그리스도의 이름으로 기도드립니다. 아멘.

달리다굼

마가복음 5:35-43

35아직 예수께서 말씀하실 때에 회당장의 집에서 사람들이 와서 회당장에게 이르되 당신의 딸이 죽었나이다 어찌하여 선생을 더 괴롭게 하나이까 36예수께서 그 하는 말을 곁에서 들으시고 회당장에게 이르시되 두려워하지 말고 믿기만 하라 하시고 37베드로와 야고보와 야고보의 형제 요한 외에 아무도 따라옴을 허락하지 아니하시고 38회당장의 집에 함께 가사 떠드는 것과 사람들이 울며 심히 통곡함을 보시고 39들어가서 그들에게 이르시되 너희가 어찌하여 떠들며 우느냐 이 아이가 죽은 것이 아니라 잔다 하시니 40그들이 비웃더라 예수께서 그들을 다 내보내신 후에 아이의 부모와 또 자기와 함께 한 자들을 데리시고 아이 있는 곳에 들어가사 41그 아이의 손을 잡고 이르시되 달리다굼 하시니 번역하면 곧 내가 네게 말하노니 소녀야 일어나라 하심이라 42소녀가 곧 일어나서 걸으니 나이가 열두 살이라 사람들이 곧 크게 놀라고 놀라거늘 43예수께서 이 일을 아무도 알지 못하게 하라고 그들을 많이 경계하시고 이에 소녀에게 먹을 것을 주라 하시니라.

가버나움 근처에 권세가 있는 회당장 야이로가 살았습니다. 유대 사람들의 생활 중심은 회당입니다. 한 회당의 책임자는 사회에서 굉장한 세력가에 속합니다. 회당장이라는 말 자체가 통치자라는 뜻이 있습니다. 후진국 사회에서는 권세와 부가 항상 밀접하게 연결되어 있습니다. 야이로는 그 사회에서 권세를 가졌으면서 부도 가진 부러움의 대상이었습니다. 그런데 이 가정에 어느 날 굉장히 어려운 일이 닥쳤습니다. 12살 된 딸이 별안간 죽었습니다. 소문난 권세가의 병든 딸이 죽었다고 하니까 온 동네에 그 소문이 삽시간에 다 펴져서 화젯거리가 되는 일이 벌어졌습니다.

오늘 성경 말씀에 그가 얼마나 부유한 권세가 있었는지 나타나는 것이 있습니다. 열두 살 소녀가 죽었는데 훤화하는 사람들이 그 집에 많이 있었다고 기록에 나타나 있습니다. 훤화하는 사람들이 도대체 뭐하는 사람인가? 유대 나라에는 우리나라와 같은 문화가 하나 있었습니다. 사람이 죽으면 상갓집에서 곡성, 우는 소리가 끊이지 않아야 된다는 문화입니다. 그래서 우리나라도 옛날부터 훤화하는 문화가 있었고 유대나라는 아예 돈을 받고 울어주는 사람들이 직업으로 있었습니다. 돈을 받고 그 집에 가서 울어주는 겁니다. 끊이지 않고 계속해서 울어주는 것을 훤화한다고 합니다. 아직도 우리나라 유교장례식 문화에서는 이 훤화문화가 남아 있습니다. 상을 당해서 상주들이 쭉 서 있습니다. 조문을 하러오는 사람들이 와서 같이 있으면 이 사람이 하는 훤화소리가 있습니다. 그 소리가 웃는 것인지 우는 것인지 잘 알아듣지 못하는 그런 소리를 냅니다. 어떻게 소리를 내느냐 하면 "훠이 훠이 훠이, 훠이 훠이 훠이 훠이!" 뭔지 아시겠습니까? 이것이 훤화입니다. 일곱 마디로 이렇게 울어줍니다. 그러고 나서 절을 하는 문화가 있는데 울고 돈을 받는 직업적 울음꾼들이라고 생각하시면 됩니다. 그러니까 이 회당장 집에는 권세도 있고 돈도 있으니까 사람들이 많이 와서 돈을 받고 교대로 24시간 훤화하는 사람이 있습니다. 이 야이로는 자기 집에 닥친 큰 불행을 어떻게 해결할 것인가를 생각하다가 예수님을 떠올렸습니다. '내가 소문을 들으니까 예수님이 이런 문제까지도 해결하여 준다는 소문을 들었는데 예수님을 좀 만나보자.' 그래서 회당장이 예수님을 만나서 이 문제를 완전히 해결하였다는 기록으로 오늘 말씀이 나타나 있습니다.

그런데 이 짤막한 개인적인 이야기 가운데는 복음서에 나타난 아주 특별한 특징 네 가지가 관심의 초점으로 표현되어 있는 것을 우리가 알 수 있습니다. 그 특징 몇 가지를 살펴보면 이렇습니다. 예수님을 찾아오기 힘든 신분의 사람들이 예수님을 찾아와서 도움을 요청한 세 번의 기록 중의 하나의 사건이 되었습니다.

요한복음 3장에 보세요. 니고데모가 예수님을 찾아오지 않습니까? 그런데 밤중에 찾아왔다고 그랬습니다. 왜 밤중에 찾아왔는가? 찾아오면 안 되는 사람이기 때문에 밤중에 찾아온 겁니다. 그는 유대인의 관원이었습니다. 유대인의 관원과 예수님은 지금 피차 배타 관계에 있습니다. 그러므로 니고데모는 만약 자기가 예수님을 만났다는 것이 소문

나면 관직에서 물러날지도 모르고 어떠한 불이익을 당할지도 모르는 상태에 있기 때문에 아무도 못 보게 몰래 밤중에 예수님을 찾아왔고 예수님은 그의 요청을 다 들으시고 그에게 영생의 길을 가르쳐주시는 내용이 있습니다. 찾아오기 힘든 신분이란 말입니다.

그 다음에 마태복음 8장에 나오는 로마의 백부장입니다. 이 로마의 백부장은 예수님을 만나면 안 되는 사람입니다. 왜냐하면 예수님을 잡아야 되는 사람이지 예수님께 어떤 도움을 요청하거나 그의 도움을 받아서는 안 된단 말입니다. 마지막에 예수님을 붙잡아서 십자가에 못 박아 죽인 사람들이 다 로마 군병들 아닙니까? 그 책임을 맡고 있는 백부장이 절대 세력의 감시를 받고 있는 나사렛 예수를 찾아와서 사정한다는 것은 절대로 있을 수 없는 일입니다. 그런데도 예수님을 찾아왔습니다.

그 다음 세 번째, 회당장 야이로는 예수님을 찾아오면 안 되는 사람입니다. 지금 그 나라의 모든 권세가들은 예수님과 대치 상태에 있습니다. 어떻게 하면 예수를 죽일까 의논하고 있는데 그 책임의 중심에 서있는 회당장이 예수님을 찾아와서 무슨 요청을 한다는 것은 큰일 날 일입니다. 그래서 세 사람 모두 다 예수님을 찾아오면 안 되는 신분의 사람들이 예수님을 찾아온 세 가지 사건 중에 하나로 조명이 되어 있습니다.

마가복음 5장 21-24절에 보면 "회당장 중 하나인 야이로라 하는 이가 와서 예수를 보고 발아래 엎드려 많이 간구하여 가로되 내 어린 딸이 죽게 되었사오니 오셔서 그 위에 손을 얹으사 그로 구원을 얻어 살게 하소서." 만약 그 사회 대제사장들이 회당장의 이 일을 보았다면 그는 당장 파면당해야 됩니다. 그런데 예수님은 그 집에까지 찾아오셔서 소녀를 구원해 주고 계시는 것을 보게 됩니다.

여기서 우리가 하나 발견하는 것이 있습니다. 우리가 예수님에게 무엇을 구하고 예수님에게 요청한다는 것은 이런 자세로 해야 되는 것입니다. 니고데모나 백부장, 야이로와 같이 신분상 하기 어려운 일을 창피한 줄도 모르고, 여기 보니까 길바닥에 엎드리는 자세로 예수님 앞에 나왔습니다. 우리가 예수님을 만나고 싶어 하는 마음은 이런 믿음이어야만 예수님의 마음을 감동시켜서 우리의 요청을 해결 받는 것이지, 마치 예수님을 무슨 하인 부리듯 하는 그런 자세로 한다든지 불평, 불만에 기초해서 예수님께 요청한다든지 그러면 예수님의 마음은 움직이지 않습니다.

그 다음에 예수님은 복음서 가운데 세 번 아무도 못 오게 하시고 제자 세 사람만 데리고 하신 일이 있습니다. 베드로와 요한, 야고보였습니다. 마태복음 17장에 보면 예수님께서 변화산에 올라가셨을 때에 열두 제자가 있는데 다른 제자는 오지 말라고 하시며 이 세 제자만 데리고 가장 높은 산에 올라가 신비의 광경을 그들에게만 보여주셨습니다. 우리가 상식적으로 판단할 때 다른 제자들은 조금은 불만스러웠을 것입니다. "예수님은 차별대우를 하시는가? 왜 세 사람만 데리고 올라가시는가? 우리는 그러면 어떻게 하란 말인가?" 그런데도 예수님이 그렇게 하셨습니다. 그 다음에 마태복음 26장에 겟세마네 철야기도를 하실 때 예수님은 다른 제자는 관심을 두지 않으셨습니다. 베드로와 야고보,

요한 세 제자만 데리고 그 밤에 외로운 기도를 드리시고 그들에게 요청하시는 장면을 볼 수 있습니다. 그리고 오늘 말씀 야이로의 딸을 살리시는 이 사건도 역시 그 방에 다른 사람은 들어오지 못하게 하시고 세 제자만 목격할 수 있도록 그런 일을 하십니다. 그래서 이런 사건이 꼭 세 번 있었는데, 오늘 사건도 그 중의 하나로 취급하시는 모습을 우리가 보게 됩니다. 예수님은 목적이 있으셨습니다. 그들에게 이러한 모든 것을 목격시킴으로 말미암아 그들에게 앞으로 있을 그들의 사역이 크게 빛나게 예수님이 계획하신 것인데 그로 인해서 베드로는 기독교 역사에 초대 교회 최초의 가장 위대한 지도자가 되었고, 야고보는 기독교 역사에 최초 순교자의 피를 흘렸고, 요한은 계시록을 이 땅에 남김으로 말미암아 장차 되어질 하나님 나라의 도래를 우리에게 예언해 주었습니다.

그 다음으로 예수님이 죽은 자를 다시 살리신 기록이 성경에 세 번 나옵니다. 요한복음 11장에 보면 나사로가 죽은 것을 살려주셨고, 누가복음 7장에 나인성 과부의 외아들이 죽은 것을 장례식장에서 살려주셨으며, 오늘 말씀 야이로의 딸을 소생시켜 주셨습니다. 이렇게 예수님은 야이로의 믿음을 크게 평가하셨기 때문에 세 번 밖에 하지 아니한 사건 가운데 하나로 행하시는 것을 보게 됩니다.

그 다음에 이 말씀의 네 번째 특징은 성경의 기록되어 예수님이 직접 아람어를 사용하신 것이 세 번 있는데 오늘 말씀은 그 중에 하나가 됩니다. 마태복음 27장에 "엘리 엘리 라마 사박다니" 십자가 위에서

"하나님이여, 하나님이여! 어찌하여 나를 버리셨나이까?" 그때 아람어를 쓰셨습니다. 그 다음에 마가복음 7장에 갈릴리에서 귀가 어두운 사람의 귀를 열어주실 때도 "에바다" 하시니 귀가 열렸다고 그때도 아람어를 사용하셨습니다. 그리고 오늘 마가복음 5장에 야이로의 딸을 소생시켜 주실 때 "달리다굼" 하심으로 아람어를 세 번 사용하셔서 그때마다 필요한 부분에 하나님의 구원 사역을 베풀어주시는 것을 보게 됩니다. 그러니까 예수님은 가장 어떤 중요한 일이 있을 때 아람어 단어를 사용하셨다고 이렇게 생각할 수가 있습니다.

그러면 오늘 말씀의 "달리다굼" 속에는 어떤 영적인 의미가 들어있는가? 그것이 오늘 우리가 생각해야 될 부분이 되겠습니다. 달리다굼은 어둠을 물리치고 새로운 빛을 주시는 의미입니다. 야이로의 집안은 지금 꽤나 행복했던 가정입니다. 그런데 그 행복을 가장 많이 느끼게 하고 있었던 일이 그 집의 12살 된 귀여운 딸이 있었기 때문입니다. 그런데 갑작스러운 이 딸의 죽음은 그 가정을 어두움의 골짜기로 변하게 하였고 어떤 조건도 위로가 되지 않는 괴로움으로 변해버리고 말았습니다. 그 문제가 그토록 심각했기 때문에 지금 야이로는 자신의 모든 체면과 지위를 다 무시합니다. 회당장이 예수를 찾아가서 뭐라고 요청했다가는 자기의 위치는 다 없어지고 마는데 그것을 생각도 하지 않고, 지금까지 가버나움 주변의 그 많은 동네 사람들에게 받아오던 권세자의 모든 행동을 다 무시해버리고 길바닥에 엎드려서 예수님에게 살려달라고 애원하는 최고의 나약한 인간의 모습을 지금 보이고 있습니다.

지금 야이로의 눈앞에는 온통 세상의 어두움만 가득 차 있습니다. 그가 예수님 발아래 엎드린 것은 '사망의 음침한 골짜기 가운데서 내가 바라볼 수 있는 한줄기의 빛이 있다면 예수 그리스도이다! 이 빛을 통해서 내가 구원을 얻지 못하면 다른 길은 전혀 없다.' 그렇게 지금 믿고 있기 때문에 큰 권세가 있는 회당장이 길바닥에 엎드려서 예수님에게 간구하여 가로되 정신없이 살려달라고 애원하는 그런 모습을 볼 수 있습니다. 그런데 예수님이 그에게 주신 선물은 "달리다굼! 어둠은 물러가고 새로운 빛이다." 이것이 오늘 말씀의 내용을 이루고 있습니다.

여기 음악 좋아하신 분들은 흑인 음악가 로랜드 헤이스의 이야기를 전부 기억하실 것입니다. 1900년대 초 유럽에서 그의 명성이 널리 알려졌을 때 독일 음악계에서 그를 독일로 초청을 해서 베토벤 홀에 세우게 되었습니다. 그 소식이 독일 신문에 알려지자 온통 나라가 들끓었습니다. "아니, 베토벤 홀에 흑인을 세우다니? 이건 독일의 자존심이요 베토벤에 대한 모독이다!" 자존심과 우월감이 강하기로 소문난 독일 사람들이 데모를 하면서 야단이었습니다. 그러나 약속이 되어 있어서 할 수 없이 서야 됩니다. 그러니까 사람들이 어떻게 했느냐 하면 "우리가 먼저 표를 사버리자!" 방해자들이 먼저 가서 표를 다 구입했습니다. 그리고 그 극장 안은 반대자들이 가득 찼습니다. 헤이스의 음악을 듣기 위해서가 아니라 반대하기 위해서였습니다. "우리가 다 들어가서 훼방해서 공연을 못하게 하자!" 그래서 빈자리가 하나도 없이 꽉 찼는데 마침내 약속한 시간에 헤이스가 무대에 나타났습니다. 나타나자마자 온갖 야유를 다 퍼붓는 겁니다. "네가 여기가 어디라고 서려고 왔느냐? 당장 내려가라!" 모두 일어나서 야유를 퍼붓는데 정말 입에 담지 못할 온갖 모욕적 언사를 다 쓰면서 "네가 노예의 자식으로 여기가 어디라고 감히 우리들 앞에 서느냐?" 별 소리를 다 했습니다. 그 광경을 바라본 헤이스는 무대 중앙에 조용히 무릎을 꿇고 앉았습니다. 그리고 손을 모으고 고개를 숙이고 하나님 앞에 기도를 드렸습니다. 이때 극장 안에 모든 불은 다 꺼지고 오직 하나의 조명이 헤이스의 몸을 비추고 있었습니다. 그의 기도는 10분 동안 계속이 되었습니다. 그러니까 장내가 고요해졌습니다. 10분 후에 그는 조용히 눈을 들었습니다. 하늘을 쳐다봤습니다. 그를 비추는 조명의 불빛이 두 뺨에 흐르는 눈물로 반사되었습니다. 그리고 하늘을 향해 기도를 드렸습니다. "나의 피부를 어둡게 만드신 하나님 아버지여! 내 마음과 영혼은 이 시간 어둡지 않게 하소서. 오늘 저녁 검은 피부의 사람이 부르는 노래가 흰 피부의 어두운 마음을 가진 자들을 감동케 하옵소서." 그리고 그는 조용히 일어나서 피아노의 건반을 누르면서 그의 유명한 노래 "당신은 평화시요"를 부르기 시작했습니다. 사람들은 그때부터 조용해지기 시작했습니다. 그리고 영혼에 스며드는 그의 노래를 들으면서 아무도 말을 하지 못했습니다. 그의 노래가 절정에 달했을 때 베토벤 홀에 모인 모든 사람의 뺨에는 회개의 눈물이 흘렀습니다. 조금 전에는 모두다 고개를 들고 헤이스만 고개를 숙이고 있었는데 마지막 부분에 가서는 모두다 고개를 숙이고 헤이스만 고개를 들고 있었습니다. 그 자리에서 회개 운동이 일어났습니다. 1924년에 있었던 이 일 때문에 그 이후로 지금까지 베토벤 홀에 흑인은 안 된다는 어둠은 영원히 사라졌습니다.

"달리다굼! 어둠은 물러가고 새로움의 빛의 역사" 이것이 오늘 말씀입니다. "쓰러진 자여 일어나라! 꿈 많은 12살 소녀여, 네가 어찌하여 이렇게 누워 있느냐? 달리다굼 하라! 일어나서 저 푸른 세상으로 나가라! 저 푸른 하늘과 초원이 끝없이 펼쳐져 있는 꿈의 세계를 너의 것으로 만들어라. 이제부터 세상은 네 것이다. 멋지고 아름다운 삶을 창조해 나가라. 내가 너를 도와줄 것이다. 달리다굼! 일어나라! 고난을 딛고 일어서서 운명을 헤치고 나가라."

우리 교회 다니는 사람들은 베토벤의 음악 한 가지는 누구든지 다 잘 압니다. '교향곡 9번 합창'입니다. 그는 46살 때 고통받아오던 귀가 완전히 들리지 않았습니다. 황달과 류머티즘으로 고생했고 그때 사회 환경은 나폴레옹의 몰락이 가지고 온 반작용 향락 무드가 고조에 달해서 베토벤의 음악은 다 식었습니다. 로시니의 희가극에 열광하고 있던 때입니다. 어느 날 빛을 잃은 베토벤의 음악을 생각하며 로시니가 베토벤을 찾아갔습니다. "스승이시여! 어찌하여 이 사회에 당신의 음악은 사라지고 나 같은 사람의 음악에 국민들이 열광하게 되었습니까?" 그때 바라본 베토벤은 너무나도 초라하고 가난했으며 병고에 시달리는 처참한 모습에 로시니마저도 베토벤의 손을 붙잡고 통곡했다는 것입니다. 53세가 되던 바로 그때 그는 그 고난 중에서도 교향곡 9번을 완성했고 그 제목을 "환희의 송가"로 지었습니다. 그는 듣지 못하면서 연

주했다는 것입니다. 베토벤은 이것을 마지막으로 56세에 세상을 떠났습니다. 1908년 미국 뉴포트 연합회중교회의 담임목사인 헨리 반 다이크(Henry Van Dyke)가 바로 그 곡에다가 하나님 백성의 삶의 철학을 가사화함으로 우리가 찬송가로 부르고 있는 겁니다. "♪노래하며 행진하여 싸움에서 이기고 승전가를 높이 불러 주께 영광 돌리세♪"

시각장애인 한국인으로 미국의 백악관 정책 보좌관이 된 강영우 박사의 신앙 고백을 여러분이 들으셨을 것입니다. "사람들은 나한테 말하기를 당신은 시각장애인으로서 어떻게 그런 역경과 고난을 극복하고 그러한 자리에 가게 되셨습니까?" "아닙니다. 역경과 고난을 딛고 일어선 게 아닙니다. 내가 시각장애인이 되었기 때문에 이 자리에 있는 것입니다." "달리다굼! 일어나라! 네가 어떤 환경에 있느냐? 나는 너를 도와줄 것이다." 오늘은 장애인주일입니다. "♪어둠 속에 잠자던 영혼 일어나라 일어나 걸으라 달리다굼 일어나라♪" 이 말씀이 오늘 여러분에게 주시는 하나님의 선물이 되시기를 축원합니다.

하나님 아버지! 달리다굼의 영적 의미가 무엇입니까? 주님은 왜 "달리다굼!"이라고 발언하셨는가? 그 뜻을 저희들이 잘 깨닫고 우리 삶의 모든 과정에서 일어나게 하여 주시옵소서. 몸은 건강하지만 믿음과 영혼이 누워있는 자들은 일어나라. 또 믿음은 있는데 내 주변에 모든 환경이 넘어져 있는 모든 자여, 일어나라! 모두다 달리다굼 하라! 달리다굼의 은혜가 아버지의 약속이 되게 하여 주시옵소서. 예수 그리스도의 이름으로 기도드립니다. 아멘.

베드로의 사순절

마태복음 26:69-75

⁶⁹베드로가 바깥 뜰에 앉았더니 한 여종이 나아와 이르되 너도 갈릴리 사람 예수와 함께 있었도다 하거늘 ⁷⁰베드로가 모든 사람 앞에서 부인하여 이르되 나는 네가 무슨 말을 하는지 알지 못하겠노라 하며 ⁷¹앞문까지 나아가니 다른 여종이 그를 보고 거기 있는 사람들에게 말하되 이 사람은 나사렛 예수와 함께 있었도다 하매 ⁷²베드로가 맹세하고 또 부인하여 이르되 나는 그 사람을 알지 못하노라 하더라 ⁷³조금 후에 곁에 섰던 사람들이 나아와 베드로에게 이르되 너도 진실로 그 도당이라 네 말소리가 너를 표명한다 하거늘 ⁷⁴그가 저주하며 맹세하여 이르되 나는 그 사람을 알지 못하노라 하니 곧 닭이 울더라 ⁷⁵이에 베드로가 예수의 말씀에 닭 울기 전에 네가 세 번 나를 부인하리라 하심이 생각나서 밖에 나가서 심히 통곡하니라.

오늘은 베드로가 사순절 기간을 어떻게 보냈는가를 우리가 한번 살펴보고자 합니다. 지금 온 세계 모든 기독교인들은 베드로를 열 두 사도 중에 가장 훌륭했던 수제자라고 인정을 합니다. 이것은 동방정교회도 로마가톨릭도 개신교도 차이가 없습니다. 다만 가톨릭교회가 가장 큰 존경으로 베드로를 대우합니다. 바티칸에 가면 세계에서 제일 큰 성당이 있는데 그 성당의 이름을 '베드로 성당'이라고 했으며 그 성당의 입구에는 거대한 베드로의 동상이 세워져 있고 베드로의 손에는 천국 열쇠가 쥐어져 있습니다. 이 베드로 동상은 약간 고개를 숙인 듯 한 모습으로 만들어졌습니다. 베드로의 시선이 아래쪽을 향하도록 만들어져 있는데 성당을 찾아오는 수많은 사람들을 보고 있다는 뜻으로 약간 고개를 숙인 자세로 만들어진 것입니다. 또한 이 가톨릭교회가 가지고 있는 교회 조직은 1인 감독 제도입니다. 그러니까 온 세계 교회 최고의 감독 기관이 있어서 그 감독의 명령에 절대 순종하는 교회 제도입니다. 그 절대 명령자가 교황인데 제1대 교황을 베드로라고 규정하고 있습니다.

가톨릭교회 신자들은 금요일에는 고기를 먹지 않습니다. 예수님이 돌아가신 날이기 때문입니다. 그러나 성경에 그런 말이 없습니다. 교황청에서 먹지 말라고 명령해서 전 세계가 그렇게 지키는 것입니다. 외국의 가톨릭 마을에 우리 한국인들이 햄버거 장사를 하는데 금요일에는 장사가 잘 안 됩니다. 왜냐하면 고기를 안 먹으니까 사러 오는 사람이 없기 때문입니다. 그런데 한국의 가톨릭교회는 금요일에 고기 안 먹는다는 말이 없습니다. 그 이유는 교황이 한국은 먹어도 된다고 말했기 때문입니다. 왜 교황이 한국은 고기를 먹어도 된다고 했느냐? 1950년에 교황이 명령을 했는데 그때 한국이 빈민국이었습니다. 1년 내내 고기를 못 먹어보다가 금요일에 이웃집에 잔치가 있어서 고기 한 점 먹으러 갔는데 금요일인 겁니다. 그래서 "그것도 못 먹어서 되겠느냐? 못 사는 한국인들은 금요일에 고기 먹게 해준다." 교황이 특명을 내려주었기 때문에 한국은 금요일에 고기 먹지 말라는 말이 없는 것입니다. 그런데 외국에는 금요일에 고기를 먹지 않는 문화가 아주 심합니다. 지금은 변했는지 모르지만 각 성당의 본당 신부님들 설교도 자기 마음대로 하는 것이 아닙니다. 위에서 이렇게 설교하라고 시키는 대로 설교를 했습니다. 그러니까 교황의 명령은 전 세계 누구도 거역하지 못하도록 1인 감독 제도의 체제로 전 세계 가톨릭교회가 연결이 되어 있습니다. 그래서 가톨릭교회는 개신교처럼 신부님과 교인간의 마찰이 생겨서 교회가 분열하는 것이 없습니다. 제도 때문에 없는 것입니다. 그것을 인정하지 않으면 가톨릭교회가 아닙니다. 절대 명령 기관이 시키는 대로 하기만 하면 됩니다.

과거에 어떤 모르는 분이 저에게 찾아오셔서 자기 딸의 결혼 주례를 부탁하신 적이 있었습니다. "누구신데 저는 알지도 못하는데 결혼 주례를 부탁하시는 겁니까?" "목사님! 저는 장로입니다." "장로이시면 담임목사님께 부탁하시지 왜 저한테 부탁하십니까?" "저는 지금 다니는 교회가 없습니다." "장로가 다니는 교회가 없다니 무슨 말씀이십니까?" "쫓겨난 장로입니다. 자세한 말씀은 나중에 드릴 테니 제발 제 딸 시집가는데 주례 부탁드립니다." 그래서 딸 시집보낸다니까 부탁을 들어드린 적이 있습니다. 결혼식 끝나고 나서 이렇게 말씀하셨습니다. "제가 교회에서 열심히 장로 일을 하다가 교회 재정을 맡아서 재정 장로가 되었습니다. 그런데 목사님과 항상 문제가 생겨서 제가 그 교회를 나와 버렸습니다." "목사님과 무슨 문제가 생겼습니까?' 제가 경험하는 거지만 우리 목회자들은 교회 헌금을 하나님이 좋아하시는 일인 선교와 교육에 헌금 들어오는 대로 빨리 빨리 투자하고 싶습니다. 쌓아두지 말라 하셨기 때문입니다. 교회에 돈이 많다면 시험 거리나 생기니 빨리 하나님 기뻐하시는 일에 선교비를 보냅니다. 저 같은 사람은 마이너스 통장 꺼내서 선교비를 보내는데 그것이 목사들의 마음입니다. 그것이 성서적이라고, 하나님 기뻐하실 일이라고 믿기 때문입니다. 제가 40년 이상 경험했지만 장로들은 될 수 있는 한 지출을 안 하려고 합니다. 그래서 지출할 때마다 마찰이 생깁니다. 교회 싸움은 항상 거기서 나오는 겁니다. 그런데 이 분이 장로교 목사들 보기 싫어서 가톨릭으로 개종을 하셨답니다. 거기 가서도 열심히 일했더니 거기서도 재정 일을 맡게 되었다고 하십니다. 그런데 가톨릭교회에서 보니까 신부는 장로교 목사보다 훨씬 더 하더랍니다. 그 신부는 구제 활동에 헌금을 모두 보내는 겁니다. 그러니 돈이 항상 없잖아요? 재정 맡은 장로는 그것이 속상했던 겁니다. 돈이 모일만 하면 다 쓰고 또 모일만 하면 다 쓰고…. 그런데 신부는 빨리 하나님 사업에 쓰면 되지 돈을 모아둬서 뭐하느냐고 하는 겁니다. 그래서 '안 되겠다. 문제 좀 삼아야겠다.' 생각하고 교구청에 투서를 한 겁니다. "우리 교회 신부가 이렇게 재정을 날마다 구제금 명목으로 다 씁니다." 곧바로 답장이 왔습니다. "본 당 신부의 권한이요. 당신은 누구인데 건방지게 교구청에 투서를 보냈소?" 막 책망하는 답장이 왔는데, 그 소문이 퍼져서 성당에 나가니까 신자들이 "당신 어디서 하던 버릇을 여기서 하느냐?" 마귀같이 취급을 해서 쫓겨났다는 겁니다. 그분은 성당 체제, 제도를 모르셨던 겁니다. 1인 감독제도 성당은 상부의 명령대로 움직입니다. 그분들이 하나님의 뜻을 더 잘 알고 있으니까 우리는 그대로 따르기만 하면 되는 것이지 이것저것 참견할 필요가 없다는 제도를 가지고 있습니다. 그분이 저한테 그렇게 이야기를 하고 관심을 보여서 제가 농담을 했습니다. "우리 교회는 오지 마세요."

베드로의 장점과 단점이 성경에 그대로 반영되어 있습니다. 성격은 충동적이고 변덕스럽고 실패하기 쉬운 성격입니다. 게다가 흥분도 아주 잘합니다. 예수님이 바다 위로 걸어오시는 것을 보고 "나도 걷게 하소서" 하고 바다 위를 풍덩 들어갔잖아요? 감격도 빠릅니다. "주는 그리스도시여 살아계신 하나님의 아들이십니다." 이런 양면이 있습니다. 베드로의 이름이 세 가지로 나옵니다. 베드로, 시몬, 게바입니다. 그런데 유대 나라는 셈족어, 아람어, 희랍어 세 가지 공용어를 사용하기 때문에 이름이 여러 가지로 나오는 사람이 많습니다. 지금 복음서를 보면 사복음서가 다 열두 제자 이름을 기록할 때 언제나 베드로가 첫 번째로 나옵니다. 가룟 유다가 언제나 꼴찌로 나옵니다. 여러 가지 정황으로 봐서 베드로가 수제자 분위기를 주고 있는 것이 정확합니다.

살로메가 자기의 두 아들 야고보와 요한을 데리고 예수님 앞에 나타 났잖아요? 살로메는 예수님의 이모요 예수님을 위해서 돈도 제일 많이 쓰고 친척간입니다. 그래서 예수님께 부탁합니다. "당신의 나라 임하실 때 나의 두 아들을 하나는 우편에, 하나는 좌편에 앉게 하소서." 이 부탁을 예수님께 왜 했는지 아세요? 베드로를 견제하기 위한 것입니다. 아무리 보아도 예수님의 마음속에 베드로가 제일 많이 들어가 있는 게 나타났기 때문입니다. 베드로의 신앙 고백도 예수님이 제일 좋아하셨잖아요? "천국 열쇠를 네게 주겠다." 천국 열쇠를 주셨잖아요? "네가 땅에서 매면 하늘에서도 매일 것이요 땅에서 풀면 하늘에서도 풀리리라." 열두 제자 가운데 베드로에게 영적 권위를 주셨습니다. 베드로의 장모가 열병을 앓고 있다고 소식을 들으니까 금방 좇아 심방 가서서 그 자리에서 고쳐주셨습니다. 아무래도 예수님이 베드로를 제일 훌륭한 리더로 인정하신 것 같습니다. 상식적 판단을 해봐도 부활하신 후에 베드로를 디베랴 바닷가에서 1대1로 만나서 "네가 나를 사랑하느냐?" 물으십니다. 마치 이 말은 "나는 너 없이 못산다"와 같은 이런 심각한 질문을 두 사람이 나누고 있는 것입니다. 제자 중에 베드로와 안드레가 형제이고 야고보와 요한이 형제라서 지금 이 열두 사도 공동체는 벌써 은연중에 계파 정치가 생긴 겁니다. 이 두 계파가 신경 썼던 것은 매우 중요한 주님의 특별한 일에 예수님께서 이 사람들만 부르셨습니다. 변화산 신비의 사건 때 보십시오. 높은 산에 올라가서 수백 년 전에 하늘 나라에 간 엘리야와 모세가 예수님과 이야기하는 장면을 육안의 눈으로 보는 신비 사건에 베드로, 요한, 야고보만 초대 되었잖아요? 세 사람 밖에 못 보았습니다. 회당장 야이로의 딸을 회생시키셨을 때 회당장은 유대 사회의 큰 권세 가문입니다. 그 권세 가문의 집에 가서 죽어있는 딸을 살리는 것은 그 사회에서 큰 영광 받을 일로 취급이 되는데 그 자리에도 베드로와 야고보, 요한만 데리고 들어가셨습니다. 겟세마네 마지막 기도 모임 때는 주님이 최고 고통스러운 시간인데 그 고통의 시간에 위로의 대상으로 세 사람인 베드로와 야고보, 요한만 데리고 가셨습니다. 아마 다른 제자들이 질투할 만큼 편애가 나타난 것으로 볼 수 있습니다. 그래서 베드로와 요한은 보이지 않는 라이벌이 형성되어 있어서 어머니가 나서서 예수님께 그런 부탁까지 한 것입니다. 그래서 불필요한 신경전을 벌이고 급기야 그것이 표면화 되어서 내분을 일으킬 때 예수님이 뭐라고 말씀하십니까? "너희들은 지금 이방인의 집권자들처럼 권세를 부리고 사람을 임의로 주관하고 싶어서 그러느냐? 너희 중에는 그렇지 않으니 으뜸이 되고자 하는 자는 섬기는 자가 되어라." 이런 말씀을 하신 겁니다.

베드로는 여러 가지 면에서 지금까지 훌륭한 위치를 지켜오다가 사순절 기간에 추악하게 되어 버렸습니다. 베드로에게 예수님이 수차 말씀하셨습니다. "예루살렘에 가면 나는 고난을 받게 되고 죽임을 당할 것이다." 베드로는 의미조차 모릅니다. 예수님의 진심을 파악하지 못하고 있던 베드로가 정말 그 십자가 사건이 닥쳐오니까 준비가 안 된 모습으로 혼비백산하여 흩어지고 만 겁니다. "너희가 다 나를 버리고 도망가고 말 것이다." 그때에 제자들은 말했습니다. "죽을지언정 그런 일은 하지 않겠나이다." 그렇게 말했습니다. 베드로는 지금까지 자신이 차지했던 열 두 사도 중에서의 훌륭한 위치를 사순절 기간에 가장 멋지게 영적 권위를 나타낼 수 있는 기회가 왔으나 그 거룩하고 영광스러운 사순절 기간을 가장 비겁자로 전락하고 말았습니다. 지금까지 모든 일에 전면에 나타났던 베드로였습니다. 그런데 이제부터는 얼굴 감추기에 몰입하게 됩니다. 참 이상한 일이 벌어졌는데 3년 동안 예수님의 평소 사역에 전면에 나타났던 예수님의 열 두 사도들은 정말 도와야 할 때가 되니까 없어져 버리고 지금까지 잘 나타나지 아니하던 사람들이 나타납니다. 니고데모, 아리마대 요셉은 빌라도 앞에 나타났는데 그때 제자들은 아무도 없었습니다. 몰약을 100근이나 가지고 와서 세마포로 싸서 아주 신중하게 예수님의 장례식을 다 치렀는데 그와 같은 일은 당연히 열 두 사도가 나타나서 해야 되는데 한명도 나타나지 않았습니다. 보이지 않던 제자들이 어려운 일을 다 치렀습니다. 열두 사도는 지금까지 예수의 영광스러운 사역만 좋아했다는 겁니다. 그때마다 전면에 나섰습니다. 예수님의 치유 사역을 보십시오. 현대 21세기 과학으로도 도저히 고칠 수 없는 질병들을 예수님이 현장 치료해 주니까 사람이 수천 명씩 몰려왔습니다. 그때 그 앞에서 교통정리를 하고 "다음은 네 차례! 다음은 네 차례!" 예수님을 만나는 순번을 정하던 사람들이 제자들입니다. 사람들이 제자들에게 와서 청을 합니다. "제발 예수님 좀 오늘 만나게 해주세요." 너무 바쁘시니까 함부로 만나지 못하게 합니다. 예수님의 제자인 것이 너무나 자랑스러웠습니다. 오병이어 떡을 나눠줄 때는 얼마나 권위가 있었습니까? 그야말로 어깨에 힘을 주고 당당했습니다. 예루살렘 올라갈 때는 예루살렘 시민이 다 몰려나와서 종려나무 가지를 흔들었다고 했습니다. 그러니 "호산나"를 부를 때 예수님 곁에서 어깨를 펴고 예수님을 호위하며 가는 제자들은 얼마나 영광스러웠겠습니까? 세상이 뒤집히는 듯 했습니다.

그렇게 전면에 영광스럽고 자랑스럽게 나타나던 열 두 사도는 예수님의 수난이 오니까 없어지기 시작합니다. 그때부터 꼬리를 감추어 버렸습니다. 마태복음 16장 21절을 보면 이런 말이 있습니다. "이때로부터 예수 그리스도께서 자기가 예루살렘에 올라가 장로들과 대제사장들과 서기관들에게 많은 고난을 받고 죽임을 당할 것이라 제자들에게 비로소 나타내시니" 여기서 "비로소"라는 말은 "처음"이라는 말입니다. 제자들은 이러한 예수님의 일종의 폭탄선언을 듣고 충격을 받기 시작하는데 이 사건에도 충동적 베드로가 제일 먼저 반응을 했습니다. 22절에 "베드로가 예수를 붙들고 항변하여 이르되 주여 그리 마옵소서. 이 일이 결코 주께 미치지 아니하리이다." 여기서 "항변"이라는 말은 "항의"라는 말입니다. "그러시면 안 됩니다. 절대 그렇게 하지 마십시오." 이 항변 속에는 주님의 고난을 생각하는 마음이 아니라 자신의 고난이 걱정이 된 것입니다. "만약 지금 말씀하신 그대로 주님이 죽으신다면 우리들은 어떻게 되는 것입니까? 나 같은 사람은 이제 온 나라 사람들에게 얼굴이 팔렸습니다. 예수의 수제자 명함이 얼굴에 붙었습니다." 영광에 정 반대 선언을 하시는 예수님이 미워졌습니다. 그래서 항변했다고 했습니다. 예수님은 베드로에게 어떤 답변을 했습니까? "사탄아! 내 뒤로 물러가라." 개인적으로 예수님에게 마귀, 사탄이라고 책망 들은 사람은 가룟 유다와 베드로입니다. 여러분이 지금 주님의 제자로 열심히 사는데 만약 예수님이 직접 나타나셔서 1대1 시선을 마주치면서 "사탄아! 물러가라!" 하신다면 여러분은 기분이 어떠시겠어요? 아마 그 말은 예수 믿는 사람이 가장 듣기 싫은 치욕적 책망이 될 것입니다.

이때부터 베드로는 마음에 부담이 왔습니다. '나는 어떻게 되는 것인가? 나는 사탄인가?' 그리고 심상치 않게 다가오는 어떤 분위기가 느낌을 주었기 때문에 베드로는 그때부터 차츰차츰 예수와 거리를 두는 마음을 가지다가 오늘 말씀에 와서는 급기야 최고의 소극적 자세가 되어버리고 예수님과 마침내 절교를 선언했습니다. "베드로가 바깥뜰에 앉았더니 한 여종이 나아와 이르되 너도 갈릴리 사람 예수와 함께 있었도다 하거늘" 여기 여종은 남의 집 심부름 정도 하는 노예 신분의 보잘 것 없는 소녀를 말합니다. 이것을 보면 베드로가 당시 얼마나 얼굴이 많이 알려져 있었는가 증명이 됩니다. 누구나 알아보는 얼굴이 되어 버렸습니다. 여기서도 확실히 나타나는 지방색이 있습니다. "너도 갈릴리 사람 예수와 함께 있었도다. 유다 사람이 아니잖아? 갈릴리에서 혁명 같은 것을 조직한 것이다." 베드로가 "나는 네가 무슨 말을 하는지 알지 못하겠노라" 영어 성경 쓰는 사람은 "I don't know what you are talking about." 이 말은 관용어가 되어서 영어 문화권에 있는 사람들은 아주 자주 씁니다. "영문을 모르는 말을 내게 하도다."라는 뜻입니다. 이 때 베드로는 예수와의 관계를 "나는 그 사람과 영문도 모르는 관계다." 절교해 버렸습니다. 그 다음 구절을 보면 다른 여종이 그를 보고 또 말을 합니다. "이 사람도 나사렛 예수와 함께 있었도다. 틀림없다." '나사렛'을 강조하잖아요? "너는 유대 사람이 아니잖아? 나사렛 일당이지?" 참 유명해 지기는 했습니다. 존재도 없는 여종들에까지 모르는 사람이 없을 만큼 알려진 얼굴이 되어 버렸습니다. 그동안 예수님의 영광스러운 사역의 표면에 나섰기 때문에 알려진 겁니다. 베드로는 이제 당황해서 갈 길을 잃어버립니다. "맹세하고 또 부인하여 이르되 나는 그 사람을 알지 못하노라 하더라." 그런데 세 번째 사건이 또 터집니다. "조금 후에 곁에 섰던 사람들이 나아와 베드로에게 이르되 너도 진실로 그 도당이라 네 말소리가 너를 표명한다 하거늘" 여기서 "도당"이라는 표현은 개역개정 성경에 나오는 말입니다. 개역한글 성경에는 그냥 "당"이라고 했습니다. 무슨 뜻입니까? 정치적 색깔 표현입니다. "너는 예수를 앞세우는 갈릴리 정당의 대변인이잖아? 왜 유대에 와서 딴소리를 하는 거냐?" 베드로는 이제 어쩔 줄 모르게 됐습니다. '아! 죽어야 되는구나.' "네 말소리는 너희들이 쓰는 갈릴리 지방의 전형적 악센트가 있는 지방 사투리를 계속 쓰고 있으면서 왜 유대 사람인척 하는 거야?" 큰일 났습니다. 그래서 저주까지 했다고 합니다. "저주하며 맹세하여 이르되 나는 그 사람을 알지 못하노라" 이것이 베드로의 사순절이 되고 말았습니다. 결국 베드로는 통곡의 사순절을 지내게 되었습니다.

단 한 가지 여기서 가룟 유다와 베드로의 차이가 있습니다. 베드로는 성격적으로 충동적이라서 회개도 빨랐습니다. 베드로는 닭소리를 듣자마자 금방 통곡할 수 있었기 때문에 회복의 가능성이 생겼고 가룟 유다는 자존심을 버리고 자리를 뛰쳐나감으로 회복되지 않았습니다. 제가 새벽기도 때 이 설교를 한번 했는데 제가 노회장을 볼 때가 있었습니다. 어떤 교회에 문제가 생겼습니다. 그 목사님은 "나 이 교회를 탈퇴하겠다." 막 말렸습니다. "뭘 그것 가지고 기분 나쁘게 생각하느냐? 하나님의 일을 하다보면 이럴 때도 있고 저럴 때도 있지." "아니다. 잘 먹고 잘 사시오." 우리는 가서 말리고 그러지 말라고 했지만 결국 나가버렸습니다. 그리고 한 1년이나 되었을까요? 다시 들어오겠다는 겁니다. 받아주겠습니까? 저도 화가 나 있는데다가 위원들이 "아닙니다. 우리가 얼마나 말리고 얼마나 권유했습니까? 이제 와서 또 들어오겠다니! 그 사람 절대 받아주어서는 안됩니다." 막 여기에 대해서 토론을 하는 겁니다. 그래서 누구도 안 받아줄 분위기였는데 흑인 할머니 위원이 한 분 계셨습니다. 그분이 일어나서서 딱 한마디 하는 것을 누구도 거절하지 못하고 받아주었습니다. "하나님은 탕자도 받아주셨습니다. 목사가 다시 들어와서 목회 잘 하겠다는데 목사가 목사를 안받아주면 누구를 받아줍니까?" 아무 소리도 못하고 받아주었습니다. 가룟 유다도 십자가 사건이 진행되는 동안일지라도 주님을 찾아와서 회개했다면 주님은 넉넉히 받아주셨을 것이 확실한 증거가 있습니다. 십자가에 달린 강도도 말 한마디 듣고 예수님이 용서하고 낙원으로 데리고 가셨잖아요? 그런데 예수님이 돌아가셨을 때까지

가롯 유다는 안 나타났습니다.

　베드로 사순절에 가장 큰 교훈은 무엇인가? 이것입니다. 주님을 향해 약속하는 베드로의 모습과 자신이 약속한 것을 지켜내지 못한 베드로! 예수님이 수난을 예고할 때마다 베드로가 제일 먼저 나서서 약속 선언을 했습니다. 그 말씀 기록을 보면 "베드로가 먼저 말하고 다른 제자들도 이와 같이 말하니라."라고 기록되어 있습니다. 그 말이 무엇입니까? "나는 주와 같이 죽을지언정 주를 떠나지 아니하겠나이다."라고 했습니다. 아마 베드로의 약속은 정말 주님의 마음에 최고의 보람과 기쁨을 주는 제자의 결단 선언이라고 생각합니다. 그런데 그 약속은 지켜지지 않고 백지화되었다는 것입니다. 그러면 구약 성경에 서원이라는 단어를 많이 기록했습니다. 하나님을 향하여 하는 모든 약속을 의미하는 것입니다. 창세기 28장에 "야곱이 돌기둥을 세우고 서원하여 가로되" 하나님과 약속하는 겁니다. 민수기 21장에 민족 서원 "이스라엘 백성이 하나님께 서원하여 가로되 우리 민족은 이렇게 하겠나이다." 그래서 나실인의 서원을 하는 사람, 제물 서원하는 사람, 온갖 종류의 서원 신앙 문화가 기록되어 있는 것입니다. 서원은 지켜야 합니다. 여러분! 야곱의 서원을 보세요. 하나님은 지키시는데 야곱은 안 지킵니다. "내가 가는 이 길에서 하나님이 먹을 양식과 입을 옷을 주십시오." "그래라. 너는 뭐하겠니?" 서원은 상대적으로 하는 겁니다. "나도 하나님을 위해서 십일조를 하고 하나님의 전을 건축하겠나이다." 그런데 야곱은 하지 않았습니다. 거기 보면 하나님의 약속이 얼마나 야곱에게 풍부하게 지켜졌는지 야곱이 먹을 것, 입을 것을 위해서 기도하더니 엄청난 부자가 되었습니다. 그런데 하나님을 향해서 서원을 안 지키더니 다 간 곳이 없어지고 먹을 것조차 없어져서 야곱의 대식구가 애굽에 식량 구하러 가게 된 모습을 보게 됩니다. 우리가 모두 기억하는 삼손은 나실인의 서원을 한 사람입니다. 그래서 하나님이 천하무적의 힘을 그에게 주셨잖아요? 그가 그 약속을 지켜내지 못했을 때 그 힘은 순식간에 없어집니다. 저도 하나님과 서원한 사람입니다. "내 생명과 건강을 지켜주시는 시간까지 내 인생의 마지막 부분까지 예수 그리스도의 복음을 이 땅에 전하겠습니다. 틀림없이 서원합니다." 그래서 지금까지 지켜왔고 지켜가는 날을 하나님이 지금까지 도와주시고 만약 내가 그 서원을 스스로 파약하고 이 길을 떠날 때는 하나님도 나를 떠나실 겁니다. 그래서 저는 대통령 같은 것은 시켜주지도 않겠지만 하라고 그래도 안합니다. 하나님과 서원한 것이 있기 때문입니다. 베드로의 통곡이 뭡니까? 자신이 약속한 것을 자신이 파기한 인격 파멸의 심리적 고통을 이기지 못해서 우는 겁니다. '내가 왜 이렇게 되었어? 이게 뭐야? 왜 내가 주님을 저주해야 돼? 어떡하지?' 이렇게 된 겁니다. 그래서 서원은 절대 함부로 하지 마시고 서원한 것이 잘못 되었다고 생각될 때는 상담을 하시고 절대 충분한 서원을 했다면 지키셔야 합니다. 사순절은 주님과 나의 관계성을 새롭게 하는 기간입니다. '내가 서원을 파약하고 사는 것은 없는가?' 사실 우리가 인정하는 것은 하나님을 향한 절대 신앙도 시간이 흐름에 따라 환경의 변화를 따라 퇴색하여 간다는 것을 인정을 합니다. 그래서 요한계시록에 보시면 에베소 교회를 향하여 주님이 하신 말씀 "네가 처음 사랑을 잃어버렸느니라. 처음 사랑을 회복하라. 본래 나와의 모습이 그게 아니지 않느냐?"라고 하셨습니다.

유명한 유머 작가 루크호크가 이런 말을 했습니다. "만약 열두 사도가 지금 21세기까지 살아있다면 어떻게 되었을까?" 어느 날 마가의 다락방에 기도회를 하니까 모이라고 했는데 그때는 120명이 모였는데 열두 명 밖에 안모였다는 겁니다. 그래서 "베드로 어디 갔느냐? 왜 안 왔느냐?" "네, 베드로는 갈릴리 바닷가 제일 경치 좋은 곳에 별장을 사서 가족과 함께 주말여행 중입니다." "그랬구나. 안드레는 어디 갔느냐?" "안드레는 어제 늦게까지 파티에 참석하고 와서 지금까지 자고 있습니다." "그렇게 됐구나. 마태는 어떻게 됐느냐?" "네, 출세했습니다. 국세청장이 되어서 세금 감사가 너무 바빠서 기도회에 못 왔습니다." "그랬구나. 그러면 요한은 뭐하느냐?" "네, 수능시험 공부하느라고 도서관에 갔습니다." "야고보는?" "오늘 골프 토너먼트 때문에 못 왔습니다." "가롯 유다는 어떻게 됐느냐?" "공금 횡령죄로 검찰에 불려갔습니다." 변질되는 시대입니다. 그래서 성령님이 오셨다가 다음에 오겠다고 메시지만 남기고 가셨답니다. 사순절이 뭡니까? 내 신앙의 점검 기간입니다. "나는 지금 주님과의 관계성에서 어떻게 살아가고 있는가? 내 생활 우선순위를 어디다 두고 내가 정신없이 달려가고 있는가?" 그것을 점검하는 것입니다. 가롯 유다의 모습을 보고 베드로의 모습을 보면서 사순절에 영적 승리가 이루어지시기를 축원합니다.

하나님 아버지! 우리들은 마음이 수시로 변하여 유다나 베드로를 책망할 수 없을 만큼 저희 자신의 신앙의 퇴색을 인정합니다. 이 사순절 기간에 주님의 여러 제자들을 조명하면서 우리 삶의 우선 선택권이 어디 있는가 바라보는 영적 회복의 사순절이 되게 하시옵소서. 예수 그리스도의 이름으로 기도드립니다. 아멘.

복음에 합당한 생활

빌립보서 1:22-30

²²그러나 만일 육신으로 사는 이것이 내 일의 열매일진대 무엇을 택해야 할는지 나는 알지 못하노라 ²³내가 그 둘 사이에 끼었으니 차라리 세상을 떠나서 그리스도와 함께 있는 것이 훨씬 더 좋은 일이라 그렇게 하고 싶으나 ²⁴내가 육신으로 있는 것이 너희를 위하여 더 유익하리라 ²⁵내가 살 것과 너희 믿음의 진보와 기쁨을 위하여 너희 무리와 함께 거할 이것을 확실히 아노니 ²⁶내가 다시 너희와 같이 있음으로 그리스도 예수 안에서 너희 자랑이 나로 말미암아 풍성하게 하려 함이라 ²⁷오직 너희는 그리스도의 복음에 합당하게 생활하라 이는 내가 너희에게 가 보나 떠나 있으나 너희가 한마음으로 서서 한 뜻으로 복음의 신앙을 위하여 협력하는 것과 ²⁸무슨 일에든지 대적하는 자들 때문에 두려워하지 아니하는 이 일을 듣고자 함이라 이것이 그들에게는 멸망의 증거요 너희에게는 구원의 증거니 이는 하나님께로부터 난 것이라 ²⁹그리스도를 위하여 너희에게 은혜를 주신 것은 다만 그를 믿을 뿐 아니라 또한 그를 위하여 고난도 받게 하려 하심이라 ³⁰너희에게도 그와 같은 싸움이 있으니 너희가 내 안에서 본 바요 이제도 내 안에서 듣는 바니라.

빌립보서는 희락의 말씀이라고 합니다. 그러니까 기쁨의 소리입니다. 왜 그러느냐 하면 "기뻐하고 기뻐하라"는 소리를 이 빌립보서에서 계속 했기 때문에 희락의 복음, 기쁨의 복음이라고 제목을 붙였는데 그러면 빌립보 성경을 공부하는 우리도 기뻐야 할 것 아닙니까? 그런데 왜 빌립보 성경을 수십 번 공부하는데도 기쁘게 살지 못하는 걸까요? 그 이유를 우리가 한번 밝혀봐야 기쁘게 살 수 있을 것 같습니다. 저는 지금까지 목회하면서 별 소리를 다 들었습니다. 어느 날 LA에 있을 때 친구 목사에게 전화가 왔습니다. "이필재 목사!" "네!" "나는 이 목사 같이 되면 당장 천국 가도 좋겠다." "그게 무슨 소리야?" "뭘? 이 목사같이 되면 당장 천국 가도 좋겠다고." "무엇 때문에 나한테 그런 소리를 하십니까? 어떤 점이 그렇게 좋았는지 한번 말해보세요." 그래서 서로 이야기 하게 되었는데 그 친구가 나를 부러워하는 이유가 한 가지 있었습니다. 제가 목회하는 교회는 부흥되고 친구 교회는 부흥이 안 되었기 때문에 그런 말을 한 것입니다. "그런가요? 그러면 바꾸지요. 나하고 만나서 바꿉시다." "어? 무슨 소리야?" "내가 바꿔 줄 테니 만나요." 그래서 만났습니다. "하나님이 오늘 우리 둘이 하는 말을 들으시고 진심으로 우리 둘을 바꿔주실 거라고 생각하고 당신이 가지고 있는 모든 조건과 내가 가지고 있는 모든 조건을 바꿉시다. 하나님이 그렇게 해주실 것입니다. 그러면 내가 당신 교회로 가겠습니다. 당신이 우리 교회로 오시오." 그래서 내가 평생을 빠지지 않는 가시와 같은 내 고난의 조건을 하나 말해주었습니다. "이거 당신이 가져가시오." 첫 번째 조건에서 "아니오. 나 그냥 살겠소." 그

조건이 뭐였느냐 하면 제가 이렇게 안경을 쓰고 평생을 살잖아요? 내일도 안과 치료를 받으러 가야 하는데 오른쪽 안과 치료를 계속 받아야 합니다. 오른쪽 눈 시력이 안보이고 눈물도 자주 나서 안과 치료를 받습니다. "평생을 내가 이런 고난 한 가지가 있는데 이 고난을 가져가시오. 하나님이 나는 싹 고쳐주고 당신은 내일부터 나와 같이 될 것입니다." 절대로 안합니다. "그렇게 말하지 마시오." 남이 가진 좋은 것을 바라보는 사람은 평생 기쁘게 살지 못합니다. 그래서 누구를 바라보느냐 하면 제가 한국의 시각장애인기독교협의회 고문입니다. 첫 번 목회를 아예 맹인이 된 시각장애인 목회를 했고 지금도 시각장애인 협의회에서 일만 있으면 부탁하고 제가 거절하지 않습니다. 저는 그들을 바라봅니다. '얼마나 고생스러울까?'

여러분은 '누구와 같이 되었으면 좋겠다.' 하는 소원이 있습니까? 그것은 그 사람이 가지고 있는 좋은 점 하나만을 봤기 때문에 그러한 마음이 생기는 겁니다. 육신적인 조건은 절대 영원한 기쁨이 못되고 영적인 것만이 영원한 생명의 기쁨이 되는 것을 바울 신학에서 우리가 배우는데 바울 사도는 말하기를 "예수 그리스도를 위해 살면 내가 죽는 것도 유익하다."는 말을 했잖아요? 그리고 하나님의 나라는 천국이고 살기 좋다고 했습니다. 그러면 이런 질문이 생깁니다. "예수 잘 믿는 사람은 빨리 죽을수록 좋은 일인데 왜 오래 살고자 하는 노력을 하느냐?" 세상에 영원한 기쁨이 없고 하늘나라에만 있다고 했는데 그러면 우리는 빨리 죽을수록 좋잖아요? 어떤 목사가 이런 질문을 했다고 합니다.

"천국이 있는 거 믿는 사람 손들어 보세요." 그러니까 100퍼센트 손들어서 "지금 가고 싶은 사람 손들어 보세요." 그랬더니 한 사람도 안 들었다고 합니다. 결국 그 질문입니다. 천국이 그렇게 좋다는데 당장은 안가고 싶어 하거든요. 왜 그럴까요? 바울도 지금 이 문제에 걸린 겁니다. 제가 북한은 못 다녀왔지만 세상을 다녀보니까 방글라데시, 에티오피아 같이 못사는 나라들이 있잖아요? GNP가 1,000 달러도 안 되는, 500달러 정도 밖에 안 되는 나라들이 있습니다. 그러한 나라들은 지금보다 10배나 경제 성장을 해야 겨우 숨을 돌리며 먹고 사는 게 조금 좋아진다는 것이 현실입니다. 그런데 우리나라는 지금 그 사람들보다 20배 더 잘 사는 GNP 24,000달러의 국가가 되어서 그 사람들이 바라볼 때 호화스러운 생활을 하고 있는 중입니다. 호화스러운 생활의 기준이 뭐냐 할 때는 이렇게 따집니다. 먼저 주택 생활을 봅니다. 그러니까 날이 추워도 집안에서 아무 상관이 없고 더워도 아무 상관이 없는 주택을 소유한 것입니다. 여러분, 아파트에서 밖에서 춥다고 안에도 춥습니까? 밖에 덥다고 안에도 덥지 않잖아요? 상관없습니다. 그런 주택을 소유하고 사는 국민들은 호화스러운 생활을 하는 것입니다. 그 다음에 집안에는 위생시설이 구비된 주택입니다. 수세식 화장실이 바로 그것입니다. 그 다음에 교통수단에 있어서는 자기가 자기 차를 아무 때나 움직일 수 있는 교통수단을 가지고 있는 사람입니다. 그리고 전체 수입의 25 퍼센트만 가지면 식생활이 영양가 있는 음식을 먹을 수 있는 조건이 되는 사람입니다. 호화스러운 생활로 세계에서 기준을 정합니다.

그러면 우리가 거기에 있습니다. GNP 20,000달러면 그 수준이 다 되는 겁니다. 그렇다면 우리 소원은 지금 다 이루어졌잖아요? 냉장고 문을 열면 언제나 시원한 음료수가 기다리고 있습니다. 또, 한쪽에 보면 언제나 먹을 수 있는 떡이 있더라고요. 옷장을 열면 철 따라 갈아입을 수 있는 옷이 옷장에 정리가 되어 있고 한 가정에 은행 통장의 거래는 보통 2~3개가 있습니다. 이것이 지금 우리라고 볼 수가 있습니다. 지금 대한민국 정도라면 다른 나라와 비교하면 우리보다 더 잘 사는 나라도 있지만 행복에 지쳐서 살아야 되는 환경인데 행복지수는 방글라데시보다 떨어집니다. 방글라데시 가 보신 분 손들어보세요. 한 분도 안 계십니까? 한 번 가보십시오. 거기 갔다가는 죽지 않고 살아 돌아오면 감사한 일입니다. 사람에 치여서 다닐 수가 없습니다. 자동차, 사람, 먼지가 꽉 차서 돌아가는데 어디로 찾아가야 될지 모르고 가는 곳마다 사람이 바글바글합니다. 그런데 먹는 음식은 절대 영양가 있는 음식을 먹지 못합니다. 그런데 행복지수는 훨씬 높습니다. 아시아에서 그 나라가 행복지수가 제일 높다고 나왔습니다. 거꾸로 된 건지 도대체 누가 점수를 주었는지 그렇게 나왔습니다. 그러면 우리 대한민국은 행복지수는 아주 낮습니다. 왜 낮을까요? 사람들이 행복하지 않다고 생각하고 있다는 겁니다. 자살률이 세계에서 1위입니다. 행복하지 않기 때문에 자살합니다.

어느 날 신문에 크게 보도가 되었습니다. 이 세상에서 개인적 조건이 가장 화려하고 가장 행복하게 사는 인물이 누구인가? 한번 여러분

머릿속에서 생각해 보세요. 온 세상에서 '아! 저 사람이 제일 화려하고 행복하게 사는 사람이다.' 누구입니까? 누군지 잘 모르겠지요? 거기서 나왔습니다. 두 사람입니다. "영국의 황태자와 일본의 황태자이다." 왜 그러느냐? 두 나라 모두 부강한 나라이다. 영국도 일본도 강대국이잖 아요? 한때는 영국이 온 세상을 다스리고 한때는 일본이 온 세상 최고 경제발전 했잖아요? 그리고 이 두 나라는 왕 제도를 지금도 가지고 있 잖아요? 그런데 왕가는 골치 아픈 국가 정치에 관여 안 해도 됩니다. 총리가 다 합니다. 일본도 왕이 뭘 합니까? 영국도 총리가 다 하지 영국 여왕이 합니까? 이 사람들은 강대국의 권위를 가지고 국가 예산의 몇 퍼센트를 누리기만 하면 됩니다. 골치 아픈 것도 없고 또, 왕은 세습이 라서 내가 아들 낳으면 그 아이가 왕이 되고 또 낳으면 또 왕이 되고 여 자 낳으면 여왕이 되고 세습입니다. 투표해서 "나를 왕으로 뽑아 주십 시오." 명함 돌릴 필요도 없는 것이고 그냥 태어나고 보니까 왕자이고, 왕이고, 죽을 때까지 왕이고 내가 죽으면 아들이 또 그렇게 되니 제일 좋잖아요? 객관성 있는 맞는 말입니다. 그래서 이 황태자들이 제일 행 복하게 권위를 누리는 것이 많은 사람이라고 나왔습니다. 그러면 그 사 람들을 우리가 찾아가서 행복하냐고 물어보면 됩니다. 여러분, 이번 8 월에 일본에 세미나 하러 가야 합니다. 일본의 왕궁의 여인들은 다 중 증 우울증 환자들입니다. "살아야 되나, 말아야 되나?" 우울증도 보통 이 아니고 중증입니다. 시어머니도 그렇고 며느리도 그렇습니다. 아주 심각합니다. 일본에서 다 압니다. 신문에서 보도도 합니다. 그러면 세상에서 제일 행복해야 할 사람이 왜 그런 걸까요? 또, 영국의 찰스 황태자의 아내 다이애나는 왜 왕궁을 튀어 나간 거죠? 못살겠으니까 그런 겁니다. 지긋지긋해서 못살겠다고 튀어나가서 이웃 나라의 갑부와 연애를 했는지 차타고 가다가 그렇게 되었는데 왜 그랬습니까? 그날도 속도를 너무 빨리 냈기 때문인데, 왜입니까? 다른 사람들의 눈을 피해야 돼서 그런 겁니다. 몰래 싹 빠져나가야 했기 때문입니다. "다이애나가 차 탔다!" 그러면 쏜살같이 따라오니까 몰래 빠져나가기 위해서 속력을 다해서 터널을 지나갔기 때문입니다. 제가 그 터널을 가봤습니다. 사고 나게 생겼습니다. 저는 차타고 천천히 지나가 봤습니다. 그런데 가이드가 "이 자리에서 죽었습니다." 그래서 자세히 본 적이 있습니다. 세상에서 제일 행복해야 할 사람이 왜 그랬습니까? 이렇다면 우리가 하나님 믿는 사람이 이 불안전한 세상을 떠나서 일찍 하나님 앞으로 가면 최고 행복한 사람이 되는데 왜 사람들이 병이 나면 그냥 두지 고칠까요? 죽어가는 사람을 죽어가도록 내버려 두면 하나님 앞으로 가는데 얼마나 좋습니까? 음식도 몸에 좋다는 것을 먹지 말고 나쁘다는 것만 골라먹고 건강에 필요한 보약, 운동 어떤 것도 안하는 것이 빨리 하나님 앞으로 가니 더 좋을 텐데요. 빨리 죽는 것이 정말 좋은 나라로 가니 행복할 거라는 이유가 생긴단 말입니다.

그러면 신자의 세상 삶은 무엇이 유익한가? 오늘 바울이 이렇게 말합니다. "우리가 이 땅에 이렇게 살고 있는 것은 다른 것이 아니라 한 가지 이유 때문에 살고 있는 것이다. 그게 뭐냐? 복음의 열매를 맺게 하기 위함이다. 이것이 내가 이 땅을 사는 이유이다. 그렇게 하는 것이 복음에 합당하게 생활하는 것이다. 빨리 죽어 그리스도와 함께 살고 싶으나 이 땅에 하나님이 더 오래 살려두시는 이유는 그리스도의 복음의 열매가 나를 통해서 이 땅에 풍성케 하기 위함이니 나의 삶에 목표가 되어서 살든지 죽든지 내 몸에서 그리스도가 존귀하게 되게 하려 함이라." 이렇게 삶의 목표를 정하고 살았습니다. 얼마 전에 KBS에서 선교사 신부 한 사람을 소개하는 것을 봤습니다. 아프리카에서 사역한 젊은 가톨릭 신부입니다. 아프리카에 가서 복음을 전하고 그 사람들을 위해서 의료 활동을 하고 그 사람들이 필요한 것을 이것저것 도와주면서 그곳에서 열심히 사는데 얼마나 헌신적으로 살았는지 그 모습을 다 보여주고 마침내 그가 있는 아프리카의 그 동네는 완전히 그 신부님 하나 때문에 천국과 같은 일이 벌어졌다고 KBS가 조사를 해서 보여주는 겁니다. 그런데 이 신부님은 아주 젊은 나이인데도 그렇게 하다 보니까 병이 든 겁니다. 건강이 이상해서 한국에 와서 진단을 받았더니 "돌아가십니다. 아프리카에 이제 못 돌아가시고 이제 시간이 없습니다. 한 달이나 두 달 정도뿐입니다." 그 의사가 TV에 나와서 말을 합니다. 그 말을 했더니 그 신부님이 낙담을 했는데 낙담하는 이유는 죽을까봐서가 아니고 "그러면 나는 가서 우물 파다 말고 왔는데 어떡합니까? 그 사람들 물이 부족해서 우물 파다가 중간에 제가 왔는데 이것 빨리 가서 파다가 죽어야지요. 그 다음에 내가 안가면 예배를 어떻게 드립니까? 그리고 환자들 돌볼 약이 없어서 약 가지고 가야 하는데 그 사람들 위해 내가 가야 하는데….” 그것 때문에 낙담이 된 겁니다. 자기를 생각하는 게 아닙니다. 자기를 통해서 일어날 수 있는 아름다운 복음의 열매들을 생각하니까 낙담한 겁니다. 돌아가셔서 장례 치렀잖아요? 그러니까 우리 하나님의 백성, 믿음이 충만한 사람의 삶이란 사역 때문에 세상을 사는 겁니다. 일 때문에, 주님이 내게 주신 일이 있어서 내가 이 땅에 살고 있는 것입니다. "하나님의 나라 확장에 필요한 대로 살아가는 것이 내 생명이다. 내가 오래 살고 있음으로 하나님의 나라가 더 커지는 이유!" 이것이 지금 바울이 말하는 "내가 살아야 할 이유"를 설명하고 이것이 복음에 합당한 생활이라는 겁니다. 이 삶의 철학을 여기까지 끌고 가는 겁니다. 사실 예수 믿는 것은 삶과 죽음의 문제를 해결하는 문제이기 때문에 그렇게 심각하게 우리 삶을 가지고 가야 되는 것입니다.

여기서 우리는 그러면 '나'라는 존재에 대해서 질문을 던져야 합니다. "Who am I?"의 문제에 있어서 "나는 누구인가?" 여러분, 거기에 대해서 뭐라고 대답하십니까? "우리는 하나님의 형상이다. 그리고 사역에 있어서 예수 그리스도의 제자이다." 이것이 나에 대한 본질입니다. "내가 누구인가? 하나님의 형상! 예수 그리스도의 제자! 그러므로 하나님의 뜻이 하늘에서 이루어진 것 같이 나를 통해서 이 땅에 이루어지게 하려는 것이 내 삶의 이유이다. 이것이 내가 이 땅을 사는 의미이다. 살든지 죽든지 이것을 위해서 나는 존재한다. 그러므로 살아있는 날까지 내가 열심히 이것을 위해서 노력한다." 여러분! 이러한 삶이 나타난 바울의 22절~24절을 읽어보세요. "그러나 만일 육신으로 사는 이것이 내일의 열매일진대 무엇을 택해야 할는지 나는 알지 못하노라 내가 그 둘 사이에 끼었으니 차라리 세상을 떠나서 그리스도와 함께 있는 것이 훨씬 더 좋은 일이라 그렇게 하고 싶으나 내가 육신으로 있는 것이 너희를 위하여 더 유익하리라" 자기도 지금 여기 둘 사이에 끼어있습니다. "빨리 죽어서 예수 그리스도와 함께 빨리 하나님 나라에 가는 것이 좋은 줄 알지만 내가 아직 육신으로 살아있는 것이 너희에게도 유익이고 하나님 나라 확장에 유익함으로" 이것이 우리 크리스천이 세상에 존재하는 의미입니다. "빨리 죽는 것이 더 좋은 일이라고 생각하고 싶으나 그것보다도 더 유익한 하나님의 일이 내게 있음으로 내가 이렇게 사는 것이다." 그럴 때 우리 삶의 가치성과 내 존재 의미가 확실하여 지고 그런 사람이 희락의 복음, 기뻐하면서 사는 겁니다. 이 철학이 분명하지 않으면 "내가 도대체 뭐하려고 사는 거야? 하루에 밥 세 끼나 먹으려고 존재하나?" 이런 의심스러운 생각이 들 때가 있단 말입니다. 제가 장례식에서 가끔 말하는 죽음에 대한 정의로 "하나님의 자녀들이 이 땅에서 죽는다는 것은 뭐냐? 할 일이 끝났다는 것이다. 아직 살아있다는 것은 뭐냐? 할 일이 남아있다는 것이다." 이 차이 밖에 없습니다. "내가 할 일이 뭐가 있어요?" 그래도 우리는 알지 못하지만 가족을 전도하는 일이 남아있다든지 주님과 약속하고 서원한 것의 이행이 남아있다든지 아니면 나를 통해서 구원받을 사람이 반드시 누군가 기다리고 있다든지 무엇인가는 남아있습니다. 그것을 위해서 나는 아직 살아서 하나님의 뜻을 사역하는 것입니다.

　바울은 고린도전서 8장 13절에 이렇게 말을 했습니다. "내가 너희에게 유익이 된다면 나는 영원히 고기를 먹지 않겠다." 우상의 제물 먹는 것 때문에 문제가 나왔을 때입니다. 그러면 왜 고기 안 먹는 고통을 참을 수 있다고 했습니까? "내가 그렇게 함으로 만약 한 사람이라도 그러한 나를 보고 예수를 믿고 구원 받는데 도움이 된다면 그것도 나는 희생시킬 수 있겠다." 그래서 9장 19절에 가보면 이렇게 말했습니다. "내가 모든 사람에게 자유하였으나 스스로 모든 사람에게 종이 된 것은 더 많은 사람을 얻고자 함이라. 유대인을 만나면 나는 유대인 같이 살았고 헬라인을 만나면 헬라인과 같이 살았고 이방인을 만나면 이방인과 같이 살았다. 왜? 그렇게 함으로 복음이 그들에게 전하여지는데 도움이 되기 때문이다." 이것이 바울의 삶의 이유였습니다. 그것이 곧 뭐냐? "복음에 합당한 생활이다." 그러니까 예수 그리스도의 구원의 복음이 이 땅에 전하여진다고 하는 그 목표를 하나 설정해 놓고 거기에다 모든 삶을 맞추는 것이 복음에 합당한 삶, 복음을 위해 사는 것입니다. 그래서 그 믿음 때문에 하나님께서 바울을 그렇게 쓰신 것입니다. 1장 18절에서 바울이 이런 말을 했죠? "그러면 무엇이냐 겉치레로 하나 참으로 하나 무슨 방도로 하든지 전파되는 것은 그리스도니 이로써 나는 기뻐하고 또한 기뻐하리라." 복음만 전파된다면 나는 내 삶을 기뻐하고 기뻐한다는 것입니다. 희락의 복음입니다. 거기에 초점을 맞추었습니다. "그리스도 예수 안에서 너희 자랑이 나로 말미암아 풍성하게 하려 함이라."

지금 빌립보 교회는 자랑감이 생긴 교회입니다. 선교사를 파송했죠? 선교비 후원하고 있죠? 성장하는 교회 되었죠? 그런데 "나는 빌립보 교회 때문에 어디 가서나 자랑감이 생겼고 너희는 나의 면류관이다." 빌립보 교회는 바울 때문에 자랑감이 생겼습니다. "바울 사도는 우리 교회 초대 목사님이야. 우리가 파송해 드렸어. 우리가 선교비 보내드리고 있어." 예수 그리스도의 복음이라고 하는 한 매개체를 놓고 피차 연결이 되어서 "서로 자랑감이 되게 하려 함이라." 그러니까 기쁜 겁니다. 다른 곳에 초점을 맞추면 하나도 안 맞습니다. 그런데 복음 전파에 초점을 맞추면 너무나도 기쁜 일이 많습니다. 그래서 삶의 목표 설정이 어디냐에 따라서 사람은 기쁘고 불행하고 즐겁고 행복한 게 결정되는 겁니다. 황태자 같기를 원하십니까? 절대로 안 되죠? 하나님의 백성, 하나님의 교회는 피차 자랑감이 되는 복음의 합당함이 이루어지는 것입니다. 다른 데는 몰라도 우리 갈보리교회는 선교를 많이 하고 있잖아요? 1,200군데 흩어진 세계! 그 사람들이 한 가지 하는 것은 분명합니다. 갈보리교회를 위해 날마다 기도하고 있습니다. 왜 기도하고 있는지 저는 압니다. 그래야 선교비가 계속 오기 때문입니다. 갈보리 선교사 된 것을 자랑으로 여기고 말해서 주변에 가기만 하면 "우리는 어떻게 갈보리교회 선교사가 되겠습니까?" 말하는 사람도 많습니다. 그러면 우리 갈보리교회는 그 사람들 때문에 자랑감이 생겼고 그 사람들은 우리 때문에 자랑감이 생긴 겁니다. 피차 복음 전파라고 하는 한 목표를 매개체로 하니까 자랑감이 서로 생긴 겁니다. 그러면 피차 기쁨으로 살 수 있잖아요?

저는 어디를 가든지 제 명함에 따라 다니는 게 있습니다. '이필재 목사'라고 하면 "갈보리교회 담임목사"라는 것이 항상 따라다닙니다. 그러면 나는 책임이 나로 말미암아 갈보리교회는 풍성한 교회가 되어야 하고 갈보리교회 때문에 나는 어디를 가나 "와! 갈보리교회 담임목사님 이십니까?" 자랑감입니다. 빌립보 교회와 바울이 이 관계를 지금 설명하는 것입니다.

내 평생에 이렇게 갈보리교회에서 신앙생활하고 나 같은 사람은 이런 교회에서 목회를 하고 서로 좋아해야 합니다. 왜? 목표가 예수 그리스도의 복음 전파이기 때문입니다. 이렇게 선교 많이 하는 교회에 내가 일원이 되어서 내가 하나의 멤버십을 가지고 함께 하니 좋잖아요? 다른 거 없습니다. 복음 전파라고 하는 바울 사도의 생활 목표를 우리도 설정해 놓으면 우리도 똑같이 "기뻐하고 기뻐하라. 갈보리교회 선교사 1,200명 되었단다. 교회 70개 건축했다." 안 기뻐할 수가 없잖아요? 바로 그겁니다. 이것이 복음에 합당한 생활입니다.

그래서 우리가 이 세상에서 하나님의 역사를 이루어가려면 여기 30절 말씀이 마지막 결론으로 주어집니다. 한번 다 같이 읽겠습니다. "너희에게도 그와 같은 싸움이 있으니 너희가 내 안에서 본 바요 이제도 내 안에서 듣는 바니라." 우리는 싸우는 겁니다. 여러분! 예수 그리스도를 보세요. 평생 싸우셨죠? 무슨 싸움이죠? 불의와 싸움, 진리 수호의 싸움, 악령과의 싸움, 죄와의 싸움, 이단과 싸움, 핍박과 싸움…. 사도 바울도 그래서 "우리가 선한 싸움을 싸우고" 그랬잖아요? 싸움꾼입니다. 저는 동양철학을 함석헌 씨에게 배웠는데 그분은 뭡니까? 국회의원도 아닙니다. 정치가도 아닙니다. 대학교수도 아닙니다. 설교 잘하지만 목사도 아닙니다. 그 사람의 신분은 뭔지도 모릅니다. 자신이 "나는 싸움꾼이야." 그래서 불의와 항거해서 싸우고 "나는 평생 광야에 외로이 외치는 싸움꾼이다." 그래서 감옥에도 많이 가셨잖아요? 그런데 이상한 현상은 나는 그분 제자이니까 자기는 지금 진리의 수호를 외치며 싸우다 감옥에 쇠고랑을 차고 가는 겁니다. 자기를 잡아가는 그 경찰들이 소원이 하나 있답니다. "선생님과 사진 한번 찍어도 되나요?" "아니, 나를 잡아가는 사람이 나와 사진 찍어서 뭐합니까?" "잡아 오라고 해서 할 수 없지만 선생님과 사진 찍고 싶습니다." 일제하에서도 그분은 얼마나 색깔이 뚜렷한지 일본 경찰들조차도 함석헌 씨를 잡아가면서 "함석헌 씨와 사진 한번 찍읍시다. 우리 집 가보로 두고 싶습니다." 왜 그렇습니까? 의의 싸움을 싸웠기 때문입니다. 광야의 외치는 소리로 외롭게 싸웠지만 그분의 소리가 의로운 소리였습니다. 이런 사람은 삶의 철학관이 다 다릅니다. 그것이 설정이 될 때 "나는 기뻐하고 또 기뻐하리라." 이렇게 될 수가 있는 겁니다. 기쁨의 목표가 전혀 다른 곳에 있습니다. 거기에 목표를 두었기 때문입니다. 이것이 희락의 복음입니다. 그러니까 기쁘게 사는 방법! 목표가 뭡니까? 무엇을 기쁨으로 정했기에! 예수님은 말씀하셨잖아요? "무엇을 보려고 광야에 나갔더냐? 부드러운 옷 입은 사람이냐? 바람에 흔들리는 갈대냐? 세례 요한의 진리의 소리를 듣기 위해서 간 거 아니냐?" 무엇을 보려고? "교회 왔다 실망했다." 무엇을 얻으려고 왔기에? "성지순례 가서 실망했다." 무엇을 보려고 갔기에? 목표 설정이 잘 되어서 "나는 이 땅에 이렇게 사는 이유가 하나님의 형상으로 예수 그리스도의 제자로 내가 할 수 있는, 살든지 죽든지 나를 통해서 예수 그리스도의 복음이 전파된다면 하나님의 나라가 나를 통해서 확장된다면 기뻐하고 또 기뻐하리라. 그 시간까지 나는 살아서 이 일을 계속하리라." 여러분, 그렇게 되시기를 축원합니다.

하나님 아버지! 이렇게 위대한 스승 바울 사도의 신앙 고백을 저희들이 보면서 우리도 그의 그림자를 따라갈 수 있는 영적 능력이 생겨지게 하여 주시옵소서. 예수 그리스도의 이름으로 기도드립니다. 아멘.

어린이의 영적 인권

마태복음 19:13-15

¹³그 때에 사람들이 예수께서 안수하고 기도해 주심을 바라고 어린 아이들을 데리고 오매 제자들이 꾸짖거늘 ¹⁴예수께서 이르시되 어린 아이들을 용납하고 내게 오는 것을 금하지 말라 천국이 이런 사람의 것이니라 하시고 ¹⁵그들에게 안수하시고 거기를 떠나시니라.

1856년 매사추세츠 첼시에 있는 제일교회 목사 찰스 레오나드가 "기독교 생활에 대한 어린이들의 위치"라는 제목으로 설교를 시작해서 일 년에 어느 한 날을 지정해서 어린이들에 대한 기독교 입장을 새롭게 하는 운동을 시작했습니다. 이 운동은 그 당시 모든 교회들에게 대단한 반응을 일으켜서 1867년에는 볼티모어에서 각 교계 대표자들이 모여서 이것을 위해서 회의를 하고 그 후 각 교단별로 일 년에 한 주일을 어린이 주일로 선포했습니다. 처음에는 어린이를 꽃으로 비유해서 이 날에 교회에 온통 꽃으로 장식하고 꽃주일이라고 지켰습니다. 한국 교회도 옛날에는 꽃주일을 모두 지켰습니다. 제가 주일학생이었고 또 주일학교 교사할 때는 반드시 꽃주일을 지켜서 5월 첫째주일은 산에서 온갖 꽃들을 다 꺾어다가 교회를 모두 꽃으로 장식하고 예배를 드렸던 기억이 있습니다. 『하나님께 보내는 편지』라는 책이 나왔더니 베스트셀러가 되었습니다. 이 작가의 아이디어가 아주 좋았다고 생각됩니다. 많은 어린이들에게 하나님께 하고 싶은 말을 쓰라고 해서 모은 것입니다. 아주 재미있는 관심이 많이 나타난 책입니다. 그 책에 나온 것을 몇 가지 소개하면 이렇습니다. "하나님! 하나님은 어떻게 자기가 하나님인 것을 알았나요?" 아이들의 관심사입니다. "혼자만 계속 하나님 할 거예요, 다른 사람도 하나님 시켜줄 거예요?" "지난주일 우리 교회 목사님이 설교했는데 화 냈거든요? 세상 사람들이 버렸다고…. 안 버린 사람도 많으니까 힘내세요!" "토요일마다 비 좀 오지 않게 하는 것을 하나님은 하실 수 있을 텐데…." "사람들이 하나님께 드리는 돈 참 많다고 생각합니다. 어디 쓰시나요?" "하나님이 제일 좋아하시는 음식은 뭐예요?" "TV 한번 나오시지요." 재미있지 않습니까? "어린이 교육과 신앙의 관심을 가지라." "훌륭하게 키우라" 이런 말들을 우리가 많이 하고 사용하는데 사실 이 문제에 대해서는 부모들에게 세미나가 필요가 없습니다. 자기 자녀를 훌륭하게 키우고 싶지 않은 부모는 한 사람도 없습니다. 어쩌다가 정신병자 같은 그런 사람이 자녀 학대를 괴팍하게 해서 사회적 문제를 일으키는 것이지 모든 부모는 자녀를 위해 막을 수도 없고 끊을 수도 없이 최고의 정열을 기울이고 헌신적 노력을 합니다. 교육 선진국 사람들과 후진국 사람들의 차이는 좀 있다고 생각합니다. 아이들의 인격 존중 문제에 있어서 문화적 차이가 생깁니다. 아마 이 문제는 한국의 아버지, 어머니도 조금은 떨어진다는 판단이 듭니다. 현대 사회는 어쩔 수 없이 이혼 가정이 많이 생기는데 선진국일수록 더 많이 생깁니다. 그럴 때 제일 문제가 되는 것이 아이들의 양육권 문제를 놓고 재판을 하게 됩니다. 그런데 재판에서 제일 중요하게 취급하는 것이 무엇이냐 하면 바로 아이 자신의 의견입니다. "네가 어떻게 생각하느냐?" 거기에 따라서 재판이 많이 결정이 됩니다.

예수님의 제자들이 어린이 인격 무시를 했을 때 예수님의 반응 기록이 오늘 말씀인데 이 말씀은 사실 18장에서 어린이 인권 선언에 대해서 설교를 마친 상태입니다. 예수께서 한 어린 아이를 불러 그들 가운데 세우시고 이르시되 "진실로 너희에게 이르노니 너희가 돌이켜 어린아이들과 같이 되지 아니하면 결단코 천국에 들어가지 못하리라. 그러므로 누구든지 어린아이와 같이 자기를 낮추는 그 사람이 천국에서 큰 자니라." 길게 말씀하셨습니다. "또 누구든지 내 이름으로 이런 어린 아이 하나를 영접하면 곧 나를 영접함이니" 예수님과 어린아이의 인격을 동일시해서 설교하신 것이 18장인데 "나를 보고 싶으면 어린아이를 보고 나를 영접하고 싶으면 어린아이를 영접하라." 그리고 마지막에는 심판하셨습니다. "누구든지 나를 믿는 이 작은 자 중 하나를 실족하면 차라리 연자 맷돌을 그 목에 달고 깊은 바다에 빠지라." 심판을 끝내셨습니다. 18장에서 그렇게 제자들을 놓고 세미나를 해주셨는데도 19장에 와서 제자들이 또 잊어버렸습니다. 어린아이들이 다가오니까 꾸짖어 내쫓고 있기 때문에 예수님이 또 다시 오늘 설명을 하시고 어린아이들이 원하는 안수기도를 해주신 것입니다.

왜 교회가 그렇게 교육비를 많이 쓰면서 어린이 교육에 힘쓰는지를 우리가 알아야 합니다. 여러분은 혹시 느낌이 없을지 모릅니다. 저는 이 부분에 대해서 항상 흥분하고 희망이 있고 기쁨이 얼마나 큰지 제가 말씀을 드리면 이해가 되실 것입니다. 제가 갈보리교회 부임한지 10년째입니다. 제가 이곳에 부임한 날부터 지금까지 제 목회의 방향은 두 가지로 선교와 교육에 중점을 두고 실천해 왔습니다. 교육관을 새로 건축하고 유치원을 설립하고 프로그램을 하고 이 어린이 교육에 중점적으로 비용을 써가면서 열심히 해서 지금까지 왔습니다. 그래서 제가 얼마 전에 계산을 해보았습니다. '내가 부임한 이후에 출생한 아이들이 지금 갈보리교회 주일학교에 몇 명이 나오고 있나?' 그것을 제가 자세하게 담당

교역자들과 모두 계산해 보니까 1,076명이 제가 부임한 이후 이 교회에서 출생해서 지금 교회에 나오고 있습니다. 저는 다른 교회 교인들이 갈보리교회에 올 수 있는 프로그램은 일체 안합니다. 좀 덜 와도 괜찮으니까 무슨 잔치를 하거나 쌀을 퍼주면서 한 사람이 다섯 명씩 책임지고 데리고 오라고 하는 것은 안합니다. 안 그래도 우리 주변에 조그만 교회 목사들은 고민 고민에 빠져있는데 큰 교회들이 더 커지려고 그런 프로그램을 해서 작은 교회들에게 서러움을 줍니까? 저는 평생 주변의 교회들을 생각하면서 그런 프로그램을 안 하고 다만 선교와 교육에 중점을 두고 이 교회를 이미 찾아오고 있는, 여기서 출생한 어린이들을 올바로 교육하기 위해 노력합니다. 그래서 1,076명이 나왔으니까 벌써 1년에 100명씩 생겼다는 것 아닙니까? 앞으로 뱃속에 들어있는 아이들까지 계산하면 더 많습니다.

제가 먼저 있던 교회에서 잊지 못할 일이 있습니다. 잔디밭에 모여서 교회를 시작하는데 교회 개척 첫 설교를 하러 가려고 하는데 처음 가는 길이기 때문에 길을 모르니까 한 집사님이 저를 태워 운전을 하시면서 말씀하셨습니다. "참 이상한 일이 벌어졌습니다. 목사님이 처음 모여 있는 사람들과 만나서 처음 설교하시는 날 우리 집사님이 오늘 아기를 낳았습니다." 그래서 내가 그 아이의 생일은 절대 잊어버리지 않습니다. 내가 부임하는 날 태어났기 때문입니다. 제가 그 교회 그만둘 때 그 아이가 24살이었습니다. 그러니까 그 교회는 24살 이하는 100퍼센트 제가 부임한 이후 출생한 교인들입니다. 그래서 교육에 중점을 두는 것입니다. 세월은 잠깐입니다. 따라서 교육부가 크리스천 생산 공장이나 마찬가지인 것입니다. 그래서 거기에 중점을 두는 것입니다. 어린이는 금방 자라서 어른이 됩니다. 어린이 교육은 기독교의 희망이요 생명입니다. 제가 전도사가 되고 목사가 된 후에 가르친 유치부 학생들이 지금 나와 똑같은 목사들이 되어서 모임이 있습니다. 얼마나 좋은지 모릅니다. 그러니까 갈보리교회는 앞으로도 계속해서 교육부에 인색하지 마시고 선교에 인색하지 마십시오. 이게 가장 훌륭한 정책이기 때문입니다. 보십시오. 어려서 의학 공부한 사람은 의사가 됩니다. 어려서 음악 공부한 사람은 음악가가 됩니다. 어려서 공산당 교육 받으면 공산당원이 됩니다. 그래서 중국에서는 교회는 가되 "우리는 기독교 핍박 국가 아니다. 그러나 18세 이후에 가라." 법적으로 공산당이 그렇게 법을 만들어 버려서 18세 이전에 못가는 것입니다. 우리 사람의 뇌의 구조는 경험한 것을 기억하도록 되어 있습니다. 어렸을 때 입력된 것이 평생 가기 때문에 "세살 버릇 여든까지 간다."는 말이 생긴 것입니다. 하다못해 입맛까지 평생 기억합니다. 240억 개 뇌 세포가 있어서 그것을 붙잡고 있는 뇌세포가 있기 때문에 기억되는 것입니다. 전혀 기억이 안 나는 것은 그것을 붙잡고 있는 뇌세포가 죽은 것입니다. 오래 전에 수십 년 전에 엄마가 해준 좋은 입맛과 똑같은 맛을 느끼면 "아! 바로 이 맛이야!" 그런 말을 하면서 먹습니다. 또, 다른 맛이 날 때 "이 맛이 아닌데!" 이러지 않습니까?

하나님을 섬기고 사는 사람들의 자녀에 대한 제1목표가 무엇입니까? 요한삼서에 잘 나와 있습니다. "내가 내 자녀들이 진리 안에서 행한다 함을 듣는 것보다 더 기쁜 일이 없도다." 사람들이 성공, 성공 그러는데 무엇이 성공입니까? 사업은 성공했는데 신앙은 시궁창 같으면 그것이 성공입니까? 일류 대학은 졸업했는데 교회까지 졸업해 버렸다면 그 사람은 성공한 것입니까? 인생의 우선 선택을 어디에다 두어야 성공입니까? 저는 목사라서 그런 자부심이 있는지 몰라도 우리 교회 나오는 어린아이들 고등학교 졸업할 때까지만 놓치지 않으면 절대 안심입니다. 중간에 좀 안 나와도 나중에 틀림없이 돌아옵니다. 그래서 저는 가난해서 대학에 못 간 것을 그렇게 상관하지 않습니다. "우수 성적이 아니더라도 낙심하지 말라. 인생의 전부가 그런 것이 아니다. 다만 하나님을 믿는 이 믿음 하나만 굳게 잡으면 얼마든지 이 세상에서 살 수 있다." 저도 아들이 있고 딸이 있고 며느리, 사위 다 있는 사람입니다. 저는 솔직히 아이들한테 대학교, 결혼문제, 성적 이런 것 스트레스 준 적 한 번도 없습니다. 장래 무엇이 되라고 아이들한테 권한 적도 없습니다. "너희들이 하고 싶은 대로 해라. 들어갈 수 있는 대학에 들어가서 하고 싶은 공부해라. 그리고 결혼에 대해서도 여기가 외국이니까 외국 사람과 결혼한다고 해도 좋다. 너희들의 결정에 내가 따르겠다." 그래서 "누구는 사귀지 말라. 누구는 어째라." 이런 말을 해본 적이 없습니다. 제 아내에게도 절대 그런 말을 하지 말라고 했습니다. 두 가지 절대 금했습니다. 고향 물어보지 말고 대학 어디 나왔나 물어보지 말라고 했습니다. 왜냐하면 나중에 결혼해서 살 때 그것이 꼭 생각납니다. "그때 아버님이 고향을 따지고 대학을 따지셨잖아요?" 이것은 나중에 아주 안 좋습니다. 우리 사위, 며느리 고향이 어딘지, 대학 어디 나왔는지 한 번도 물은 일 없고 말해주지 않았습니다. 저는 그것을 중요하지 않게 생각하기 때문입니다. 고향을 찾고 대학을 찾지 않고 "너희들이 좋다면 대학도 결혼도 모두 너희들 마음대로 해라. 이것만은 내가 너희들을 따르겠다." 스트레스 준 적이 없습니다. 그랬더니 알아서 자기 마음대로 하더라고요. 그리고 아주 잘 살고 있습니다. "그러나 한 가지는 내가 절대 양보할 수 없어. 아버지가 목사인데 평생에 한 번도 주일날 교회 빠지면 안 된다." 이것은 제가 따집니다. "교회에서 무슨 봉사하고 사니? 용돈 받더라도 십일조 내고 사니?" 이것은 내가 따집니다. 내가 자신 있게 말합니다. "이 세상에서 너희들을 제일 사랑하는 사람이 누구인지 평가해 봐라. 바로 나다. 그런 아빠가 너희들 손해 끼치겠냐? 절대 아니다. 이것만은 양보할 수 없는 것이니 이것만은 내가 따지겠다. 신앙생활을 게을리 하는 것은 내가 절대 못 참는다." 아이들이 고맙게 생각합니다. "예수님이 말씀하셨다. 너희는 그 나라와 그 의를 먼저 구하라. 그리하면 이 모든 것을 너희에게 더하시리라." 그 말을 믿고 살아가면 말씀대로 됩니다. 행복은 성적순이 아니라는 말을 여러분이 하시지 않습니까? 저는 이 말을 믿습니다. 지금 제가 이 고향에 돌아와서 목회하면서 철저하게 생각나는 것이 있습니다. 지금은 없어졌는지 모르지만 옛날에는 학교에서 수업 끝나고 한 시간씩 '나머지 공부'라는 것이 언제나 학교에서 있었습니다. 그날 선생님이 가르쳐주신 과학이나 수학의 원리를 풀어내지 못하는 학생들은 한 시간 더 남는데 한 5퍼센트 정도가 남습니다. 그런데 문제가 선생님이 가르치는 게 아니고 공부 잘하는 학생 2~3명을 골라서 "얘네들 풀 때까지 너희가 가르쳐!" 이것을 꼭 했습니다. 그때 저는 솔직히 그 아이들이 얼마나 미웠는지 모릅니다. 수업 끝나면 나가서 공치고 놀아야 되는데 선생님이 하라면 꼼짝 못하고 했습니다. 그러니 걔네들을 가르쳐야 하지 않습니까? "이 간단한 것도 왜 못 푸니?" 그것을 풀어서 가르치는 사람이 사인을 하도록 되어 있었습니다. 그랬는데 제가 고향으로 돌아와서 목회를 하지 않습니까? 그 친구들을 가끔 만납니다. 그런데 얼마나 잘 사는지 모릅니다. 이 성남에 빌딩을 가지고 있고 큰 부자들이 되어서 지금 만나면 아주 거드름을 피웁니다. "이 목사! 잘 있었어?" 무엇부터 묻느냐 하면 "목사는 월급이 얼마야?" 돈으로 제압하려 합니다. 여기 정자동의 제일 오래된 중개업소 소장이 제 동기생입니다. 나만 보면 "아이파크 아파트 하나 사지 그래! 돈 없어?" 그럽니다.

어떻게 해야 자녀들에게 훌륭한 신앙을 물려줄 것인가? 여러분! 특별한 기술을 생각하지 마십시오. 부모의 평소 삶이 교육입니다. 저는 이렇게 생각합니다. 내가 훌륭한 목사인지 아닌지를 가장 정확하게 평가할 사람은 나와 가장 가까이 있는 사람입니다. 가족들한테 인정받지 못한 목사는 어느 교회에 가서도 인정받지 못합니다. 제일 무서운 목사의 감시병들이 그들입니다. 목사는 그렇게 되어 있습니다. 왜 큰 인물이 된 목사의 자녀들이 반항적이고 탈선하는지 아십니까? 아버지의 위선을 발견했기 때문입니다. 집이라고 언행을 소홀히 했다가는 큰일 납니다. 제가 목회자 사모님들 수백 명 세미나 여러 번 했습니다. 저 혼자 남자이고 사모님들 여러 명이 왔을 거 아닙니까? 강의 하다가 제가 웃으면서 질문했습니다. "그러나 문제가 될 수 있으니 속으로 대답해 보십시오. 다시 태어나도 지금 살고 있는 목사님 남편과 결혼하시겠습니까?" 물었습니다. 그랬더니 어떤 사모님이 "속으로 대답할 거 뭐 있어요? 나는 안 해요." 그러시더라고요. 다른 데 신경 쓸 거 없어요. 가족들한테, 아이들한테 잘 보이고 인정받으면 그 사람이 훌륭한 사람이고 그렇지 못하면 교육도 안 됩니다. 끝입니다. 신앙도 안 따릅니다. 여러분! 맥아더 장군은 자녀를 위한 기도문을 공개해서 많이 인용되고 있지 않습니까? 그는 세계적인 인물입니다. 아마 군인으로서 그만큼 존경받는 사람도 세상에 없습니다. 그런데 세계적 군대를 지휘하던 사람이 "나는 세계의 군대보다 자녀 지휘가 더 어렵습니다." 그래서 기도하는 일밖에 방법이 없다고 자기 기도문을 공개했지 않습니까? "약할 때 자기를 분별할 수 있는 강한 힘과 무서울 때 자신을 잃지 않을 수 있는 담대성을 가지고 정직한 패배를 부끄러워하지 않고 승리에 겸손하고 온유한 자녀가 되게 하옵소서. 생각해야 할 때 고집하지 말게 하옵시고 주님을 아는 것이 지식의 기초임을 깨닫게 하옵소서. 평안하고 안이한 길로 인도하지 마옵시고 고난과 도전에 대해서 분투 항거할 줄 알도록 가르쳐 주옵소서. 자신을 너무 중대하게 여기지 말고 겸손한 마음을 주사 참으로 위대한 것은 소박한 것이며 참된 지혜는 개방된 것이요 참된 힘은 온유한 것을 명심하게 하옵소서. 그래서 아버지인 내가 어느 날 내 인생을 헛되이 살지 않았다고 고백할 수 있도록 하나님! 나를 도와주소서." 요즘 신문에, TV에 온통 공개되었으니 제가 이름을 이야기해도 괜찮을 거 같습니다. 돌아가신 삼성의 창업자 이병철 회장이 늘 했던 말이라고 합니다. 마음대로 되지 않는 것 세 가지가 있는데 바로 골프와 자식과 미원이라고 말하셨다고 합니다. 요즘 삼성가의 그 불협화음을 보니까 그분의 말이 생각납니다. 자식을 당하는 부모도 없고 마음대로 할 수 있는 부모도 세상에 없습니다. 그래서 두 가지만 해야 됩니다. 하나는 기도요 하나는 훌륭하게 사는 모범을 보여주는 것입니다. 그 외에는 안 됩니다.

한 가지 평가하고 싶은 일이 있는데 이 자녀들 관계성에서 동양적인 마음과 서구 사회의 문화 차이가 있습니다. 우리 동양인은 감정적이고 서구 사회는 합리적입니다. 아리스토텔레스의 사변적 사고를 중심으로 이루어진 사회는 연역적 논리가 발달을 해서 무슨 일이든 자기 주변을 법적으로, 합리적으로 정리하면서 살아가는 삶이고 동양적인 것은 마음으로 통해버리는 사회입니다. 여러분! 남편이나 아내에게 사랑한다는 말을 계속 하시며 사십니까? 왜 안하십니까? 안 해도 되니까, 마음으로 다 통하기 때문입니다. 오히려 그런 말을 별안간 하면 "먹은 게 체했나? 왜 저런 말을 해?" 이상하게 생각합니다. 하지만 서구 사회는 그 말을 하지 않으면 사랑하지 않은 것입니다. 그 말을 못 들으면 불안합니다. 이게 문화적 차이가 있습니다. 미국에서 아이들 학교를 보내면 늘 공문을 읽어야 합니다. 공문이 계속 옵니다. 그러면 읽고 사인을 해주어야 합니다. "몇 월 며칠에 학생들 박물관 견학을 갑니다. 거리가 어느 정도이며 스쿨버스를 타고 갑니다. 부모님이 허락하십니까?" 사인해 주어야만 데리고 가지 그렇지 않으면 절대 못갑니다. 지금 한국이 그것을 따라가고 있기 때문에 부모와 자녀들의 문화 차이가 생긴 겁니다. 그렇게 하시 않으면 안 되는 합리적 사회로 어쩔 수 없이 선진국이 될수록 그렇게 가야 합니다. 저 같으면 옛날에 학교 다닐 때 학교가 하는 것은 당연한데 무슨 부모가 사인을 합니까? 학교 다니는 20년 동안 부모가 사인을 하나도 안 해도 됩니다. 마음만 믿고 법적 서류 같은 것은 소홀히 하는 풍부한 감정 교류의 사회라서 오히려 여기서는 야박하게 따지는 것이 은혜롭지 않습니다. 우리는 숫자도 안 따집니다. 예를 들어 미국 같은 경우에서는 미국 사람들이 심방을 다니면 몇 사람이 오는지 미리 통보해줍니다. 그 사람 숫자에 맞추어서 보험까지 듭니다. 이게 합리적인 것입니다. 오히려 고맙고 감사합니다. 그 사람의 숫자대로 의자를 준비합니다. 다 그렇게 되어 있습니다. 그런데 우리는 숫자 여나무개가 대체 몇 개입니까? 다섯 개, 열 개 이렇게 말하지 않습니다. 그런데 여나무개라고 하면 다 압니다. 다 통합니다. 대여섯 개라는 말은 다섯 개입니까, 여섯 개입니까? 두어서넛부터 대여섯 개라고 합니다. 우리 갈보리교회 교역자, 직원들, 특수 봉사자들 50명이 넘습니다. 목사, 전도사들이 갈보리교회 부임할 때 월급 이야기 하신 분은 한 명도 없습니다. 그런 거 말하면 은혜 없다고 합니다. 주는 대로 먹는다고 해야 제일 은혜롭습니다. 저도 평생 목회하면서 어느 교회 갈 때 그런 거 계산해 본 적 한 번도 없습니다. 그러나 저는 미국에서 목회했지 않습니까? 아예 목사 청빙하는 청빙 서류에 "자동차 드리고 사택 보조하며 한 달 유틸리티 얼마, 일 년에 휴가 며칠, 그 다음에 생활비 얼마 드립니다." 프린트 쳐서 서로 사인합니다. 만약 이거 없이 가지고 가면 그 사람은 이상한 사람입니다. '무슨 꿍꿍이속을 가지고 오려고?' 절대로 안 됩니다. 또, 반대로 교회가 목사에게 질문합니다. "목사님이 요청하는 당신의 월급을 계산해 주십시오." 그러면 목사가 계산합니다. "이렇게, 이렇게 이 정도를 가져야 내가 그 교회에서 은혜롭게 목회를 잘하겠습니다." 그러면 그것을 보고 "아, 됐습니다." 서로 사인을 합니다. 청빙 서류에 그게 없으면 아예 청빙이 안 됩니다. 이것만 봐도 문화가 얼마나 차이가 나는지 충분히 알 수가 있습니다.

대한민국도 아이들은 요즘의 교육 자체가 그렇게 변해가고 있습니다. 그래서 기성세대의 감정으로 밀어붙이면 절대로 안 됩니다. 아이들의 인격을 존중하면서 합리적으로 풀어나가야 합니다. 그래서 요즘의 세대들이 부모를 인정하지 않습니다. "어휴! 알지도 못하고 무식한 소리 한다." 이렇게 됩니다. 거리만 멀어진단 말입니다. 아버지, 어머니 말을 들으려 하지도 않습니다. 여러분은 모르실 것입니다. 학생들이 목사한테 와서 따집니다. 우리가 지금 본당에서 예배드리지 않습니까? "왜 아버지, 어머니들 본당은 이렇게 좋고 우리는 판잣집입니까?" 따집니다. 그래서 미국 교회들은 교육 시설부터 완벽하게 합니다. 저도 그렇게 했습니다. 교육관이 훨씬 좋게, 예배에 조금도 부족함이 없게 했습니다. 부목사 사무실도 나와 똑같이 했습니다. 그렇게 안하면 안 됩니다. 중등부 목사님이 지난 교역자 수련회 때 세미나하면서 저에게 요청하셨습니다. "중등부가 부흥이 되어 예배시설이 부족합니다. 무슨 해결 방법이 있겠습니까?" 그래서 그 요청 하나 때문에 오늘도 4부 예배 마치고 건축 위원회 계속 모이고 설계도 거의 완성했습니다. 2교육관, 3교육관의 층수를 올려서 예배실을 배로 확장하려 합니다. 안 해주면 안 됩니다. 그게 그들의 인격을 존중하는 것이고 그런 교육을 받은 아이들이 훌륭하게 됩니다. 저는 대한민국 중고등학교 지금 큰일 났다고 생각하는 사람입니다. 학교 폭력을 당하는 아이들이 지금 67만 명입니다. 아이들이 무서워서 학교를 못 가는 게 무슨 학교입니까? 더군다나 "학생들의 인권을 생각해서 선생님들이 이제 책망도 못한다." 5대 신문에 일진회인지 깡패인지 날마다 기사가 나옵니다. 큰일 났습니다. 교회가 이들을 안정시키지 못하면 갈 곳이 없습니다. 여러분! 가정에서 그 에너지가 많은 고등학생들 엄마 말 잘 듣습니까? 보통 문제가 아닙니다. 그래서 교회 역할이 지금 중요합니다. 마음 놓고 마음을 열어줄 수 있는 곳이 있어야 합니다.

미국의 22대와 24대 두 번 대통령을 지낸 클리블랜드의 유명한 이야기가 있지 않습니까? 학생시절에 깡패였습니다. 늘 함께 모여 다니는 아주 퇴폐적이고 건달패, 문제아, 패륜아 같이 돌아다니는 그룹이 있었습니다. 어느 주일날 교회 앞을 지나가는데 교회 광고판에 설교 제목이 실린 것입니다. "죄의 값은 사망이라." 그 주일 그 교회 목사님의 설교 제목이었습니다. 그때 클리블랜드가 어쩌다 그게 눈에 들어와 마음에 꽂힌 것입니다. "어? 이게 무슨 말이야? 죄 지으면 죽는다는데? 야! 나 오늘 여기 교회 들어갈게!" 친구와 막 싸웠습니다. "야! 너 오늘 약속해놓고 지금 뭐한다는 거야? 모두 기다리고 있는데!" "아니야, 나는 갈 수 없어.

나 오늘 여기 들어가 볼게. 죄의 값은 사망이라는 게 궁금해. 도대체 이 게 무슨 말이지?" 그래서 그날 둘은 영원히 헤어졌습니다. 30년 후에 클리블랜드가 대통령에 당선되었다는 신문 기사를 한 늙은 죄수가 감옥에서 눈물 흘리면서 보고 30년 전 그와 결별하게 된 그날의 설교 제목 "죄의 값은 사망이라."는 말을 기억했다고 합니다. 이것은 아주 유명한 이야기입니다. 어느 나라나 돈에는 최고의 존경인물을 넣습니다. 우리나라도 마찬가지입니다. 천 원짜리 누구입니까? 퇴계 선생입니다. 5천 원짜리는 율곡입니다. 만 원짜리는 세종대왕입니다. 5만 원짜리는 신사임당입니다. 외국 어느 나라나 다 똑같습니다. 이것은 달러도 마찬가지입니다. 1불짜리 워싱턴, 5불짜리 링컨, 10불짜리 해밀턴, 20불짜리 잭슨, 50불짜리 그랜트, 100불짜리 프랭클린, 최고의 1000불짜리가 클리블랜드입니다. 설교 제목 하나가 그를 그렇게 만들었습니다. 두고 보십시오. 이제 대한민국은 정치, 경제, 문화 모든 분야에 하나님을 믿는 크리스천들이 중심 역할을 하게 됩니다. 왜 그러느냐? 예수님이 "네 믿음대로 될지어다."라고 하셨습니다. 창조적이고 긍정적인 믿음을 가진 어린이를 길러내는 것이 갈보리교회 목회 목표입니다. 안수하고 기도해주심을 바라고 어린아이들을 데리고 오매 제자들이 꾸짖거늘 예수께서 이르시되 "어린아이들을 용납하고 내게 오는 것을 금하지 말라. 천국이 이런 자의 것이니라." 친절하게 모두 안수기도를 해서 돌려보냈습니다. 오늘 갈보리교회 믿음의 동산을 찾아오는 모든 어린이들에게 바로 그 주님의 축복이 임재하기를 바랍니다.

하나님 아버지! 오늘도 저희들은 주님의 관심을 조명했습니다. 어린이를 사랑하시고 축복하신 예수님! 어린이가 천국의 주인이라고 선포하신 예수님! 주님의 그 관심사를 우리가 실천할 수 있는 교회가 되게 하시고 우리 기성세대가 되게 하여 주옵소서. 이 교회를 거쳐 가는 모든 어린이들이 이 나라의 중심에 서서 창조적인 일을 하는 하나님이 쓰시는 사역자들이 되게 하여 주시옵소서. 예수 그리스도의 이름으로 기도드립니다. 아멘.